O.J. 辛普森　　　　　　　辛普森和被害人

辛普森的辩护律师团"梦之队"

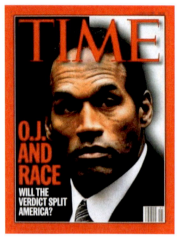

O.J. 辛普森在审判过程中登上《时代》杂志封面

辛普森在法庭上试戴现场发现的血手套,表明这只手套对他来说太小了

辛普森被宣告谋杀罪名不成立

中国云南戒毒所警官杜培武在看守所中

我只希望"杜培武冤案"永远成为历史，如果达到这样的目的，我个人所遭受的苦难还是有价值的，毕竟在国家的民主法制建设过程中也需要有人作出牺牲。
——杜培武

杜培武的辩护律师刘胡乐

佘祥林，生于1966年3月7日，中国湖北省京山县雁门口镇人，原是当地派出所治安巡逻员，1998年因涉嫌杀害妻子被判处有期徒刑15年，事后女儿辍学、其母病故、亲友为他上访时曾被扣押，但2005年3月其"亡妻"突然出现，他被无罪释放。他披露，当时认罪是因为被殴打了十天十夜。该事件轰动全国。

29岁的孙万刚是云南省昭通市巧家县人，原云南省财贸学院学生。1996年至1998年，他因涉嫌强奸、杀人，被一审、二审法院先后判处死刑和死缓。2004年1月15日，云南省高级人民法院再审，孙万刚委托刘胡乐律师事务所的刘胡乐律师和张倩律师为辩护人，最终，法院以证据不足宣告孙万刚无罪。图为提起再审时的检察官和孙万刚。

正义的诉求

修订版

正义的诉求
BEGGING FOR JUSTICE

美国辛普森案
与
中国杜培武案
的比较

王达人 曾粤兴／著

北京大学出版社
PEKING UNIVERSITY PRESS

图书在版编目(CIP)数据

正义的诉求：美国辛普森案与中国杜培武案的比较（修订版）/王达人,曾粤兴著.—北京：北京大学出版社,2012.6
ISBN 978-7-301-20388-0

Ⅰ.①正… Ⅱ.①王…②曾… Ⅲ.①刑事犯罪-案例-对比研究-中国、美国 Ⅳ.①D924.05②D971.24

中国版本图书馆 CIP 数据核字(2012)第 039220 号

书　　　名：正义的诉求——美国辛普森案与中国杜培武案的比较（修订版）
著作责任者：王达人　曾粤兴　著
装帧设计：沈仙卫
责任编辑：王建君
标准书号：ISBN 978-7-301-20388-0/D·3072
出版发行：北京大学出版社
地　　　址：北京市海淀区成府路 205 号　100871
网　　　址：http://www.yandayuanzhao.com
电　　　话：邮购部 62752015　发行部 62750672　编辑部 62117788
　　　　　　出版部 62754962
电子邮箱：law@pup.pku.edu.cn
印　　刷　者：北京虎彩文化传播有限公司
经　　销　者：新华书店
　　　　　　880 毫米×1230 毫米　A5　9.125 印张　218 千字
　　　　　　2012 年 6 月第 1 版　2020 年 9 月第 5 次印刷
定　　　价：36.00 元

未经许可，不得以任何方式复制或抄袭本书之部分或全部内容。
版权所有，侵权必究
举报电话：010-62752024　电子邮箱：fd@pup.pku.edu.cn

再 版 前 言

弹指间,《正义的诉求》出版已经八年。八年来,发生了太多的事,不断昭示着正义的诉求之艰难。佘祥林、王树红、赵作海……新曝光的冤案在冲淡杜培武案件给人们留下记忆的同时,也不断强化着人们对刑讯逼供这种直接导致冤假错案的司法黑暗的憎恶,强化着人们对司法文明的期盼,也在催生着文明诉讼制度的建立。

本书出版后,受到了广泛关注,许多朋友给予了鼓励和肯定。他们认为,这本小书虽然不是严谨的学术著作,但在现代刑事诉讼理念的倡导方面能够给人较深的启迪;不少司法机关人手一册,用于警示教育,全国各地的朋友纷纷来函来电索要,很快,本书即已售罄,但订单不断。为此,出版社建议笔者适时修订,再版以飨读者。2008年,法律出版社寄来再版合同,但笔者感到时机不够成熟,主要是因为《刑事诉讼法》的修订工作搁浅,而许多重大理论问题尚在争议之中,比如沉默权、辩诉协商、刑事和解、审前程序与制度问题等,甚至人们深恶痛绝的刑讯逼供问题,在公安机关仍然受到某些人的追捧，而相关的非法证据排除规则，仍受到某些人的排斥和抵触。

2010年6月，最高人民法院、最高人民检察院、公安部、国家安全部、司法部联合出台了《关于办理死刑案件审查判断证据若干问题的规定》和《关于办理刑事案件排除非法证据若干问题的规定》，初步建立了非法证据排除规则，为《刑事诉讼法》证据制度的完善奠定了基础，随后，《刑事诉讼法》的修订正式进入立法议程。中国法治进程的重大变化，为本书的修订提供了契机。

作为本书的基础材料，辛普森案件和杜培武案件的形成与审理情况，在本书中占有相当篇幅。然而，本书出版后，还有一些读者认为，辛普森之所以被法院宣告无罪，不是基于其案件的证据不足，而是基于其律师善于钻法律漏洞，或者说是美国式的正当程序固有的缺陷使辛普森逃脱了法网。为了使读者更准确地作出理性判断，笔者根据国内外后续的报道，进一步描述了辛普森案件的审理细节——当然，仅限于与法院裁判有紧密关系的部分。笔者试图传播这样一种信息：辛普森之所以被法院宣告无罪，并不仅仅是由于"梦幻之队"辩护出色，更重要的是庭审让陪审员一致"看清"了警方在收集证据时存在的违反正当程序的问题，使全体陪审员都相信辛普森案件不能排除合理的怀疑，不能使他们作出排他性结论。

本书可以说是为了反对刑讯逼供这种野蛮的取证方式而写。建立有效的制度对抗刑讯逼供，就需要确认犯罪嫌疑人、被告人拥有沉默权，即不开口说话的权利，或者说不主动开口证明自己犯有罪行的权利。为了让普通读者更清楚地了解、认识沉默权，笔者对与此相关的米兰达案件的由来作了简明扼要的介绍。

本书介绍的两个经典案例，用法言法语表述都是"疑案"。对待疑罪，究竟应当采取以无罪处理的原则还是从轻处理的原则，历来有"疑罪从无"和"疑罪从轻"之争。对待这样的学术争议，任何空洞的逻辑演绎都是苍白的。为了阐明笔者的认识，本书顺便介绍了"德国滚石案"。相信由经典个案引申出来的思考，即使不能让读者产生共鸣，至少也能引发读者自己的思考。

杜培武案件以及后续披露出来的一系列冤假错案，都揭示了司法独立的价值和意义。然而，有些人至今听不得"司法独立"，常常斥之为"摆脱党的领导"。为此，笔者对司法独立的含义作了浅显易懂的说明："司法独立，是指司法机关程序上的独立和司法权力运行上的独立，而不是司法机关政治上的独立。独立，不是摆脱政党的领导，而仅仅是指不受司法机关以外的任何单位、团体和个人的干预和左右，包括不受媒体所代表的'民意'的左右。"

作为本书的核心概念，"正义"一词可以有仁者见仁智者见智的理解。但笔者认为有必要说明自己的认识，因此，笔者用直白的语言对正义以及司法正义的含义作了简要阐释："司法正义，要求'不放过一个坏人，也决不冤枉一个好人'，即在维护社会秩序和保障公民基本人权之间寻求平衡。'不放过坏人'，就是要维护社会秩序不受破坏，假如受到破坏则能尽快得到恢复；'不冤枉好人'，就是要切实保障涉嫌犯罪的每一个公民的基本人权，保证其不因蒙冤而丧失人身自由，丧失合法的财富，丧失正常的生活。正义是维护秩序和保障人权的统一。"

本书的修订再版，不会因《刑事诉讼法》的修订出台而失去意义。相反，它可以为《刑事诉讼法》的修订提供更好的注脚。笔者相信,在本书再版后的若干年内,看过本书的读者,会对修订后的《刑事诉讼法》及其未来的走向,有更清醒的认识。倘若无此效果,笔者愿意接受读者批评。

曾粤兴
2012年4月于谈笑斋

正义的代价与选择
（代序）

　　正义始终是人类社会追求的目标，尤其是在刑事司法领域，古今中外的"法"字无不蕴含着公平、正义的追求。古代奴隶制刑事诉讼实行神示证据制度，通过诅誓、水审、火审等方式，借助神的力量判断是非曲直，确定诉讼争议。欧洲中世纪在纠问式诉讼制度下，盛行法定证据制度，根据证据的形式而不是证据的内容，从法律上把不同种类证据的证明力大小以及它们的取舍和运用预先加以规定。这些制度在今天看来，是荒唐、谬误的，当时则是正义、公平的。一方面它解决了当时人们认识能力的局限，另一方面也最大限度地排除了人们在诉讼中的恣意，但同时也付出了必然的代价：冤假错案丛生，刑讯逼供盛行。

　　在欧洲资产阶级革命战胜中世纪封建专制司法制度基础上建立起来的大陆法系和英美法系的刑事诉讼制度，在制度层面上虽然存在着诸多差异，但在理念上都追求司法的正义和公平，为此它们都确立了无罪推定原则，都赋予犯罪嫌疑人、被告人不得被迫自证其罪的权利和享有获得律师帮助及被迅速、公开、公正审判的权利，都要求检控方承担证明被告人的行为构成犯罪的举证责任,都排除非法取得的证据作为定案的根据,都主张认定犯罪的证明标准要达到不容合理怀疑的程度。应该说,这一切虽然是资产阶级的思想家、法学家最先提出来,也是资产阶级国家最早将其纳入本国的司法制度中,但它们并不是资产阶级的专利,而是全人类始终不渝地追求司法正义的共同成果。正因为如此,这些内容大都写进了联合国《公民权利和政治权利国际公约》以及其他相关的联合国刑事司法文件之中,成为当今国际性的刑事司法准则。但是大陆法系也好,英美法系也罢,其刑事诉讼制度在追求司法正义的同时,也必然付出一定的代价。

人类追求社会正义乃至司法正义的全部过程表明,不是要不要付出一定代价,而是付出什么样的代价,人们能够或者说人们愿意承受什么样的代价。应该说在这个问题上,不同的国家、不同的社会会有不同的价值判断和选择。本书所涉及的美国辛普森案与中国杜培武案,无论是过程本身还是最后结果,实际上是两个国家刑事诉讼制度和司法人员的不同选择所致。因此,本书作者的写作意图乃至读者的阅读兴趣不应当是这两个个案本身的发生、发展过程以及最后结果,而应当是透过这两个个案的诉讼过程及其最后结果,发现、感受其背后蕴藏着的两国立法者、司法者的主观追求和客观效果,为我们正在推动的司法改革和法治现代化进程作出理性的判断和选择。

从制度层面看,中国 20 年来改革开放的进程和全球经济一体化的趋势推动了中国刑事司法制度向国际靠拢、与国际接轨。以 1996 年修改后的《刑事诉讼法》为例,它在很多方面与美国、与国际标准已经基本相同,诸如确立了"未经人民法院依法判决,对任何人都不得确定有罪"的近似无罪推定的诉讼原则,"人民法院依照法律规定独立行使审判权"的审判独立原则;加强了律师对犯罪嫌疑人、被告人的帮助，从犯罪嫌疑人被侦查机关第一次讯问后或采取强制措施之日起，律师就可以为其提供法律帮助；在举证责任问题上，也明确了控方应该承担证明被告人有罪的举证责任；在认定有罪的标准上，坚持了有人认为比英美法系"排除合理怀疑"还要高的"案件事实清楚，证据确实、充分"的证明标准；并且吸收英美法系当事人主义的抗辩式庭审方式，主张控辩双方平等行使控诉与辩护职能，审判机关居中裁判独立行使审判权，并强调一切证据包括证人证言必须经过法庭查证属实，才能作为定案的根据；此外，还重申了一贯的禁令："严禁刑讯逼供和以威胁、引诱、欺骗以及其他非法的方法收集证据"；如此等等。所有这些反映的司法正义的要求，旨在保证准确、及时地查明案件事实，惩罚犯罪分子，保障无罪的人不受刑事追究的原则、制度和规定，坦率地说，并没有在我们的刑事诉讼活动中真正得到切实有效的贯彻执行。杜培武案就是由此造成的恶果。

  从书中活生生、血淋淋的事实我们看到：杜培武明明没有杀人的动机和作案的时间，侦查人员却以现场没有发现两位被害人被劫财、报复杀害的迹象和两人关系暧昧的推断，加之杜培武是死者之一的丈夫，而推断其有杀人的动机进而推定其实施了杀人行为；侦查人员明明知道其在案发时所作的《现场勘查笔录》及《现场照片》只记载着"车内离合器踏板上附着有足迹遗留泥土"，却在4个多月后以根本不可能存在的所谓"刹车踏板"、"油门踏板"上附着的泥土为嗅源进行"警犬气味鉴定"，得出结论称与被告人杜培武身上的气味"警犬反映一致"；侦查人员明明知道杜培武是一名警察，有不可置疑的证据证明其参加过射击训练，身上必有射击残留物，却无视这一重要事实，以其衣袖上查出射击残留物为据，想当然地认为是他开枪杀害了两位死者；侦查人员明明知道《刑事诉讼法》严令禁止对犯罪嫌疑人刑讯逼供和采用其他非法的方法收集证据，却对杜培武采取长达21天的连续审讯，还给他戴上反铐，吊挂在防盗门和防盗窗上，迫使其"求生不能，求死不得"，只好"你们叫我怎么说，我就怎么说"，违背事实编造了自己开枪杀人的"事实"；还有，法律明文规定犯罪嫌疑人在被采取强制措施之日起，就有权聘请律师为其提供法律帮助，但在杜培武案中，其已被关押3个月18天后才被允许聘请辩护律师。不仅如此，肩负法律监督神圣职责的检察人员在收到杜培武关于公安人员对他刑讯逼供的控告书且在上百人的目光下查看刑讯造成的伤情并进行拍照后，不仅不调查处理，而且当杜培武在庭审中要求公诉人向法庭提供出示时，居然说"不知道"、"找不着"。更有甚者，本应站在中立地位、主持公道的一审法官，不仅对于漏洞百出、疑点丛生的控方证据和被告人及其辩护律师有根有据、不容置疑的辩护意见置若罔闻，反而在法庭上对于被告人从身上脱下的证明他被刑讯逼供的血衣向法庭出示时，仍然视而不见，多次要求"被告人杜培武出示没有杀人的证据"，并在庄严的判决书中把控方依法应当承担的证明被告人有罪的责任强加给被告人的律师，要求其承担证明被告人无罪的责任，公然认定"辩护人未能向法庭提供证实其观点的证据，也未能提供证实被告人无罪的证据"，以所谓"公诉机关指控被告人杜培武犯有故意杀人罪的证据内容客观真实，证据充分，采证程序合法有效，其指控事实清楚，罪名成立"，竟然对被告人"判处死刑，剥夺政治权利终身"。写到此，我们禁不住要问：他们都是人民的公仆，都是肩负神圣使命的司法人员，都知道自己的所作所为违反法律、违背事实，但是为什么还要这样做？

反观辛普森案的诉讼过程，当警方怀疑系辛普森作案并准备对他逮捕时，就通知了他的律师，之后又组成了阵容强大的律师团为他辩护；在整个诉讼过程中，辛普森始终保持沉默，无论他本人还是他的律师团都不承担证明他无罪的举证责任，相反证明辛普森有罪的责任由发动起诉的控方承担；为此，他们准备了上千件的证据，其中在案发后最初赶到现场收集证据的若干名警察作为控方证人都一一出庭作证，并接受辩方律师的交叉询问；作为决定本案命运的主审法官和陪审团，则完全站在控辩以外第三方的立场上，倾听双方的发言，分析双方的证据。特别是12位陪审团成员，是随机从304名候选人中按照既定规则产生出来的，没有特殊的背景，没有显赫的地位，都来自最基层的社会，与控辩双方不存在任何利害关系，并且都是法律外行，在连续长达258天（1995年1月24日开庭至10月3日宣判）的法庭审理中，中断与外界的联系，一言不发，面无表情，最后本着无罪推定原则和"排除合理怀疑"的证明标准，凭着他们的"天地良心"作出一致裁决："奥伦多·詹姆士·辛普森无罪"。从这个过程可以看出，无罪推定原则得到了完全的贯彻，控方彻底地承担着证明被告人有罪的证明责任，辩方充分行使着辩护职能，法官与陪审团则保持着真正的中立和独立。于是，我们不由得又提出一个问题：这样一些原则、制度和规定，在辛普森案中为什么就能得到贯彻执行？

其实，回答以上两个问题并不难。如前所述，虽然我国1996年修改后的《刑事诉讼法》在不少方面已经与美国基本相同，但仍有一些方面还存在差异。其中，最主要的是三点：其一，被告人有不被强迫自证有罪的权利；其二，非法证据的排除规则；其三，陪审团制度。这三点从其内容上讲，应该是对法律上一些现有规定进一步的保障性规定或派生性规定。例如，被告人有不被强迫自证其罪的权利，它不仅是抑制刑讯逼供的有效措施，更是无罪推定原则和控方承担举证责任的必然要求。因为，既然是控方认为被告人犯了罪并且发动了诉讼程序，那就天经地义地应当承担证明对方犯罪的举证责任，而不能强迫被告人自证其罪。又如非法证据排除规则，它是保障诉讼程序正当合法的必要条件，也是保障司法公正的必要条件。为什么我国三令五申地禁止刑讯逼供和以其他非法行为收集证据仍屡禁不止，成为一种痼疾？根本原因就在于，以刑讯逼供等非法方式取得的证据并没有在刑事诉讼中被排除出去。客观地讲，如果能够做到这一点，比用定罪判刑的方法制止刑讯逼供和其他非法取证行为还要有效。再有陪审团制度，虽然也存在这样那样的问题，它却能真正切断一切对司法的外来干预，保证司法的真正独立。此外，在律师为犯罪嫌疑人、被告人提供法律帮助方面，美国律师不仅能在犯罪嫌疑人被警察审问的第一时间赶到现场，而且能够参加警方对他的审讯，能够单独会见他，提供法律咨询。正是这一切，使美国和中国在刑事诉讼中所作的同样的一些规定，美国能够做到，而我们却不能做到。

中美两国在刑事诉讼制度上为什么既有共性，又有差异？而造成制度差异的原因又是什么？这是我们在阅读本书过程中最需要、最值得思考的问题，也是一个非常复杂的问题。但是，笔者认为，最重要的原因就是司法理念的差异，这主要表现在以下三个方面：

第一，在刑事诉讼中，宁可错放罪犯也不冤枉无辜还是宁可冤枉无辜也不错放罪犯？对于这个问题，美国人从不隐瞒自己的观点。辛普森案律师团成员之一、美国当代最著名的律师、哈佛大学终身教授艾伦·德肖微茨就公开宣称，美国的司法制度是一个主张"宁可错放十个罪犯也不误判一个无辜"的司法制度。因为在美国人看来，"罪犯之逃之夭夭与政府的非法行为相比，罪孽要小得多"（美国大法官奥利弗·德尔·霍尔姆斯）。为此，他们赋予犯罪嫌疑人、被告人享有沉默权、辩护权等充分抗辩的权利，并建立了非法证据排除规则，选择了陪审团制度，还要求一切证人包括警察证人必须出庭作证，接受控辩双方苛刻的甚至有损人格的交叉询问，以期最大限度地保证案件的质量，防止无辜的人被错判有罪。至于由此可能造成的错放罪犯的后果，在他们看来则是他们的司法制度"必须付出的代价"。

而中国人以往对于这个问题从来不敢公开表明自己的态度，既不敢回答"宁可错放罪犯也不冤枉无辜"，更不愿公开承认"宁可冤枉无辜也不错放罪犯"，而是冠冕堂皇地宣称"我们是实事求是，既不冤枉一个好人，也不放过一个坏人"。但当"好人"与"坏人"难以分辨确认时，则当然地选择"宁可冤枉好人也不放过坏人"。1996年修改后的《刑事诉讼法》第140条第4款规定："对于补充侦查的案件，人民检察院仍然认为证据不足，不符合起诉条件的，可以作出不起诉的决定。"第162条第（3）项规定："证据不足，不能认定被告人有罪的，应当作出证据不足、指控的犯罪不能成立的无罪判决。"应当说，这两个规定实质上包含了"宁可错放罪犯也不冤枉无辜"的精神。但是，在司法实践中执行起来，在人们头脑中占上风的还是"宁可冤枉无辜也不错放罪犯"的观念，于是，就有了杜培武案件自相矛盾的二审判决：在事实和证据上，二审判决其实已将该案认定为"证据不足"的案件，但在适用法律上仍将其定性为有罪，只是量刑上改为"死刑缓期执行"。而这种观念、这种做法并非只表现在杜培武一案上，应该说迄今还相当普遍。笔者作为辩护律师，于2002年在郑州承办了一起指控故意杀人的案件。该案发生于1998年10月，被告人已经被关押了4年之久，经过审理法院终于作出了"证据不足，指控的犯罪不能成立"的无罪判决。法院虽然给被告人及其家属宣告了无罪判决，但被告人还没有迈出看守所就又被原来负责侦查该案的公安机关强行带走了，迄今不予释放，庄严的人民法院的无罪判决成了一张"法律白条"!

第二,在刑事诉讼中,实体重于程序还是程序重于实体?对于这个问题,2001年3月,艾伦·德肖微茨访问中国时向记者表示:"《圣经》上说,法律公正是必须遵循的。在美国人看来,公正不是最后的结果,而是一个过程。律师追求的就是一个尽可能公正的过程,一个不易被人钻空子的严谨的法律体系。"为什么强调程序重于实体呢?他们认为,公正的结果需以看得见的方式即公正的程序去实现,没有公正的程序很难得出公正的结果,或者说牺牲公正程序得出的结果很难说是公正的结果。同时他们还认为,有时结果公正与否是很难做到的,程序公正则是可以看得见摸得着的。美国哲学家约翰·罗尔斯在《正义论》中举了一个例子,两个小孩分蛋糕,无论谁来分都很难做到绝对的公平。于是采用了一个两人都能接受的程序:让一个孩子切蛋糕,另一个孩子先挑已切成两块的蛋糕。在这里,程序的公正取代了结果的公正。

在上述理念下,美国刑事司法制度对程序的重视远远超过实体。例如,在犯罪嫌疑人、被告人的口供问题上,一方面他们规定了沉默权制度,建立了非法证据排除规则,不允许强迫犯罪嫌疑人、被告人自证其罪,为此最高法院还确定了米兰达规则;另一方面,他们鼓励犯罪嫌疑人、被告人自愿认罪,将其自愿作出的认罪供述作为定案依据。再如陪审团制度,从陪审员的产生,到陪审员的权利和义务以及陪审员与法官的关系、对案件的决定程序等,法律都作了严密的设计。只要是严格按照这一程序产生的判决,无论是有罪判决还是无罪判决,他们认为都应当接受。正因为如此,虽然辛普森案中刑事程序和民事程序作出了截然不同的两种诉讼结果,美国民众主流舆论却认为,无论如何,刑、民两种诉讼结果都是按法定程序、法律要求作出的，都是合理的和符合逻辑的，两者并不矛盾。因为他们知道，刑事程序和民事程序有很大差异，诉讼结果的不同与程序的差异有很大关系。例如，在刑事程序中，被告人享有沉默权，辛普森可以始终保持沉默；但在民事诉讼中，被告人不享有此特权，他必须在法庭上回答在他车上、室内发现的与犯罪现场所获证据有关的一些问题，由此将给陪审团造成对他有利或不利的某种印象。又如在刑事程序中，有罪的证明标准是排除合理怀疑，美国人认为这是最高一级的证明标准；而在民事程序中，证明标准则是"优势证据"，即原告律师提供的证据只需说服陪审团确信辛普森对两名受害人之死有责任的可能性大于其不负责任的可能性就已足矣。总之，正当程序是美国刑事诉讼制度的基石。只要是在正当程序中产生的结果，他们都可以接受，而违反正当程序，无论什么样的结果他们都是排斥的。

而我国长期以来是重实体轻程序的法律传统。最近几年来，在强调法治现代化的进程中，人们开始注意并强调程序的重要性。基本观点是：程序不仅具有工具价值，即服务于、服从于实体的从属价值，而且具有脱离实体的独立价值。例如，反对刑讯逼供，不仅有利于实现实体公正、防止冤假错案的发生，而且其本身具有独立的价值，体现了诉讼的文明和进步，彰显了对犯罪嫌疑人和被告人人格和人身权利的尊重。但是，在实体与程序的关系上，仍存在两种不同的观点：一种观点认为，实体与程序应当并重、兼顾，不应当谁重于谁；另一种观点则主张，程序重于实体，因为程序是看得见摸得着的，而实体有时候很难找出对与错、是与非的客观标准。理论界如此，司法实践则远没有达到上述任何一种认识，占主导地位的仍然是重实体轻程序的观念和行动。正因为如此，杜培武案在诉讼过程中才发生了那么多明知故犯的程序性违法行为；正因为如此，杜培武案被纠正后，昆明市公安局总结造成错案的原因有四条：一是党委把关不严；二是执法行为不规范；三是破案心切；四是使用警械不当。其中根本没有从违反程序就是违法的高度认识问题。试想，在杜培武案中，且不说把程序放在重于实体的位置上，哪怕只是放在同等的位置上，如果严格依照法定程序办案，还会铸成如此恶果吗？

第三，在个人利益和社会公共利益的关系上，是个人利益重于社会公共利益还是社会公共利益重于个人利益？在这个问题上，美国人的观点几乎是赤裸裸的。正如本书援引两位美籍华人犯罪学博士在其所著的《疏漏的天网》中所言："美国人根深蒂固地认为，个人价值是绝对的，国家的价值是相对的。代表国家的政府存在的目的是为每个个人服务"；"美国人绝对不能认同为了国家和民族的利益可以牺牲个人的价值，恰恰相反，只有将个体生命和个人幸福视为至高无上的国家，人民才会去捍卫它。老百姓的个人利益高于国家的利益，这是美国立国精神和社会的基本价值，建立在美国宪法及宪法权利法案基础之上，而刑事司法制度正是这种社会利益向个人权利妥协的真实写照"。是的，正因为如此，美国刑事诉讼制度才赋予被告人保持沉默的权利，才主张"宁可错放罪犯也不冤枉无辜"，如此等等。

而我们长期以来一直倡导个人利益轻于社会公共利益，为了社会公共利益可以不惜牺牲个人利益。在刑事诉讼中更是如此，加之有罪推定的封建意识根深蒂固，嫌犯即是罪犯的观念还相当普遍，于是，为了保障犯罪嫌疑人、被告人的权利而牺牲被害人的利益，牺牲社会公共利益是决不能接受的。在此情形下，虽然我国已于1998年10月5日签署了《公民权利和政治权利国际公约》，但一谈到该公约中要求的犯罪嫌疑人、被告人不被强迫自证其罪的权利以及避免双重危险的原则等涉及强化个人权利保护的内容时，理论界往往会发生严重的分歧和对立。正是在这种观念主导下，犯罪嫌疑人、被告人的法定诉讼权利难以得到切实保障，虽然法律规定犯罪嫌疑人在被侦查机关第一次讯问后或者采取强制措施之日起就可以聘请律师为其提供法律帮助，但在司法实践中，大量刑事案件律师很难在侦查阶段介入；法律规定严禁刑讯逼供，但禁而不止，愈演愈烈，因为这是"为了社会公共利益而打击罪犯个人"，如此等等。

我想，通过以上分析，细心的读者在看完本书后，从辛普森和杜培武案件中一定能感受到以上中美两国在司法理念上的差异，以及由此造成的司法制度上的差异，同时也一定会体会到中美两国虽然存在着差异，但仍然存在对正义的共同追求，只是对于追求正义所付出的代价有不同的认识和不同的选择。

本书的作者之一王达人先生是我的律师同行，也是我敬重的兄长。本书成稿后他真诚地征询我的意见，并希望我为本书作序。对于第一点我高兴地接受了，并也真诚地表达了我的看法和意见。对于第二点，我则断然不敢答应。因为按照不成文规定，为书写序者大凡都是某一领域德高望重的前辈或才华横溢的精英，我则什么也不是。不料，达人兄不改初衷，且言之切切。盛情难却之下，我退让一步，表示可写一篇"先读感"，如果硬要放在书前，就算是代序吧。最后我想说，看完这本书，我们都应当思考这样一个问题：正义需要付出代价，我们选择什么？

顾永忠*
2003 年 3 月 24 日于北京

---

* 序作者为诉讼法学博士，中国政法大学诉讼法学研究院副院长、教授、博士生导师。

前　言

　　我们处在一个急剧变化的时代。科技革命使得信息不断爆炸，人们的大脑已经远远不能接收地球各个角落源源不断传来的信息，即使借助于电脑，在了解更多信息的同时，我们也只能保存有限的一点资料。因此，人们变得容易遗忘。20 世纪 90 年代中期和后期先后发生在美国加州洛杉矶的辛普森案和发生在中国云南昆明的杜培武案，曾经强烈刺激过人们的神经。但现在肯定大多数人会问："辛普森是谁？杜培武又是谁？"

　　然而，我们又是处于一个变迁的时代。经济全球化，使人类的联系从来没有这样紧密过。这种紧密的联系，必然要求不同民族、不同国家在经济、政治、法律、文化甚至语言、生活方式、道德标准、价值观念等方面的交流和融合。因此，改革或者说变迁本国各种体制中不适应全球化的东西，才能与时俱进，才能求得生存和发展。从马克思到毛泽东，从邓小平到至今的各届党和国家领导人，都一脉相承地主张借鉴外国的先进制度和文化，发展本国的经济和文化；吸收全人类共同创造的文明成果，促进全人类的和平与发展。现代法制，作为一套外来的制度，正是清末的沈家本和后来的沈家本们借鉴外国先进立法的结果。而现代法治，也正是以启蒙思想家为代表的人类先贤的理想设计和奋斗结果，是人类共同的文明结晶。因此，在不同国家的法治实践中，一定有共同的规律可循，也一定有相互借鉴的东西存在。无论是在以德国、意大利、日本、法国为代表的大陆法系的成文法中，还是在以英国、美国为代表的海洋法系的普通法中，都有我们应当"拿来"的东西。事实上，两大法系的日渐融合和趋同，已是大势所趋；"拿来为我所用"的东西，在我国的法律制度和法律实践中已经比比皆是。公诉制、控辩制、听证制、两审终审制；宪法、民法、公司法、企业法、担保法、证券法、银行法、铁路法、交通法、国际贸易法、反不正当竞争法，等等，哪一样是中国本土的？然而，令人难以置信的是，时至今日，仍有一些人很不愿意听到有人夸奖外国的法治。

在人类的生活中，有很多事情是不应该忘记的，甚至是应该深思的。上文提到的两个案件就是如此。

也许是天缘巧合，发生在大洋两端的这两个案件，竟然有那么多的相似之处：被告人都是案件中其中一个死者的丈夫；被害人都是两个人，并且都是情人；案件都被警方认定为情杀案；案件的审理实行的都是抗辩制；两个案件的被告人委托的都是名律师；案件的审结生效都经过了一年多时间；案件的证据都有值得"合理怀疑"之处。不同的是：一个案件的被告人是橄榄球明星，另一个案件的被告人是警察；一个案件的被害人都是一般公民，另一个案件的被害人都是警察；一个案件的被害人在家中死于刀下，另一个案件的被害人在车上死于枪下；一个案件的被告人受到了文明对待，另一个案件的被告人被屈打成招；一个案件的律师的辩护意见得到法庭重视，另一个案件的律师的辩护意见被置之不理。这就决定了两个被告人命运的巨大不同：一个案件的被告人被宣告无罪，而另一个案件的被告人不仅被宣告有罪，而且被判处死刑，差点与阎王相会。当然，不同之处还有：一个案件的真凶也许永远不会落网了，而另一个案件，真凶不仅已经落网，而且已被代表正义的行刑官送进另一个世界。

为什么相似的案件，审判结果却有天壤之别呢？这个问题引起了我们的深思。正是这样的深思，促使我们写下了自己的思考。

在本书中，我们尽可能客观地对两个案件的诉讼过程作了比较详尽的介绍，目的在于使读者在事实基础上自己去思去想，以便推敲我们的观点有没有不当之处。由于中美两国的刑事证据制度、刑事诉讼制度以及深藏在这些制度后面的价值观念、诉讼理念均有不同之处，因此，我们对这些属于法律文化方面的内容作了必要的介绍。我们认为，比较不同国家刑事案件的审理机制和结果，实际上是在进行法律文化的比较和法律制度的比较。如果把认识仅仅停留在事实的比较上，是没有什么意义的。事实比较不是目的而是手段，事实比较的目的在于上升到一定高度去发现问题、分析问题并找出解决问题的方案，至少应当为解决问题提供一定的思路。在本书中，我们就是这样去做的。当然，我们深知，我们不是专攻刑事诉讼理论的专家，没有能力作出更深层次的思考，更没有能力为中国未来的诉讼制度设计方案，而且，更主要的是，本书不是写给专家看的，而是写给大众看的。我们力求写得轻松一些，让读者看起来也轻松一些。但是，由于能力有限，属于我们自己的时间也有限，我们只能在别人搓麻将、打扑克的那些时间里直接在电脑上写作，因此，本书在体例和内容上都可能存在这样或那样的问题。希望读者提出意见和建议，以便以后修改——如果有可能的话。

作者于首都北京
2003 年 3 月

目 录

引 子 … 001

第一章 **警察与罪犯** … 011
   1 警察和被告人的错位 … 011
   2 相煎何太急 … 023
   3 警察权力的制衡 … 030

第二章 **检察官和律师** … 040
   1 "梦之队"的梦 … 041
   2 忍辱负重的辩护人 … 066
   3 天平的两端 … 098

第三章 **事实和证据** … 118
   1 痛苦的证人 … 119
   2 无本之木 … 141
   3 事实的真实再现 … 147

第四章 **陪审团和法官** … 163
   1 天地良心 … 164
   2 法官的悲哀 … 173
   3 独立审判权 … 184

第五章　司法公正与社会正义　198

1　正义的代价　199

2　生死一线　202

3　追求公正和正义　209

第六章　劫后余生　216

冤:民警险成当代窦娥　奇:执法部门如此办案

——云南昆明公安局干警杜培武冤案录　217

劫后余生说噩梦——杜培武访谈录　224

路漫漫其修远兮——杜培武出狱以后　234

坚决杜绝刑讯逼供　244

严禁刑讯逼供　严禁超时限办案　246

提高执法水平　确保办案质量——省委政法委出台十项措施　248

公正驱散阳光下的阴影——杜培武错案纠正纪实　250

尾　声　257

修订版后记　263

引　子

1

1994年6月13日洛杉矶当地时间凌晨0时10分，美国洛杉矶警方接到报案，警察赶到现场，发现超级橄榄球巨星辛普森的前妻妮科尔·辛普森和她的情人罗纳德·戈尔德曼被杀死在妮科尔的别墅门前。妮科尔的喉管已被割断；戈尔德曼身上有22处刀伤，有明显的死前搏斗痕迹。法医确定，他们是在12日22时被人用利器杀害的。由于没有任何谋财害命的迹象，警方初步断定是一场情杀。妮科尔的前夫辛普森被列为头号嫌疑人。辛普森，黑人，曾在1984年洛杉矶奥运会上点燃圣火，因在体育事业上的成就，被一部分美国人视为"民族英雄"。

6月17日8时30分，洛杉矶警察局通知辛普森的律师罗伯特·夏皮罗，警方准备逮捕辛普森，要求律师11时带辛普森到警署自首。

11时30分，律师发现辛普森和他的朋友考林斯不见了，律师当即打电话通知了警察署长加斯肯。13时50分加斯肯署长向记者宣布了这一消息。他向市局报告后，市局下令：追捕谋杀嫌犯辛普森。警方的直升机和警车，还有闻讯赶来的新闻媒体的直升机和汽车在洛杉矶满城飞驰。17时，夏皮罗举行了记者招待会，宣布辛普森去向不明，"种种迹象表明，他想自杀"。

18时"911"台（美国的报警电话，相当于我国的"110"）接到考林斯的电话："我是考林斯，辛普森就坐在我的车内，他手里有枪，想自杀。"警察用定位仪很快测出考林斯和辛普森汽车的位置。警方和新闻界的直升机、车辆在405号公路上发现了辛普森乘坐的那辆福特车。就像好莱坞的枪战片那样，美国的电视观众在电视中看到了一场现场直播的飞机、汽车的大追逐。20时45分，辛普森在警方的劝说下回到了自己的寓所。他给自己的母亲打了个电话，洗了个澡，被警方带到了洛杉矶看守所。

一场旷日持久的诉讼自此开始。

经历了近1年零4个月后，1995年10月3日，美国西部时间10时，辛普森被宣告无罪。宣判当天，美国民众沸腾了，世界沸腾了。有人形容"美国被一颗原子弹击中了"，有人认为，"辛普森被宣告无罪意味着美国法律的破产"。欧洲新闻媒体认为，这是美国种族分歧扩大的标志，是美国陪审制度所存在弊病的又一次展示，是美国社会危机的大曝光。用中国的习惯方式表述，就是"天理何在?!"，与之针锋相对的则是为"民族英雄"能被"从种族主义者手中解放出来"而欢呼雀跃。两方各不相让，以致发生了大规模的社会骚乱。此案由于所造成的广泛的社会影响和审判费用之高昂，被美国人称为"世纪审判"。对于辛普森究竟是否杀害了他的前妻及其情人，虽然有人说

"是一个谜",但是,即使是辛普森的辩护律师德肖微茨也认为:"世上没有一个法官会认为辛普森是无辜的。"在之后的民事诉讼中,辛普森被确认应对其前妻妮科尔·辛普森和她的情人罗纳德·戈尔德曼的死亡负责,并被判处巨额赔偿。

2

1998年4月22日9时,中国昆明警方接到报案称,在昆明市圆通北路40号思远电脑开发公司门口停放了1天1夜的一辆微型车内发现两具尸体。经查,女性死者是王某,昆明市公安局警官;男性死者是王某某,昆明市路南县(现名石林县)公安局副局长。两人都是被配发给王某某的手枪所枪杀。1998年7月16日,昆明市公安局刑侦支队技侦处《关于王某某、王某死亡时间推断的会诊意见》认为:"王某某、王某死亡时间距1998年4月22日12时尸检时40小时左右。"即两死者是在4月20日20时左右被杀。由于排除了抢劫和仇杀的可能(当然,警方忽略了王某某所佩枪支去向不明的事实),警方认定此案属于情杀。王某的丈夫、昆明市公安局强制戒毒所警官杜培武成为唯一的嫌疑人。

4月20日18时30分,杜培武在戒毒所食堂和同事们一起吃完晚餐,说他要复习功课,准备已经临近的函授考试,就回自己的宿舍去了。19时左右,有两个同事看见他走过,还同他交谈了大约十多分钟。还有值班人员证实,21时左右,杜培武到过值班室。

警方通过查证证实:"杜培武1998年4月20日21时17分、21时22分两次用8611194(戒毒所)电话拨打昆明市公安局3137481传呼台号码；王某传呼显示1998年4月20日21时14分收到'请回电话8611194，杜先生'的信息，21时20分收到内容为'请您回传呼，传呼号是3838，杜先生'的信息。"事后，杜培武说，他与妻子感情甚笃，从来没有传呼不回的情况，他当时真是着急了。到4月22日中午，他一直没有停止打电话和传呼寻找他的妻子。

4月22日14时许，警方决定将杜培武"留置盘问审查，审查后，杜培武仍有作案嫌疑，但无充分材料证实其犯罪，因案件性质特殊，案情重大，经专案组领导决定在审查后将杜培武"侦查控制"于戒毒所内直至7月2日对其刑事拘留"（引自昆明市公安局刑侦支队《"4·22"持枪杀人案破案报告》）。

7月2日，杜培武被警方以涉嫌故意杀人拘留，杜培武一案正式合法进入这起故意杀人案的刑事诉讼程序。一起比辛普森案更加旷日持久的诉讼自此开始。

距案发约8个月后的1999年2月5日，昆明市中级人民法院以杜培武犯故意杀人罪，判处其死刑。1999年11月20日，云南省高级人民法院改判"缓期二年执行"。根据我国的"二审终审"制度，这个判决宣判后立即生效。杜培武被投入监狱服刑。此案从立案到二审结束，历时1年零7个月。在国内颇具影响的《知音》杂志等，未等到终审判决，就已经根据自己的想象编造了一个情场三角关系导致情杀的故事，为这个杂志的1999年第11期找到了一个"卖点"。用杜培武的话说："除了刘律师（杜的辩护人刘胡乐律师）和我自己，没有人相信我是被冤枉的。"此案似乎成了"铁案"。

出乎意料的是，因为一起抢劫杀人团伙被破获，证实杀害王某、王某某的行为系该团伙所为。2000年7月4日，云南省高级人民法院根据公安机关提供的新的证据，决定再审杜培武案，7月6日作出再审判决，宣告杜培武无罪。判决披露后，引起国内外新闻媒体的广泛关注，杜培武案被媒体称为"惊天冤案"。

3

如果我们手上拿着一个地球仪，从北极的轴心向下看，一定会发现中美两国的位置与地球自转轴是对称的。在美国时，我们也发现，美国的很多事物与中国刚好相反。比如在硅谷，我们看到上班职员的自行车都是倒过来停放的，用坐垫和笼头手柄支撑着，两个轮子朝天。这种行为方式，是由思维方式所决定的。发生在美国的辛普森案和发生在中国的杜培武案两个案件，如果把它们的诉讼过程画成一条曲线的话，我们会发现，两条曲线几乎完全相反而对称。前者非常重视诉讼程序，而诉讼实体结果居于次要地位；后者非常重视诉讼实体结果，而诉讼程序居于次要地位。前者的诉讼理念是，只要诉讼程序是正当的，诉讼实体结果也就是正当的，程序具有独立的价值，实体审理存在于诉讼程序之中；而后者的诉讼理念是，即使诉讼程序存在问题，也不妨碍诉讼实体结果的正当性，诉讼程序没有独立存在的价值，它仅仅依附于诉讼实体的审理，为诉讼实体服务。甚至有相当多的人认为，程序是虚的，实体才是实在的。在诉讼证据上，前者认为，侦查人员取证的方式方法必须合法，该证据才能用于定案，否则，违法取证将导致不公正的诉讼结果，也就是说，如果把取证过程比作树干，把所取得的证据比作果实的话，"毒树之果必然有毒"；而后者认为——当然，主要是司法工作人员认为，证据只要具有真实性，能够形成锁链，就可以作为定案的依据，即使违法取证也不必然导致实体结果不公,也就是说,"毒树之果未必一定有毒",甚至认为"毒树之果有点甜"[1]。正因为如此,尽管1996年修订通过的《中华人民共和国刑事诉讼法》第43条明确规定"严禁刑讯逼供和以威胁、引诱、欺骗以及其他非法的方法收集证据",司法解释也反复强调"以刑讯逼供和以威胁、引诱、欺骗等非法的方法收集的犯罪嫌疑人供述、被害人陈述、证人证言,不能作为指控犯罪的根据",但重实体而轻程序,以口供为证据中心的传统法律文化造就了司法工作人员的司法习惯,他们面对这些没有规定法律后果的规范性文件,有足够的胆量置法律规定的程序于不顾,为了破案,为了揭示案件的本来面目,为了伸张所谓的正义——被告人被绳之以法,无所不用其极。媒体所披露出来的冤假错案,无一不是采用了非法证据的结果。

需要说明的是,最高人民法院、最高人民检察院、公安部、国家安全部和司法部于2010年6月联合发布了《关于办理死刑案件审查判断证据若干问题的规定》(以下简称《办理死刑案件证据规定》)和《关于办理刑事案件排除非法证据若干问题的规定》(以下简称《非法证据排除规定》),明确建立了非法证据排除规则,为再次修订《刑事诉讼法》奠定了良好的基础。《办理死刑案件证据规定》第2条规定:"认定案件事实,必须以证据为根据。"第一次明文确立了证据裁判原则,这是"以事实为根据、以法律为准绳"原则的深化。坚持

---

[1] 刑事诉讼理论上的毒树之果,特指通过采用非法手段获取的言词证据(即毒树)延伸取得的其他证据(毒树之果),如刑讯逼供获取犯罪嫌疑人、被告人口供后,根据该口供收集到作案工具,查获赃物、尸体,或者取得证人之证言。对于毒树之果,主流学者主张排除其言词证据的效力而肯定其实物证据的效力。另有部分学者主张全面否定其证据效力。笔者认为,基于相对合理主义,如果彻底否定毒树之果中实物证据的效力,则许多案件将无法侦破,被害人的正义将无从实现,因此,适当肯定通过非法言词证据"合法"获取的实物证据的效力,是一种折中而相对合理的选择。

证据裁判原则，必须做到认定案件事实应有相应的证据予以证明，一切都要靠证据说话，没有证据不得认定犯罪事实；坚持证据裁判原则，必须做到对存疑的证据不能采信，确保判决认定的事实证据确实、充分；坚持证据裁判原则，必须做到用合法的证据证明案件事实，对于非法取得的证据应当排除，不能作为定案的根据。在 2010 年 5 月 30 日的新闻发布会上，上述部门的负责人指出，这一条规定明确了对于明显违反法律和有关规定取得的证据，不能作为定案的根据，应当予以排除。这是《办理死刑案件证据规定》增加的新内容。包括经勘验、检查、搜查提取、扣押的物证，没有勘验、检查、搜查、提取、扣押的笔录，不能证明物证、书证来源的；以刑讯逼供等非法手段取得的口供；以暴力、威胁等方法取得的证人证言；作出鉴定结论的鉴定机构不具有法定的资格和条件，或者鉴定事项超出鉴定机构业务范围的；勘验、检查笔录存在明显不符合法律及有关规定的情形，并且不能作出合理解释或者说明的；等等，《办理死刑案件证据规定》明确规定不能作为定案的根据。同时，《非法证据排除规定》明确了对非法取得的物证、书证的排除问题。对非法取得的物证、书证要否排除，国内外都存在较大争议，司法实践中一般很少予以排除。为规范取证活动，确保办案公正，现阶段宜对物证、书证的非法取证问题作出原则性规定，即"物证、书证的取得明显违反法律规定，可能影响公正审判的，应当予以补正或者作出合理解释，否则，该物证、书证不能作为定案的根据"。

  美国自建国以来就是一个权力高度分散的国家。开国元勋们由于吃够了被英国殖民统治者剥夺个人自由的苦头，千方百计地防止国家权力成为专制的工具。古罗马的法学家西塞罗在《共和论》一书中说："国家主权来自人民，国家主权也必须建立在人民的公意之上。"

西塞罗的思想显然也和主张民主、自由、天赋人权和人民主权的卢梭、孟德斯鸠、洛克等人的思想一样，是美国的文化渊源之一。所以，美国的开国元勋们在《独立宣言》中宣告："以下诸点乃是不言而喻的公理：人类生来是平等的。造物主赋予了他们与生俱来的权利，即生存、自由、追求幸福的权利。政府是为了实现这些权利而设置的。"在这种价值取向指导下所制定和执行的法律，已经将个人权利和自由推向极致，甚至凌驾于社会整体利益和国家利益之上。在美国，这种价值观的危害，首先是由军方感受到的。军队这个群体的特殊性，就在于必须将个人的权利、自由无条件地服从于团队整体。这就是现在很时髦的所谓"团队精神"。所以，美国西点军校在20世纪80年代初，当中国大地上的"雷锋"已经很不"时髦"的时候，提出了学习雷锋精神的口号。现在，"自由女神"的火炬仍然引导着美国人民追求个人自由，引导着美国政府保障人民对这种自由的追求。不过，社会秩序和法律秩序已经和个人自由并驾齐驱，个人自由不再具有绝对的价值。特别是在美国遭受发生于2001年9月11日的恐怖袭击后（史称"9·11事件"），美国国会通过了《爱国者法案》，美国联邦政府开始逐渐采用牺牲公民个人自由的措施来保护其社会秩序，个人的自由价值甚至在一定程度上会让位于秩序维护价值。这是一个新的变化，一个矫枉过正的变化，以致连美国的学者都认为政府是在"用恐怖的手段反对恐怖"。但笔者相信，这不是一个确切的变化趋势。笔者坚信：基于秩序维护与自由保障之平衡的法律制度和法律实践，才是当代社会所应追求的正义。

中国自古就是一个中央集权的国家。个人权利服从国家权力，个人利益服从国家利益，这是中华民族几千年来经过无数艰难曲折而始终凝聚不散的精神滥觞。"我们万众一心，冒着敌人的炮火，前进！"

这句国歌的歌词，非常形象、精辟地概括了中华民族在国家利益和个人权利之间的价值取向。国家利益固然是崇高的，但是如果把国家利益和个人利益对立起来则未必是正确的。国家的标志之一是有一定数量的公民，公民利益的集中体现即国家利益，因此，国家利益与个人利益具有一致性。国家的权力来自于人民的权利，西方国家所谓的"主权在民"和我国宪法规定的"中华人民共和国一切权力属于人民"是一个意思。但是，在我国，皇权独尊，公民个人权利得不到应有的尊重和保障的封建专制文化遗存至今，"文化大革命"又使这种遗毒披上了"马列主义、毛泽东思想"的外衣。这种价值观念认为，公民权利是由国家赋予的，因此，国家可以任意剥夺公民的权利。这些观念现在仍然成为推进社会主义法治建设的重大思想障碍，并且成为制造冤案和司法腐败的根源。这些背光的一面却也是客观存在的事实。

可见，两种文化的价值观念，也恰恰是一种相反而对称的关系。

本书仅仅只是想通过两个个案的比较，找出中、美两国刑事司法制度存在的差异，乃至导致这些差异的历史文化渊源。必须看到，一种司法制度的确立和存在，应当是这个国家和人民的普遍选择，是这个国家传统文化价值观念的一种体现，同时又维系和强化了这种传统文化价值观念。两种不同的甚至完全相反的文化价值观念，是很难作出孰优孰劣、孰先进孰落后的价值判断的。因为，首先，这个判断本身缺乏一个必要的逻辑前提，即纯客观的评价标准；其次，优胜劣汰、落后向先进看齐的必然逻辑结果是用一种文化完全取代另一种文化。这不仅在理论上是错误的，在实践中也是不可行的。

人类文化发展的趋势，绝不可能是一种文化对其他人类文化的完全取代，正如江泽民主席在美国发表演讲时谈到过这样的观点：未来的世界应当是一个多元文化共存的世界,任何国家和民族都没有权力把自己的价值观强加于他人。但是,江主席所说的多元文化共存的概念并非是各种文化价值观念一成不变、故步自封。如果把江主席的这一主张理解为我行我素、不思进取,则是违背人类历史发展规律的。无论在农业经济时代,还是在知识经济时代,特别是在经济全球化时代,各种文化之间的相互借鉴与吸收,是任何一个国家都不应回避的选择。马克思主义历来主张社会主义国家应当大胆借鉴和吸收各国先进文化而发展本国文化。因此,在中、美两国的刑事司法制度中,用追求司法公正的共同尺度来衡量,必然存在着各自的优劣和长短。找出这些差异,取人之长,补己之短,对于我们发展和完善自己的刑事司法制度、追求我们的司法公正无疑是具有启迪性和积极意义的。至少,在两国日益宽广和频繁的交往中,多一些理解和宽容,少一些傲慢与偏见,这也是有益无害的。通过对辛普森案和杜培武案的剖析和比较,是否能得到一叶知秋的启发呢?这是笔者的期望。

第一章

警察与罪犯

在一个民主社会里当警察是我们特殊的荣幸。

——美国前纽约市警察总监帕特里克·墨菲

人民警察的任务是维护国家安全,维护社会治安秩序,保护公民的人身安全、人身自由和合法财产,保护公共财产,预防、制止和惩治违法犯罪活动。

——《中华人民共和国人民警察法》第2条第1款

1 警察和被告人的错位

——洛杉矶警方是在1994年6月13日洛杉矶当地时间(以下均指当地时间)凌晨0时10分接到"911"报警电话后赶到现场的。最初赶到现场的警探被血淋淋的现场惊呆了。

——经过一场大规模的追捕后，辛普森被洛杉矶警方以两项一级谋杀罪的罪名逮捕。

——"你是否在本案中栽赃过或制造过任何证据？""我想坚持我第五修正案的权利。"

——毫无疑问，陪审团彻底否定了福尔曼的全部证言。由于他是几乎全部物证的主要搜集人，因此，控方的所有物证也都被否定了。他被证明是一个有着严重种族主义倾向的栽赃者，辛普森自然就成为一个无辜的人。

洛杉矶警方是在1994年6月13日凌晨0时10分接到"911"报警电话后赶到现场的。最初赶到现场的警探被血淋淋的现场惊呆了，以致在进行了一番手忙脚乱的勘查之后，直到6时50分，接到通知的验尸官才到达现场。而在此之前，警探汤姆·朗格后来在法庭上承认，他让人从屋里拿来一床毛毯，盖住了妮科尔的尸体。当时的录像表明，开始在毛毯边上，后来又移动到死者头部的一只手套，成为一项重要的物证。在犯罪现场，警探们发现了如下证据：

1. 一顶针织滑雪帽，上面黏着的头发经检验是辛普森的；此外，还黏附了一些织物纤维，经检验，这些纤维是辛普森"野马"牌汽车车厢地毯的纤维。

2. 一只皮手套。

3. 一串带血的脚印，尺寸为12号，这正是辛普森的鞋的尺寸；脚印显示的鞋是"布鲁诺·玛格利"牌，在布鲁明代尔百货公司有售，每双160美元，这家百货公司恰恰是辛普森通常购物的商店。

4. 在戈尔德曼的衬衫上发现了辛普森的头发和辛普森袜子的纤维。

5. 栏门上、尸体周围和后门发现了多处与辛普森 DNA 相同的血迹。

警探们还注意到两个细节：一是直到警方赶到现场，睡在屋里的两个孩子还在熟睡，并没有被凶杀所惊醒。警方认为，这证明凶手是妮科尔熟识的人。二是妮科尔的赤脚上没有染上任何血迹。"这向我显示"，警探朗格说："该被害者更像是流血之前遭到了攻击，而且其跌倒也可能发生在另一名被害者与凶手搏斗之前。"

6月13日5时，福尔曼等4名警探来到离案发现场2公里的辛普森住宅，目的是通知他的前妻被害的消息。但是，由于辛普森实际上已经飞往芝加哥，他们按了很久门铃都无人应答。于是，一个警探跳进院墙，打开大门，把其他3名警探放了进去。警探们进入院内，就发现了一串血迹从停在大门口的野马车一直延伸到辛宅的前门。在野马车靠近司机门的把手处、乘客门上、司机门里侧、工具箱、司机一侧的地毯上、司机座位和轮胎上都发现了血迹。在之后的搜索中他们还发现了车库墙壁和浴室地上的血迹，草地里的一根木棒，过道上的一只棕色右手手套等证物。

7时40分，菲利普斯警探在了解到辛普森在芝加哥住处的电话号码后，便打电话给辛普森，告诉他妮科尔被杀了。辛普森在电话里的第一句话是："呀，天啊！妮科尔被人杀了！呀，天啊！她死啦！"45分钟后，辛普森离开旅馆前往机场。9时41分辛普森乘机飞往洛杉矶。辛普森离开旅馆后，警察搜查了他住过的房间，在毛巾和床单上发现了碎玻璃和血迹。10时45分，洛杉矶警方带着搜查证再次搜查了辛普森的住宅，在屋内发现了多处血迹，在床下发现了带血迹的袜子。

当辛普森到达洛杉矶国际机场时，洛杉矶警方将他戴上手铐，带回了警署。辛普森的律师威兹曼赶到警署，抗议警方给辛普森戴手铐的行为，警方不得不解除了刑具。在这次所录的口供中，辛普森矢口否认他杀过任何人。但警方注意到了辛普森左手指上的伤口，辛普森支吾其词地解释说是昨晚在准备行装时不知何处、何地被划伤的。警方因证据不足，当时未对辛普森实施逮捕。

20时50分，辛普森被洛杉矶警方以两项一级谋杀罪的罪名逮捕。

根据警方的调查，代表政府对辛普森提出公诉的助理检察官玛莎·克拉克在后来的法庭上列了一份妮科尔和戈尔德曼被杀前后的时间表：

1994年6月12日

16时辛普森和妮科尔分别去学校参加了他们女儿悉妮的舞蹈汇报演出。18时，二人分别离开。18时30分，妮科尔和孩子及朋友一起到他们常去的莫扎鲁那餐厅进餐。戈尔德曼就在这家餐厅当侍者。

18时30分至19时之间，住在辛普森家里的客人凯特·凯林见到辛普森，聊了一会儿电视中的垒球赛。

20时30分至21时之间，妮科尔离开莫扎鲁那餐厅。

21时15分至21时45分，辛普森和凯林一起驾车去附近的麦当劳用餐。

21时30分，妮科尔从家中给莫扎鲁那餐厅打电话，问她的眼镜是否遗忘在餐桌上。戈尔德曼自告奋勇在下班后将眼镜送过去。

21时50分，戈尔德曼离开餐厅，向几个街区之外的妮科尔家走去。

22时至22时15分，妮科尔和戈尔德曼在妮科尔住宅门前被杀。妮科尔毫无反抗，突如其来的利刃割断了她的喉管，几乎将头颅割下。戈尔德曼在反抗之后被杀。

22时15分至22时20分之间，妮科尔的邻居听见其爱犬阿基塔的哀号。

22时25分，接辛普森去机场的豪华出租车司机艾伦·帕克提前20分钟到达辛宅，他从大门经过，绕到侧门，没见到辛普森的野马越野车停在大门前。他按响门铃，但无人回应。凯林在房内打电话。

22时39分，帕克走回大门看是否能让加长豪华车开进院子容易些。他没见到野马车，决定在侧门等候。

22时40分，凯林仍在打电话，突然听见一声巨响敲打在他房间外墙上。帕克继续按门铃，无回音。

22时41分至22时45分，凯林走到屋外去探查究竟。外面很黑，什么都没见到。他发现豪华出租车停在门外。他回去找手电筒。

22时49分，帕克再按门铃，无回应。

22时50分至22时55分，妮科尔的邻居发现小狗阿基塔在哀号，脚爪上沾有血迹。

22时55分，帕克见到一白人男子，手持手电筒，像在找东西（凯林）。几乎同时，他看见一个6英尺高，体重200磅左右的黑人男子，身穿黑衣，从前大门进来，穿过房前车道，闪进房内。房内的灯立即打开了。帕克立即按门铃，对讲机内传出辛普森的声音，说他马上就出来。

23时1分，辛普森从住宅走出，告诉帕克他睡觉了，随后亲自将一小包东西放进车的后备箱。

23时15分，出租车驶出辛宅，朝机场开去。

23时45分，从洛杉矶飞往芝加哥的飞机起飞。

警方根据他们所发现的证据，再加上辛普森的逃跑和自杀行为，于1994年6月17日20时45分对辛普森实施了逮捕。

如果按照中国的诉讼程序，警方的工作到此结束，以下便是检察院的事了。可是，根据美国的诉讼程序，警方参与办案的人员都必须就他们办案的工作情况到法庭作证。这对于经办辛普森案的警探们来说，无疑是一场灾难。

43岁的福尔曼先生在1995年3月9日上午精神抖擞地站到证人席上，接受起诉方的直接询问。

在马克·福尔曼作证的第一天里，由于有媒体宣称福尔曼是种族主义者，公诉人克拉克女士忙于在陪审团面前恢复他的善良形象。"人们指责你是种族主义者，对此你有何辩解？"助理检察官问道。警探嘟起嘴巴，一副受了委屈的纯洁羔羊模样。

"叫人紧张！叫人讨厌！"福尔曼说，"从6月13日以来，我眼前仿佛尽是些忽视了的证据，尽是些私人问题摆到大家面前来，这可真够糟的……"

助理检察官充满同情地摇摇头，她把一封由一个叫凯瑟琳·贝尔的女人写的信投影到屏幕上去，这封信及其作者本来是被告方的证人和证据。据她在信里说，福尔曼警探10年以前对她谈话时，曾经有极多的种族主义言论。

"福尔曼警员说，如果他碰到个'黑鬼'（他就是这样称呼的）跟一个白人女士开车，他会叫他们把车停到路边去。"贝尔女士写道。"我问他，要是他没有理由，可怎么好呢？他说，总能够找到那么一个。福尔曼警员接着说，他顶顶喜欢见到把所有'黑鬼'聚成一堆儿，统统宰个干净。他还说，该烧掉他们，或者炸掉他们。"

在场的12位陪审员包括8名黑人，在读这封信的时候，他们丝毫不显得吃惊，甚至连撇嘴或者别的面部表情也没有。只有一个人略动了动——那也不过是转转脸、搔搔头而已。

福尔曼在公诉人问题的引导下,如数家珍般地列举了他在辛普森家发现的证据。他说,见到这些,他们生怕"可能有别的被害者,或者抢劫绑架案,谋杀案之类"。

"见到这些,我们那会儿可真一点办法也没有啦!"他说。

而后,克拉克女士进一步给陪审团证明,福尔曼先生不失为一个称职的好警员,绝不会去干什么栽赃的勾当——尽管在心里他也许想要这样做。他的一举手,一投足,都力图符合一个警员的基本要求。尽管在1994年那个血腥的清晨,福尔曼已经两度造访北洛金汉街,助理检察官还是促使他成功地表明,有机会回到那个熟悉的地方并没有引起他更特别的兴趣。

"在洛金汉街,你起什么作用?"克拉克问。

"唔,事实上不算很麻烦,不过我想,我认识到……或许我们会坚持带走辛普森先生,如果他真是狂乱难禁,如果他甚至没办法开车的话。"福尔曼答道。"我敢肯定,我们会带他去警察局,让他跟他的孩子见面——同时,我们也会把他的孩子们安排好的。"

警探讲,在洛金汉街,他见到那辆野马车,"停靠的角度真有点奇怪"。待他走近前去,他注意到一块奇特的擦痕,而在司机门的把手上面还有一小块红色的痕迹。

"看上去好像是凝结的血迹。"他判断道。

福尔曼说,他指给他的同事看汽车上的脏铲子。这时正是清晨将近六点钟,他的同事菲利普斯·旺内特尔决定,他们应该设法进到院子里面去。

"我说,'你是想让我翻过墙进去?'他只说了句'行啊!'"福尔曼讲道。

后来,他们进到院子里,福尔曼问起房客凯林来。凯林告诉他昨天晚上10点45分听到了"一声碰响",而福尔曼便在凯林指示的地点捡到了那只与在案发现场发现的皮手套正好成为一双的皮手套。

3月13日,星期一,由辩方律师F. 李·贝利询问控方证人——警探马克·福尔曼。在进行询问之前,贝利律师已经把气氛造得足足的。比如,在法庭外他曾经宣称,福尔曼在捏造证据方面"极其可疑"。

在他的询问下,福尔曼警探承认,他"在失去一个很有趣、很复杂的案子时,会很失望的"。贝利律师的机会马上就来了。

"作为这种失望的结果,你会决定做些什么吗?"他问。

福尔曼抬眼瞧一下律师那不怀好意的目光。在这种关头,哪怕一个微不足道的差错,都有可能毁掉一切。"不。"他尽可能清晰地答道。

贝利律师要求警探逐分钟讲清楚他在南邦迪街875号辛普森太太的住宅以及北洛金汉街360号辛普森先生的家里所做的一切。对此,公诉人玛莎·克拉克立刻表示反对。"庭上",她对伊藤法官说:"被告人方表现出一种事实上的不可能性。他们从来没有,也从来不会出现任何机会,提供出任何证据,表明警探福尔曼先生栽赃过任何东西!"

老谋深算的律师窃笑一声。"福尔曼警探,你曾经否认过认得凯瑟琳·贝尔。同样,你也曾宣布在辛普森先生家发现一只右手手套。对这些态度的真实性,你感到满意吗?"贝利律师字斟句酌地问。"你真的肯定从没有见过凯瑟琳·贝尔,正如你同样肯定你发现了我们正在谈的这只右手的皮手套?"

贝利律师紧紧盯住了福尔曼宣称自己在那天凌晨三点半时从邻居院里观察戈尔德曼尸体的那五秒钟。他暗示,在那个晚上,警探有足够的时间赶过去拾起手套。

至于野马车上的血迹，律师并没有指责福尔曼故意栽赃，他只是提出了这样的问题：

"那时你知道野马车上有血吗？"

"不知道。"福尔曼答道。

"你用手套在野马车上擦拭过吗，福尔曼警探？"

"没有。"

贝利盯住证人，仿佛要把他一直盯到地下才罢休。毫无疑问，这只是他给陪审团培植印象的第一步——他们将会一再听到这样的问题，直到他们相信为止。

贝利律师要福尔曼说清楚，从那个凶杀之夜的凌晨1点5分到2点50分——从一名同事叫起了他，直到他的上司接手了案件为止，他在每一分钟里都做了什么。他甚至要警探估测出他走路的速度，以及从辛普森太太住宅的一边走到另一边需要的时间。

福尔曼说，在对戈尔德曼的尸体进行检验时，他所看到的只有那一条伤口。"那一双手套又怎么样呢，警探？"贝利立刻追问道："你在那里看到了一双手套？"

"我看到的是一只手套。"警探答道。他接着讲到在辛普森家里发现的另一只：那个地方很黑，早上6点钟天还没亮，头顶罩着浓密的树叶。"你预感到会发现什么吗？"律师问道。

"我不知道，"福尔曼说，"我想兴许有什么塌了下来……我往前走，走了约15到20英尺。我见到个黑东西，就走近它……"他用手指着一张标有"北洛金汉街360号发现的手套"字样的照片，"后来，我看清了，那是只手套。"他接着说。

律师的眼睛灼灼发光，显得他对其中的细节极感兴趣。"为什么你要独自到那里去，如果有什么危险的疑犯躲在辛普森家的阴影里呢?"他问。

"你的用意难道不是独自走到南边的墙下?"他问证人。

"不是的。"福尔曼警惕地回答。

"只是走过去做事,不是吗?"

"我还不知道南墙那里能否走得过去。"

律师的眼睛里有一种凶狠的神情。"不,你离开那房子,独自呆了 15 分钟,只是要去做事?"他问。

"我确实是这样做的。"福尔曼说,一脸委屈的表情。

"想想你去年 7 月的证词,福尔曼警探。"贝利凑近证人的脸问。

"那时你说,你在辛普森先生的野马车里面——不仅是外面,还有里面——发现了血迹。现在,我们怎么又听你说,你没有朝凯林先生要汽车的钥匙?"

福尔曼抬起头,支吾了很长时间,终于无力地答道:

"那时我说错了……"

贝利律师无声地笑了。他再次停顿了片刻,给陪审团充分接受的时间。然后,他继续提出自己更有威胁的问题。

"在描述别人时,你用过'黑鬼'一词吗?"

"没有,先生。"

"近十年来,你用过这个词吗?"

人人都发现那警探显得有些犹豫。"我没想起来,没有。"他回答说。

"那么,你是在说,近十年来没有用过这个词,福尔曼警探?"

"是的,我是这样说的。"

F. 李·贝利挺直身子,面向陪审团。他提高声调,仍然向警探追问:

"所以任何人来到本庭，引证你用过这个词，他们准是说谎，不是吗，福尔曼警探？"

"是说谎。"福尔曼咬着牙，大声答道。陪审员们纷纷伏在桌上，记着笔记——没有人知道，现在他们的心里想的是什么。这些决定交战双方命运的普通人，如今却显得那样莫测高深。

报界披露福尔曼在做警员的19年里，他至少有过6次被控威胁或殴打疑犯，特别是黑人和南美裔人。洛杉矶有个非盈利的律师组织，名叫"警察观察"。据该组织提供的指控材料，自从1988年以来，福尔曼已经有5次被控在对待疑犯方面使用过度的武力。

福尔曼在这个案件中发现了许多关键证据，这样，他成了决定此案结果的核心人物。辩方律师抓住他的不良记录打迂回战，暗示他移动证据，栽赃辛普森，诬陷无辜，而控方对此显然准备不足。他本人在法庭中信誓旦旦地说自己近十年没用过"黑鬼"一词。可以想象辩方律师怎么会对此善罢甘休。起诉方和警探本人都要为此付出代价，而辛普森则将微笑着走出法庭。

福尔曼歧视黑人的行为的曝光全在于一位叫劳拉·哈特·麦金尼的女士提供了福尔曼先生和她谈话的录音。麦金尼女士是北卡罗莱纳大学教授兼编剧。

1995年8月29日，在加利福尼亚州诉O. J. 辛普森案的审理过程中算得上是一个重要的转折点。这一天出现在证人席上的这位证人便是给马克·福尔曼警探录下了13个小时致命磁带的劳拉·哈特·麦金尼女士。

在她的录音带中，福尔曼警探把黑人叫做"黑鬼"的例子足有41个——其中至少有7个是绝对没有疑问的。除此之外，磁带还证明这位警探在不存在可能原因的情形下进行逮捕，使用非法证据，漠视法律程序，殴打疑犯以便强取口供。

1995年9月5日，饱受攻击的前警探重新出现在证人席上。可是这一次，马克·福尔曼再也没有了先前那种趾高气扬、雍容倨傲的气度。在众目睽睽之下接受杰拉尔德·厄尔曼律师密集火力的追问，他的脸色比那位著名的被告不知阴沉多少倍。

"你在预审时提供的证词是否完全真切？"律师问道。

福尔曼抬起脸，无神的目光扫了厄尔曼律师一下。人们会发现，身处众矢之的的警探满面倦容，仿佛就要支撑不下去了。

"我想坚持我第五修正案的权利。"他终于说道。

厄尔曼律师继续追问下去：

"你是否篡改过警方记录？"

"我想坚持我第五修正案的权利。"前警探答道。

"你是否在本案中栽赃过或制造过任何证据？"

"我想坚持我第五修正案的权利。"

整个法庭死一样的沉寂，正如几天之前播放福尔曼磁带时一样，厄尔曼做出一副不耐烦的表情。等了片刻，仿佛不甘心这次询问如此草草收场——然而事实上，对方这样的态度已经是给了他们绝好的机会。

"被告人方没有问题了。"他终于宣布。

后来，克拉克女士想尽办法来挽救这个证人，但显然无力回天了。她在总结陈词中称福尔曼是"人类的耻辱"。

毫无疑问，陪审团彻底否定了福尔曼的全部证言。由于他是几乎全部物证的主要搜集人，因此，控方的所有物证也都被否定了。他被证明是一个有着严重种族主义倾向的栽赃者，辛普森自然就成为一个无辜的人。

一名警察在作为控方证人时，公然一再引用宪法第五修正案，这在我们看来是非常滑稽的。因为这是一种错位，即福尔曼先生从一名警察变成了被告人。美国宪法第五修正案的内容是"公民有权不自认犯罪"，也有人把它翻译为"公民有权不自证其罪"，即犯罪嫌疑人或被告人有权对任何将会导致自己有罪的问题保持沉默。这项修正案确认了沉默权，目的是为了从根本上否定犯罪嫌疑人或被告人被迫作出的有罪口供的证据效力，从而杜绝任何形式的逼供、诱供行为。一个作为控方证人的警察在审判被他亲手逮住的辛普森的法庭上，用第五修正案的权利来使自己免予被定罪，他不是承认自己变成了被告人，还能是什么呢？

真所谓"成亦萧何，败亦萧何"。辛普森栽在警察手里，到头来又是警察使他逃脱了制裁。

2 相煎何太急

——确定死者身份后，警方认为此案属情杀，并且把王某的丈夫杜培武列为主要嫌疑人，于4月22日下午14时（离接到报案仅5个小时）将其留置盘问审查。

——经过16个昼夜的刑讯逼供，杜培武说："真是求死不得"，答应"你们叫我怎么说，我就怎么说"。

——综上所述，犯罪嫌疑人杜培武杀害王某某、王某一案犯罪事实清楚，证据确凿。至此，本案已告破。

——但案件侦查过程中仍有诸多疑点，且无直接证据。

1998年4月22日北京时间（以下均指北京时间）9时，中国昆明警方接到巡警"110"报告:"圆通北路 40 号北侧人行道上停着一辆天蓝色昌河牌微型车,车号为云 OA0455。"车内发现两具尸体。接报后,刑警和技术人员立即到达现场。

车辆面对圆通街 40 号思远科技有限公司的铺面橱窗停放,所有门窗均关闭。未拉手刹,手刹座上插着一把红色木质手柄的梅花起子(即星型螺丝刀)。车前排座下、胶皮垫上及离合器踏板上黏附有红色泥土及断草。车仪表盘上布有灰尘,两座位间装有红色塑料灭火器,座套内被发现有一颗手枪子弹头。

车中排座位放倒,座位上见两具呈仰卧状尸体,左侧座位上为男尸,男尸左手垂于车门边,衣着完整,左侧座位椅子靠头上粘附有血迹,座位旁的车左后玻璃及玻璃上方的车体内表面见由上往下的细点状溅落血迹;左侧座位椅面上见一层状 12 cm×11 cm 的浸染血迹;椅子靠背距椅子左侧 9 cm,离椅面 36.5 cm 见一 0.8 cm×0.9 cm 的裂损;左侧座位胶皮垫下有一个手枪子弹壳,弹底字样"82301",弹壳旁车厢板上见流积形成的血迹。右侧座位上为女尸,女尸左脚鞋子脱落于脚旁,脱落鞋旁有一个手枪子弹壳,弹底字样"82301";车右侧中门门下密封胶条上见一颗手枪子弹头。车子第二排胶皮垫上见大量红色泥土及断落的人牙齿碎块,中排右侧座位靠背后表面见擦拭状红色泥土。

车后排座位上见一黑色弧形女式发卡,后排座胶皮垫上见流淌状血迹,胶皮垫上见脱落的人牙齿碎块。后排座位右侧的玻璃窗下距车底板高 41.5—42.5 cm 处,距车体后边缘 48.2—50.5 cm 处见一中心为横条状凹陷痕,大小 1 cm×2.3 cm,后盖车门玻璃下方距车底板高 47—48.3 cm,距该车门右侧 9—12 cm 见一中心为竖条状的凹陷痕,大小为 1.3 cm×3 cm;两痕间距离为 49.5 cm。

侦查人员对车辆停放地圆通北路40号附近的商店店主进行了走访，确定该车（云OA0455）于1998年4月21日凌晨停放于该处。根据知情人辨认，确认男死者名叫王某某，33岁，昆明市路南县（现改名为石林县）公安局副局长；女死者名叫王某，30岁，昆明市公安局通讯处民警。

确定死者身份后，警方认为此案属情杀，并且把王某的丈夫杜培武（昆明市公安局强制戒毒所民警）列为主要嫌疑人，于4月22日下午14时（离接到报案仅5个小时）将其留置盘问审查。由于不能完全排除其他因素所诱发的杀人案的可能性，但又不能排除对杜培武的嫌疑，警方将杜培武"侦查控制"在他工作的戒毒所内，杜培武实际已经丧失了人身自由。

在进一步的调查中，警方查明王某某于4月20日下午1时30分左右从路南县公安局治安科借了一辆昌河牌微型车（云OA0455）独自到昆明办事，自下午6时后便未与人联系，不知行踪。王某4月20日正常上班，下班后6时许曾回过位于昆明市新迎小区的家中，此后便不知行踪。警方认为，经过调查，未发现两人在工作、生活中有何足以导致仇杀的矛盾，因此基本排除了仇杀的可能性，同时对王某的丈夫杜培武提出了如下疑点：

一是王某某与王某在近半年来关系密切，王某的丈夫杜培武（31岁，昆明市公安局强制戒毒所民警）也已察觉，并对此有不满情绪。但在法庭审理中，控方未能提供这方面的任何证据，律师却提供了与此完全相反的证据。

二是杜培武在案发当晚并不值班，却主动留在戒毒所内值班。警方根本不相信杜培武是为了复习功课、准备考试才留在所内的。

三是杜培武在案发当晚19时40分至21时20分，21时30分至次日上午 7 时 30 分的活动情况无人证实,但警方没有能够收集到杜培武离开戒备森严的戒毒所的证据。

四是当晚王某失踪后,杜培武除了拨打家中电话与王某传呼外,没有再拨打王某家人及自己哥哥杜培俭的电话进行寻找,与常理不符。

五是 4 月 21 日杜培武主动约王某的哥哥到圆通路去寻找王某,但到圆通北路现场附近又匆匆而回,不再继续寻找。

警方还认为,发现杜培武于案发当晚有作案时间,发现杜培武身穿的一件警用衬衣的衣领上有细小泥点,经鉴定与现场微型车(云 O A0455)车厢板上泥土所含化学元素相同,含量相近,两种泥土类同,且经鉴定后发现,杜培武身上所带的人民币上黏附泥土与车内刹车踏板上的泥土类同。另外,经警犬对微型车内油门脚踏板上所留泥土提取嗅源进行警犬鉴别,认定车内油门脚踏板上所留泥土气味为杜培武所留。

根据以上情况,警方于 7 月 2 日将杜培武刑事拘留。杜培武被刑事拘留后,并没有被送看守所关押,而是在昆明市刑侦三大队的办公室内,被警方采用不准杜培武睡觉的方式对他进行连续审讯。在长达 17 天的审讯中,杜培武不但不能睡觉,还被反铐后吊挂在防盗门和防盗窗上。杜培武脚下被垫放着一只凳子,不时被抽走,又被垫上。经过 16 个昼夜的刑讯逼供,遭受了"猴子上树"、警棍、皮带殴打、电警棍触击生殖器等惨不忍睹的酷刑后,杜培武说:"真是求死不得",答应"你们叫我怎么说,我就怎么说"。在警方的指引下,杜培武作出了以下的"交代":自 1998 年春节以来,通过每月结算电话费调取家中电话信息,发现妻子王某经常偷偷和同学王某某通电话,并于 1998 年 3 月发现王某意外的怀孕,于是更加深了对王某与王某某有奸情的怀疑，便想找机会与王某某谈谈，并教训一下王某某与王某二人。4月18日，杜培武打电话给王某某，约王某某到昆明参加同学聚会，得知王某某4月20日要到昆明的消息，便想趁此机会处理此事。4月20日16时20分左右，王某和杜培武联系问其是否回家（王某打杜培武传呼公安台3838，杜培武用8611195电话回公安局内线2402），杜培武说王某某要上昆明来，叫王某与王某某联系，并以去玉龙湾公园游玩为名，诱骗王某将王某某约到戒毒所，当晚20时，杜培武从戒毒所断墙出来后，坐上了王某某的微型车（云OA0455），上车后杜培武在闲谈中说："从民航出来后就没有再摸过枪了，你不是配枪了吗，拿来我看看。"以此为由将王某某配戴的"七·七"式手枪骗到手，并暗中上膛，当车行驶到玉龙湾附近杜培武早已看好的偏僻地点时，杜培武谎称车胎没气，要求停车，车停后，杜培武从副驾驶位下车换坐到驾驶位，让本来驾车的王某坐副驾驶位。换位后，杜培武便质问王某某和王某的关系，在气愤中转身近距离开枪将坐于驾驶位后中排左侧的王某某杀害。后下车打开副驾驶车门将王某拖到副驾驶后中排右侧座位，杜培武又上车坐在副驾驶位开枪将王某杀害，杜培武又用枪柄击打两人面部。作案后，杜培武先将汽车开回戒毒所置于大门外，又于21时20分左右潜回戒毒所，21时20分左右在所里打了牛奶，企图制造未出所的假象，并在此期间多次拨打家中电话及王某的传呼，假装寻找王某。到4月21日凌晨3时许，杜培武又从断墙潜出戒毒所，将微型车开到昆明，先将车开到云南公安高等专科学校，将王某某与王某随身物品全部搜走，放入车内的一个白色塑料袋，原准备将车子与尸体弃置于公安学校射击场，后感觉不妥，便又将车及尸体弃于圆通北路40号前的人行道，将两人随身物品与王某某所配手枪抛于银河酒店前的盘龙江桥头边后再潜回戒毒所。

警方在逼供、诱供取得供述后，又反过来印证现场情况，认为：

"以上交代细节与现场勘查情况相符，此案为高度保密案件，具体案情外界无法知悉。杜培武清楚交代的作案过程，进一步证实其犯罪事实。

综上所述，犯罪嫌疑人杜培武杀害王某某、王某一案犯罪事实清楚，证据确凿。至此，本案已告侦破。"

有一个程序是侦查过程中所必需的，这就是指认现场。杜培武当然不知道现场在什么地方，经办警探就告诉他，当经办警探立定不走时，就是案发现场。可见，并不是因为经办警探的愚蠢才导致这个冤案。

出乎杜培武意料的是，在指认现场时，后来作为公诉人的检察官也到了现场。刑侦专业毕业的杜培武抓住了这个时机，故意不理已经站定的警探，漫无目标地继续往前走，还不时用疑惑的眼光顾视检察官。可是，坐在车里的检察官却故意转过头去，回避杜培武的目光。此时，杜培武已经感觉到，他的厄运是难以扭转了。

杜培武被刑讯逼供后，于 1999 年 7 月 19 日被押进看守所。在多方打听确信再也不会受到刑讯逼供后，他立即向驻所检察官提出控告，并要求驻所检察官对其伤势拍摄照片以留作证据。驻所检察官接受了他的控告，也拍摄了照片。但在法庭审理时，公诉人声称照片和控告书都"找不到了"。杜培武的有罪供述，成为将他定罪的主要"证据"。

但是，对当时的警方来说，至少尚存以下疑点：

1. 根据现场勘查报告，在离合器踏板上发现红色泥土，但在警犬嗅闻时，却是以油门踏板上的泥土为嗅源。与杜培武身上人民币上附着的泥土对比的，又是刹车踏板上的泥土。油门和刹车踏板上的泥土是从哪里来的呢?

2. 根据车主的证言,留在车上的起子应当是白色手柄,可是,现场发现的却是红色手柄的起子。

3. 车上的备胎不见了。对此,现场勘查报告根本没有提及。如果是杜培武情杀,他要一个备胎干什么?

4. 最核心的问题是王某某的配枪一直没有找到。在这个问题上,警方连指供都不可能。所以,杜培武有过多次完全不同的供述,可是警方每一次按他的供述找寻,都毫无所获。杜培武既然已经认罪,公诉人在所有供述中只认为有罪供述是"真实"的,而他在这些"真实"的有罪供述中,为什么还要隐瞒枪支的去向呢?

5. 既然警方断定被害人在被枪杀前到过戒毒所,有谁看见过被害人呢?有谁在戒毒所附近或者所谓的"现场"附近发现过被害人驾驶的车辆以及车子轮胎的印迹呢?

当然,所有这些问题在警方作出"此案告破"的结论后,就无须回答了。他们绝无到庭作证,接受控辩双方乃至法庭质询的"后顾之忧"。

值得注意的是,在被刑讯逼供前,杜培武还被强制做了"CPS多道心理测试",即俗称之"测谎仪"测试。测试结论虽然没有被法庭确认为定案证据,但被警方认为"为侦破此案起到了决定性的作用"。更何况,这项测试是由"昆明市中级人民法院司法技术鉴定中心"进行的。法院实际上已经参加了侦查过程,审判结果当然就已经是注定的了。在警方的委托书中称:"但案件侦查过程中仍有诸多疑点,且无直接证据,为进一步推进侦查工作的开展",委托进行这项测试。测试后,警方没有获得任何新的证据,但似乎"诸多疑点"因此被排除,"直接证据"因此而齐备,至少,它奠定和增强了侦查人员通过非法暴力方式获取杜培武有罪供述的信心。所以，这项测试被认为对"破案""起到了决定性的作用"。在我国的刑事证据理论中，直接证据是指能够单独证明是谁实施了犯罪行为的证据。直接证据的主要形式包括被告人的有罪供述（俗称"口供"）、被害人的陈述、现场目击者的证言（包括指认笔录）、部分视听资料（比如碰巧安装在现场的摄像机对作案过程的录像）。其他需要相互印证才能证明是谁实施了犯罪行为的证据，被称为间接证据。间接证据主要表现为现场勘验笔录、书证、鉴定结论、经过他人口头传递的证人证言（也就是听他人所讲的情况）以及部分视听资料。如果在一个案件中只有间接证据，一般不能认定被告人有罪。除非这些间接证据确实形成了证据锁链，能够得出排他性的唯一结论——"就是他，他就是作案人"，才能认定被告人有罪。其中，被告人的口供，一向被当作最主要的直接证据。在杜培武案件中，本来没有直接证据，间接证据又的确存在疑点，不可能得出排他性的唯一结论。也就是说，不能排除这样的可能——"案件是别的人干的"。"打"出口供后，直接证据不就有了吗？

在警方的侦查破案过程中，不难看出其取证存在诸多违法之处。但是，杜培武冤案的定局在警方宣告"此案告破"时，便已经是无可置疑的了，有人称之为已经"尘埃落定"。难怪在审理过程中，有人警告作为辩护人的刘胡乐律师："杜培武跑不掉，你也跑不掉！"

3 警察权力的制衡

——"在美国当一名警察真难啊！"

——为维护公民权利，社会应当作出牺牲，不能以保护社会治安为名给予政府——警察过多的权力。

——在中国，刑讯逼供、先入为主的办案方式有着深刻的历史文化基础。

——法律在惩治犯罪行为的同时，也必须尊重、保护犯罪者的人格和基本权利。这就是现代文明的法治。

    美国人希望警察是养在自家后院的看家狗，对自己忠心耿耿，任其呼唤；对外来者却谨慎提防；对入侵者更是凶猛异常，欲置之死地而后快。他们的这种希望并不是没有理由的。因为警察是自己纳税雇用的，其主仆关系不是很明确吗？

    警察当然不能同意这种观点：我当警察是为了伸张社会正义，以法律的名义除暴安良，压邪扶正，怎么能为人走狗呢？然而，从内心深处，警察们也不能不承认他们处在尴尬的境地。有几个基本的比例最能说明他们的无奈：美国的平均破案率在50%左右，据说，这是世界上最高的。但只有不到10%的被逮捕的犯罪嫌疑人最终被判刑入狱。在这10%的罪犯中，又有90%的罪犯通过庭下和解，受到了重罪轻罚的"优待"。这就是说，在美国的犯罪者中，只有0.5%的人受到了罪刑相当的刑事处罚，而警察在破案和抓捕罪犯过程中的努力，只有5%得到了法律的认可。难怪有人说，美国是犯罪者的天堂。可见，美国警察就是在既要严格执法，又不能侵犯公民权利；既要充当严厉的镇压者，又要扮演热情的服务员的角色中工作，在这种左右夹击的缝隙中不断地调整自己，以寻求最大的生存空间。前纽约市警察总监帕特里克·墨菲说过："在一个民主社会里，当警察是我们特殊的荣幸。"这是从正面发出的豪言壮语，而话外音则是无可奈何的感叹："在美国当一名警察真难啊！"

其实，摆在中国警察面前的问题几乎是完全一样的。《中华人民共和国人民警察法》第2条第1款规定："人民警察的任务是维护国家安全，维护社会治安秩序，保护公民的人身安全、人身自由和合法财产，保护公共财产，预防、制止和惩治违法犯罪活动。"第3条规定："人民警察必须依靠人民的支持，保持同人民的密切联系，倾听人民的意见和建议，接受人民的监督，维护人民的利益，全心全意为人民服务。"可见，人民警察同样在（人民的）服务员和（犯罪分子的）镇压者之间寻求平衡。

在这里，笔者不能使用"缝隙"这个词来描述中国警察的生存环境和生存状态，因为这不符合事实。在中国的人民警察面前的，根本不是一个狭窄的"缝隙"，而是一个"广阔的天地"。根据中国的传统观念和思维定式，人民是一个集合概念，是一群"好人"的代名词，每个个人是不成其为"人民"的。当一个人被认为是犯罪嫌疑人时，他就被从"人民"中剔除出去了。在我们从小看过的许多"公安题材"的文艺作品中，总是以"坏人"被抓住为结尾的。抓住"坏人"，这就是"人民"的胜利。

可是问题恰恰在于什么人才算是"坏人"？显然，"坏人"绝对不是一个法律的概念，也不是一个科学的概念。如果一个国家，一个社会只用"好人"、"坏人"这样十分幼稚的概念来划分人群，那是儿戏。如果用罪犯来界定"坏人"，是否被公安机关抓了的人，就一定是罪犯呢？1996年我国修订《刑事诉讼法》时，增加了这样一条："未经人民法院依法判决，对任何人都不得确定有罪。"可见，被公安机关拘押、逮捕的人还不能被确定为是罪犯，只能被称为"犯罪嫌疑人"。在美国这个界限更是非常清楚的，所以在被送上法庭的犯罪嫌疑人中有90%的人像辛普森一样，最终以无罪之身而逍遥法外。而在中国，应当断言，至少99%的犯罪嫌疑人被定了罪，而且不是冤案。

既然犯罪嫌疑人不等于罪犯，当然也不等于"坏人"，他们是否属于"人民"的一部分呢？其实，"人民"这个词不是一个法律概念，这纯粹是一个政治名词。在法律上，"人民"的同义词应当是"公民"。它们的区别在于，前者是复数，指一个群体；后者是单数，指组成这个群体的每一个个体。犯罪嫌疑人首先是公民，所以才能以国家法律对其行为实行处罚，法律决不会处罚一头猪或一条狗，这是容易理解的。因为法律是一个整体，既然用法律对嫌疑人进行处罚，当然就应当根据法律保护嫌疑人的合法权益，这个合法权益中就包含了人身健康权和无罪的人不受刑事追究的权利。

在美国，公民的这些权利被无限制地强调和保护着。"你有权保持沉默，你的每一句话都可以在法庭上被用来指控你自己。你有权和一位律师谈话，有权在受审期间让你的律师在场。如果你雇不起律师，法院可以为你指派一名。在没有律师在场的时候，如果你愿意，你可以回答询问，你也有权随时停止回答。你是否明白你的这些权利？你是否愿意回答询问？你是否愿意在律师不在场的情况下回答询问？"这是人们从美国电影中听熟了的"米兰达警告"（也称为米兰达规则）。中国的人们会觉得奇怪，这不是在告诉犯罪嫌疑人"不要回答我的问题，否则对你不利"吗？

米兰达警告的内容是源于前文所提到的美国宪法第五修正案关于沉默权的规定，而名称是来源于一个叫"欧内斯多·米兰达"的被告。1963年3月3日，美国亚利桑那州一位18岁的女孩于凌晨回家途中，被一位30岁左右的墨西哥男子拖进一辆轿车内，驶往郊外一片沙漠地带强奸。被害人指认出一辆轿车，警方查到了该车辆的所有权人霍夫曼,正好她的同居伴侣米兰达是一位年近30岁的年轻人。在被害人不能确切指认米兰达就是犯罪分子的情况下,警方拘留了米兰达并开始了讯问。两个小时后,米兰达在有罪供述上签字。但在法庭上他的辩护人穆利提出,他是在没有被告知宪法第五修正案的沉默权时作出有罪供述的,因此要求法院判决米兰达无罪。但一审法院于6月27日对米兰达作出有罪判决,认定其行为构成强奸罪和绑架未成年人罪。1966年6月13日,美国联邦最高法院在沃伦大法官的主持下改判米兰达无罪。美国的警察们鉴于这次教训,就设计了这一套在拘捕嫌疑人时的套话,并因此被称为"米兰达警告"。这在我们看来绝对是难以接受的。辛普森无罪的判决结果遭到美国一部分公民的强烈反对,也说明了这种对个人权利极端的保护是以危害社会为代价的。当然,美国也有相当一部分立法、执法的人或学者是这样看待这个问题的:他们认为,为维护公民权利,社会应当作出牺牲,不能以保护社会治安为名给予政府—警察过多的权力。因此,在美国,特别是在黑人等少数民族和低收入、无收入阶层获得更多的政治解放、权利平等的同时,整个社会日渐削弱了传统的社会控制,政府的执法权力被步步限制,致使罪犯有恃无恐,犯罪率成倍增长。这就是美国人民为争取公民权利而付出的代价。辛普森案只不过是沧海之一粟而已。

但是,不可否认,沉默权是遏制刑讯逼供最有效的手段。因为沉默权包含了犯罪嫌疑人不得被迫自己证明自己有罪的原则,完全排除了嫌疑人在被强迫下作出的有罪供述的证据效力,因此,用刑讯逼供取得嫌疑人的认罪供述就没有任何意义。而在我国,现行的所有法律中,都没有"沉默权"这个概念。老百姓知道这个名词,也还是最近几年的事。在杜培武案件中,杜培武的有罪供述成为定罪的主要证据，在这种情况下，嫌疑人的有罪供述就必不可少，警方为了破案就会不择手段。他们并不需要有太多的顾忌，连专门监督警察的检察机关对此也采取了不予置问的态度。相反，只要取得了有罪供述，即可宣布"此案告破"，他们都可以因此获得各种形式的奖励。虽然在杜培武冤案被纠正后，对刑讯逼供负有领导责任的两个警官被追究刑事责任，云南省人大也重申了严禁刑讯逼供和严禁超期羁押的规定，但刑讯逼供仍然有实际存在的利益动机和责任动机，所以，刑讯逼供并不会因此根除。

所谓利益动机，是指破案后的各种形式的奖励是必然的，这种可期望的利益远远大于可能造成冤案的风险。警衔的提升、职务的升迁、奖金的发放、荣誉称号的获取，等等。这好比士兵打了胜仗、科研人员成果多、教师讲课讲得好、工人合格产品生产得多、农民生产搞得好、公务员工作有成效应当奖励一样，是天经地义的。问题是，这种奖励在一定程度上已经走入误区：只要不是冤案，即使实施了刑讯逼供，也不会遭到追究。在杜培武案中实施了刑讯逼供的两位警官早已获得奖励，只是在杜培武被宣告无罪后才受到追究，但是，这种冤案被纠正的几率是极其微小的。所谓责任动机，是指在"限期破案"、"命案必破"、"零容忍"之类的完全违背科学、违背客观规律的行政命令下产生的内心冲动和内心欲求。如果在限期内不能破案，经办警官将被追究责任。为了在限期内破案，就会不择手段。只要嫌疑人认罪，一切证据都可以按图索骥。

刑讯逼供，先入为主的办案方式有着深刻的历史文化基础。在中国几千年的封建社会中，口供历来是定罪的主要依据。在司法史上，唐朝"开元盛世"时期，武则天重用来俊臣之流，大搞刑讯逼供，造成许多功臣良民家破人亡；在文学作品中，从元代关汉卿笔下的"窦娥冤"到鲁迅笔下的阿Q，都是被县太爷凭着通过刑讯逼供获得的有罪供述定罪的。我们可以作一个历史的比较。在残酷、野蛮的封建时代，一直到"文化大革命"中，被认为是罪犯的人从人身到人格都没有任何权利。且不说那时许多人以丰富的想象力发明了多少惨无人道的摧残人身的酷刑，单就人格的摧残就足以摧毁一个人作为人的全部自信。在封建社会，"家法"就可以把"奸夫淫妇"赤身裸体的捆绑着游街；在"文革"中，被强迫当众吃粪便、被剃了"阴阳头"示众的人更不在少数。这种对同类的疯狂仇视和迫害，即使在动物世界中也是很难找到的。所以人类把自身的这种丑恶现象称为"野蛮"。

在革命战争年代，"三大纪律八项注意"中的一条就是"不虐待俘虏"。当这条"注意"变成千百万人的实际行动时，俘虏兵如何立即成为"解放战士"，如何瓦解敌军，壮大我军的历史事实，难道还不足以证明尊重"罪人"的人格也就是尊重自己吗？

王宗仁写的一本反映平津战役的报告文学《历史，在北平拐弯》里说了这样一个真实的故事：一个为国民党35军扛了10年枪的士兵被俘虏了，他做好了必死无疑的准备。可是，他被释放了，并从"共军"那里领到了一笔可以回老家的路费。但他没有回老家。半路上，临时决定改变方向，折身来到了新保安，追到了35军的营地。他有个朴实得不能再朴实的想法：不把自己亲身经历的事情告诉给35军的弟兄们，良心将一辈子受到谴责——无情的谴责！他对35军的弟兄们说："共军那边对俘虏是诚心诚意的好。不打不骂，绝对是这样的。别听郭麻子（35军军长）他们瞎说一气，人家根本就不虐待俘虏。他们怎么对待自己的兵，也就怎么对待俘虏。我扛了10年枪，在35军也算个不大不小的元老了，可是只有到了那边，才觉得自己是人。"但是，35军却再也不把他当作人，他被认为是个疯子。溥仪、沈醉等一大批战犯都曾经是罪大恶极的"坏人",因为我们把他们当作了人,所以,后来都成了"好人"。正是根据这些成功的历史经验,我们把"不虐待俘虏"的精神化为了尊重人格,尊重人的基本权利的法律。

所以,法律在惩治犯罪行为的同时,也必须尊重、保护犯罪者的人格和基本权利。这就是现代文明的法治。人类重要的是战胜自己,懂得了尊重别人(包括罪人),就是战胜了自己的愚昧和野蛮。

新中国成立后,"极左"的指导思想一直占据主导地位,到"文化大革命",这种指导思想成为普遍的行为准则。虽然毛泽东曾有过"要重证据,不轻信口供"的指示,但那时造成冤案不但无过,相反,只要按规定的比例抓出了"阶级敌人",不管是真是假,得到社会或某位有权者的认可,就是"革命"的。在长期的司法过程中,如果有人指出某个案件中的其他证据和被告人的口供之间存在矛盾,更多的人会说:"连被告人都已经承认了,还有什么可说的?"尽管1979年颁布、1996年修订的《中华人民共和国刑事诉讼法》第46条也明确规定:"对一切案件的判处都要重证据,重调查研究,不轻信口供。只有被告人供述,没有其他证据的,不能认定被告人有罪和处以刑罚;没有被告人供述,证据充分确实的,可以认定被告人有罪和处以刑罚。"但口供实际上被当作"证据之王"。尽管该法第43条也明确规定:"审判人员、检察人员、侦查人员必须依照法定程序,收集能够证实犯罪嫌疑人、被告人有罪或者无罪、犯罪情节轻重的各种证据。严禁刑讯逼供和以威胁、引诱、欺骗以及其他非法的方法收集证据……"尽管从1979年《中华人民共和国刑法》到1997年《中华人民共和国刑法》都规定了刑讯逼供,会受到严厉的处罚,即"司法工作人员对犯罪嫌疑人、被告人实行刑讯逼供或者使用暴力逼取证人证言的,处三年以下有期徒刑或者拘役。致人伤残、死亡的,依照本法第二百三十四条、第二百三十二条的规定定罪从重处罚"。也就是说,如果刑讯逼供致人伤残、死亡的,可以处3年以上有期徒刑直至死刑。但是,且不说一般的刑讯逼供承担刑事责任的风险极小,而且没有任何法律规定刑讯逼供取得的证据不能作为定案的依据。尽管1996年《中华人民共和国刑事诉讼法》修订后,基本确认了疑罪从无的原则,但在执法中,仍然没有取得显著进展,其阻力应当就是来自于习惯势力的影响,口供仍然是第一位的证据。这种价值观念无疑既违背了我国现行法律的规定,而且与江泽民同志关于"中国共产党必须始终代表中国先进生产力的发展要求,代表中国先进文化的前进方向,代表中国最广大人民的根本利益"的"三个代表"思想背道而驰,在实践中具有极大的危害,因此,完全有必要予以根除。刑法犹如双刃之剑,用之得当,则国家与公民两受其利,用之不当,则国家与公民两受其害,这是德国刑法学家耶林早已阐明的道理。即便以法律工具论的观点来看,刑法这一阶级统治的工具,用之不当,也会危及国家的统治。因此,刑事司法,必须慎之又慎,而程序的制约,是慎刑不可缺少的保证。

在美国一些敌视中国的人中,总是以所谓"人权"问题采用双重标准来干涉中国的内政,当然,也总是以失败而告终。由于对自己采用一种人权标准,对别人采用另外一种人权标准,因此,他们往往看不到自己国内存在的问题。比如在辛普森案件中,妮科尔和戈尔德曼的生命权就没有得到法律的充分保护,我们所理解的"正义"没有在法庭上得到伸张。难怪美国人就编了一部电视系列剧叫《黑暗的公正》,一名法官在法庭上违心地将他明知犯有严重罪行的人宣告无罪,然后又在私下用非法(甚至是犯罪)手段对罪犯进行惩罚,以实现

"公正"。这部电视剧充分体现了美国人对法律和执法机关的失望。从某种意义上讲,美国人宁愿牺牲打击犯罪的效率,也不愿失去个人的自由。他们出于历史上的原因而将"警察特权"视为民主与自由的"天敌"。他们为了保障自己个人的一些权利,采取了限制政府权力和无视社会公共利益的办法,结果就失去了自己受到法律充分保护和最终获得实质公正的权利。

但是,辛普森的公民宪法权利却在这个案件中受到了实实在在的保护。福尔曼这个滥用权力的警察实际上已经被宣告有罪。而杜培武却因为警察滥用权力受到了不公正的审判,还差一点被无辜错杀。这不能不说中国的法制还有严重的缺陷,它离公正还有与美国同样遥远的距离,只不过和地球另一面的美国方向不同而已。

第二章

检察官和律师

辩护方经常口头提出推翻证据的申请而拒绝表明这种申请是基于何种特殊的理由。而警察则忙着保证证据的真实性，并且还要接受辩护律师的盘问。检察官很可能要绞尽脑汁地查证警察的报告及案件调查过程中是否已依照正确程序办事。

——美国律师马丁·梅耶

为了完善律师制度，规范律师执业行为，保障律师依法执业，发挥律师在社会主义法制建设中的作用，制定本法。

——《中华人民共和国律师法》第1条

检察官必须忠实执行宪法和法律，全心全意为人民服务。

——《中华人民共和国检察官法》第3条

1 "梦之队"的梦

——最终选定的两名主办助理检察官是玛莎·克拉克和克里斯·达尔顿。

——辛普森倾囊数百万美元,正在编织一个美国历史上阵容最庞大的律师团。被世人戏称为"梦之队"。

——在美国最负盛名的检察官布格里奇奥公开发表言论,认为:谁要是在这些证据面前还怀疑辛普森不是杀人凶手,此人就该进精神病院。

——"本庭周密考虑了本案的证据,以及辩论双方的争论。鉴于有关事项的证明并未超出合理怀疑的证明,本庭感到,有大量的证据足以强烈怀疑指控的罪行,因此,本庭否决驳回指控的申请。"辛普森被宣布不准保释。梦之队在第一回合中彻底失败。

——"在我们所有辩论终结的时候,当你们打开窗户,让清冽的空气流进被被告人方闹得乌烟瘴气的房间,用你们理智清冽的微风,你们会看到那被告定能被证明有罪——轻而易举,不容置疑!"

——科克兰再次打出种族牌,在黑人占绝大多数的陪审团面前,反复引用福尔曼的种族主义谩骂和攻击,引用一封电视观众来信说,这种种族主义者一定会干出栽赃证据的勾当。要裁决辛普森有罪,除非绝对排除有种族歧视倾向的警官有栽赃的可能性。

——"这个人，O. J. 辛普森——应该被宣判无罪！"

美国宪法第六修正案明确规定了被告人享有辩护并迅速与公开接受审判的权利，其目的是不允许政府将被告人长期关押，或限制自由，造成未定罪已受罚的事实。1974年美国国会通过了联邦迅速审判方案，规定在联邦法院内未达到迅速审判要求的案件将被撤销。法案规定在逮捕30日内应该起诉，从起诉起70个工作日内庭审应当开始，极特殊案件可以延长但不应超过180天。被告人可以要求延长庭审准备时间。各州法律相应制定有迅速审判条款。加利福尼亚州法律规定，犯罪嫌疑人在被逮捕之后15天内必须被起诉，被告人在起诉之后60天内必须被审判，否则案件将被撤销。当然，如果辩护方有正当的理由，可以要求延期审理。

60天，对辛普森一案的检察方来说是相当紧张的。首先是要挑选一支精明强干的检察官队伍，来应付强大的律师团，然后每人要熟悉证据，而很多证据有待于进一步测试。比如在凶杀现场发现可疑的血滴是否辛普森的？血型吻合，但需要做DNA测试以保万无一失。这些工作需要1—2个月的时间。接着要制订出有效的起诉方案，预想好出奇制胜的战术，估计对方会如何应付，最后还有一大堆文字工作及证据的演示准备，等等。

最终选定的两名主办助理检察官是玛莎·克拉克和克里斯·达尔顿。

克拉克，41岁，美国西南大学法学院毕业，语言犀利，是少有的女干将。任助理检察官已13年，经办过二十余件谋杀案，几乎每个案件的被告人都被法官认定为有罪。女性检察官，女性受害人，陪审员会自然而然将玛莎和妮科尔联系起来。听她的控诉，就像见到无辜的妮科尔。

达尔顿，38岁，圣荷西大学法学院毕业，头脑清晰，相貌凝重，黑人。担任助理检察官14年，经办19件杀人案，战绩颇佳。黑人检察官起诉黑人被告，让陪审团中的陪审员偏向哪个？他的表现将会冲淡已出现的种族争端，是制止城市黑人骚乱的难得武器。

大将选定，剩下的问题还是时间，60天，哪里能来得及准备案子？

辛普森本人亲自来解围，要求推延审判。原来，他倾囊数百万美元，正在编织一个美国历史上阵容最庞大的律师团。

美国是西方文明史上第一个规定被告人享有律师权利的国家。美国权利法案的制定者们认识到，在抗辩制的诉讼中，专家的帮助对于辩护的成功具有潜在的重要作用，因此，他们制定的法律要求所有的被告人享有获得律师帮助的权利。权利法案被采纳之后，联邦宪法第六修正案被理解为允许被告人按自己的意愿委托律师并禁止法院拒绝这种委托，同时，应当保证所有被指控重罪的人获得律师帮助，不管他们有无能力支付律师费用。当然，该修正案同时规定，法庭不能把律师强加给被告人。也就是说，被告人可以自愿地、明知地、理智地放弃任何宪法权利，包括享有律师的权利，被告人有权自行辩护。联邦最高法院还规定，不论支付律师费用的能力如何，只要被告人没有被提供律师帮助，他就不能因有罪判决而被监禁。由于贫富程度不同，有的人连温饱都没有保证，甚至没有家，不可能支付律师费用；有的人富得流油，可以聘请最好的律师并且是多个律师提供帮助。因此，美国的诉讼制度规定，有能力支付律师费用的被告人有权聘用自己的律师，并且没有数量限制，而贫困的被告人——3/4以上的被告人有权通过法院指定的律师、政府资助的公设辩护人和签约辩护人获得帮助。法院从律师协会提供的名单中任意指定律师。由于各州的法律规定不同，有的法院是免费指定律师义务为被告人提供服务；有的支付一些有限的经济补偿。公设辩护人事务所一般按州或县的范围设置。公设辩护人是专门从事刑事辩护的律师和专职领取工资的政府雇员，其中的律师属于公务员。签约辩护产生时间很短，签约辩护人实际上是私人律师事务所的律师。政府部门或者地方律师协会、地方法律援助协会与大律师事务所或者单干的律师签订合同，由签约方（与律师事务所或者律师相对的一方）支付费用，律师为贫困的被告人提供辩护服务。

这和我国诉讼制度的规定非常相似。我国也有法律援助制度，贫困的当事人可以申请法律援助；未成年的被告人、可能被判处无期徒刑或者死刑的被告人有权获得律师帮助。如果他们没有能力自己聘请律师，人民法院有义务从律师协会提供的名单中指定律师为其辩护，或者通过律师协会指定律师提供辩护服务。这种指定辩护，律师不能从被告人以及他们的亲属那里获取任何报酬，而是由法院或者政府设立的法律援助中心象征性地对律师作出经济补偿。有时这种指定辩护甚至是免费的。国家司法部规定，执业律师有义务接受指定辩护，每年有义务办理至少一件法律援助案件；违反义务，在一年一度的注册中将受到处分。当然，我国法律只允许当事人最多聘请两名律师提供法律帮助，也没有公设辩护人和签约辩护人。虽然曾经有过政府开办的律师事务所，但其从业人员只能称为"国办所律师"而不是"公设律师"，因为他们除了政府支付的工资外，还可以向委托人收取费用。随着律师制度的改革，这样的律师事务所已经逐渐减少，仅在一些"老、少、边、穷"地区保留。为此，已经有一些学者和政府官员建议我国建立公设律师制度，以便更有效地为贫困当事人、为政府、为社区和公益性组织提供法律帮助。

美国司法当局的调查说明,虽然没有证据表明私人执业辩护律师作为一个整体比政府支付费用的刑事辩护律师更有能力或更成功,但是他们在这两种辩护中与当事人的关系明显不同,比如服务态度。看来"见钱眼开",是中外律师群体中都可能存在的现象。因此,有钱的被告人更乐意自己聘请律师。通过被告人自己聘请而办理刑事案件的律师不多。为辛普森辩护的几位律师是刑事辩护的精英代表。有学者认为,尽管他们能提出巨额的费用要求,能拒绝一些他们认为会感到辛苦乏味的案件,在公众当中享有很高的知名度,但在较大的刑事辩护场面所起的作用实质上并不重要。果真如此吗?

美国人还记得,在1992年巴塞罗那奥运会上,第一支由美国职业篮球队员组成的"梦之队",在队长迈克尔·乔丹的带领下,不费吹灰之力摘取了金牌。如今,全美几位第一流的刑事辩护律师集中在洛杉矶市为辛普森效劳,被世人戏称为辩护律师的"梦之队"。

这支"梦之队"的队长是61岁的李·贝利,哈佛大学法学院毕业,为全美家喻户晓的大人物。他曾经办过数个全美闻名的大案,包括20世纪60年代报业大王赫斯特女儿帕特里莎·赫斯特被左翼激进恐怖组织绑架,转而参加恐怖组织,抢劫银行、杀害警察的著名案件。

这支"梦之队"的主将是大名鼎鼎的57岁的黑人律师约翰尼·科克兰。科克兰生长于洛杉矶,毕业于加州大学洛杉矶分校法学院。他曾任助理检察官,后进入私人法律事务所。他是洛杉矶警察局的老对头,曾在一件一名警察猥亵一个13岁少女案中迫使警察局赔款940万美元;亦曾为著名黑人说唱乐歌星斯努·达基·达格杀人案辩护,使其被判无罪;他还曾为摇滚乐巨星迈克尔·杰克逊猥亵男童案辩护,使刑事起诉罪名被撤销。其经手办理过的还有许多其他著名案件。科克兰在辩护中咄咄逼人，善出奇招，深知怎样赢取陪审团，特别是以黑人为多数的洛杉矶地区陪审团。他驾驶劳斯-莱斯，住在豪华区，是黑人成功的楷模，亦是黑人中的大明星。他答应出面为辛普森辩护，辛普森就已有成功的一半把握，因为谁都知道他在黑人陪审团中的影响。

罗伯特·沙皮洛，52岁，加州大学洛杉矶分校法学院毕业，他曾任助理检察官。进入私人律师业后曾为不少著名人士如全国广播电视公司（NBC）的夜晚脱口秀主持人约翰尼·卡尔森等做过代理人。著名影星马龙·白兰度的儿子克里斯顿·白兰度杀人，也是沙皮洛在法庭上力辩，将其谋杀罪减为杀人罪。

艾伦·德肖微茨，56岁，哈佛大学法学教授，著名作家。他曾在克劳斯冯·布洛一案中颠倒乾坤，将布洛谋杀其模特妻子的已定之罪扭转为无罪释放；他还为其他著名人物如重量级拳王迈克·泰森做过代理人。

除上述4位领衔主演的一流辩护律师外，辛普森的"梦之队"还包括4位专家律师，如全国著名的DNA专家律师彼得·纽菲尔德和著名法学教授贝利·舍克。与两位年轻的助理检察官相比，"梦之队"是清一色的老姜，辣味、火药味都浓重得多。要组织这支阵容强大的律师团并非易事，要让他们熟悉案情，准备辩护方案亦需要时间，所以，辛普森要求将庭审时间推迟。伊藤法官最后决定于1995年1月24日开庭。

1995年1月23日，《纽约时报》头版头条刊出了资深记者肯尼思·B.诺贝尔的专稿，全面剖析了控辩双方在诉讼中的策略。

在这篇题为《辛普森案审理策略：从不在现场到DNA检验》的文章中，作者写道：

控方将会把辛普森说成对前妻妒忌成性，直至实施跟踪和肉体虐待的人。他们会试图说服陪审员们，杀害妮科尔和戈尔德曼是这种不断升级的暴力行为的必然的逻辑结果。

辩方的策略将主要依赖于未曾找到带有辛普森指印的杀人工具，以及没有目击证人把他同犯罪现场联系起来，而后者将是更加有效的。辩方还将根据被害人的不良嗜好，提出这次凶杀可能与毒品有关的观点。

控方将会解释一个男人如何能够打得过两个青年，两个身体良好、行动灵活的成年人，而且他们甚至没有呼叫救命；辩方律师将会争辩，这正说明至少有两个人实施了凶杀。

关于DNA问题，文章认为这是本案的一个关键性的争议焦点。DNA检验这项崭新的科学技术，一般用以确定血液、精液或人体组织是否来自于被害人或嫌疑犯。控方会说，对采自犯罪现场的样本和采自辛普森住宅的样本所做的DNA检验的结果，都显示了辛普森可以被断定为杀人凶手。

辩方在对本案的科学立场提出质疑时，聚集了一小批科学及犯罪问题的专家尖兵，其中包括卡里·穆利斯博士（诺贝尔化学奖得主，曾经创设过一种重要的DNA检验方法），以及亨利·李博士，他或许是美国首屈一指的法医科学家。预计穆利斯博士将会证实，DNA分析尚是一项不够完善的科学，单单以微不足道的血液样本为基础给人定罪，堪称愚不可及。而李博士估计将会证实，从事DNA检验的主要实验室塞尔马克诊断公司有可能对血液样本处理失误，因而其检验结果不能使用。

尽管如此，肯尼思·B.诺贝尔指出，最终的裁决将取决于哪一方能够得到陪审员的同情。他认为，本案的物证相当有力。

起诉方将会争辩，犯罪现场流出的一道血痕，以及辛普森先生家车道上的血迹，都与辛普森先生的血液极其相似；而在辛普森先生野马车地面上发现的血滴，又同辛普森太太的血液近似。

起诉方还会说，在野马车里取到了辛普森先生的血迹样本；一双血手套中的一只发现于犯罪现场，另一只则在辛普森先生家客房附近的僻静路上找到。此外，在戈尔德曼先生脚旁的一顶绒帽里，还发现了黑人的头发。

同时，有一张情况证据之网，足以摧毁辛普森先生不在现场的断言——据说凶杀之夜十点光景，他正在家里等大轿车接他去洛杉矶机场，以便飞往芝加哥处理商务。

据辛普森先生去洛杉矶机场的大轿车司机帕克证实，当6月12日夜里10点25分帕克先生抵达布伦特伍德的辛普森先生家时，他的野马车并没在那里；当时此地一片漆黑，他等在街上，从夜里10点40分到10点50分不断在前门按响门铃和对讲器。帕克先生还会说，刚到夜里11点时，他看见一个大个子黑人男子背朝着他穿过车道进入房间，瞬间之后，辛普森先生就走出房来，告诉帕克先生说他睡着了，没听到对讲器的声音。

凶杀显然发生在夜里10点左右。控方会争论说，辛普森先生在夜里11点之前并没有在房里，于是他将有充裕的时间杀死被害人，清理现场，然后返回家中。

就犯罪现场而言，控方会说辛普森先生乃是经由一处屋后通道进入前一住宅的——据法庭文件称，他曾告诉一位朋友，他有"秘密通道"。

当辛普森先生被捕时，警察从他房里发现了两套辛普森太太住宅的钥匙。据法庭文件称，辛普森太太在被害前几个星期报告说，她丢失了一套住宅钥匙。

于是,现在就剩下了动机问题。控方会说,辛普森先生实属累犯。他们将举出证据,证明他对妻了进行精神及肉体虐待——殴打她,当众剥下她的衣服。控方还会说,在离婚以后,他窥伺她与别人做爱,还跟踪她。控方会说,当辛普森先生在控制其太太显然已不可能的时候,他充满成见的行为最终把他引向了谋杀。

在这样雄辩滔滔地分析了控方的主要证据后,诺贝尔的文章又认为,辩方可能采取的策略便是"在所有方面大举进攻"。他写道:

辩方律师定会向 DNA 检验结果全面挑战。专家们会批评血液样本收集保存的方式,并对任何一种给定的检验结果加以衡量。

辩方还将试图减弱虐待配偶事件的影响……辩方会争辩说,辛普森先生脾气不好,这却不能证明他杀害了别人。

辩方策略的核心,在于不仅怀疑和贬低警察的能力,更要怀疑和否定他们的正直诚信。辩方会说,尸体发现后,警察的拙劣工作几乎立即就开始了。犯罪现场没有妥善保护,警探在两个多小时后才迟迟露面于现场收集血液样本,从而影响了检材的质量。

他们还会抨击警察的处理程序,特别是在预审时警察的虚假陈述:警察声称他们是在申请到搜查证后才到辛普森先生家中进行搜查,而事实上,警察却是先对辛普森先生家进行无证搜查,然后再去申请搜查证。

律师们将特别着眼于菲利普斯·L. 旺内特尔警探的诚实性,正是此人在侦查当中说服一位法官签发了搜查证。举例说来,在宣誓要求搜查证时,旺内特尔先生称,未料到辛普森先生会飞往芝加哥。然而辩方律师指出,辛普林先生的两个女儿之一、25 岁的阿妮尔已经告诉警察,这次旅行至少两个月之前既已定好。

辩方另一个重要目标是马克·福尔曼,正是这名警探在辛普森先生家发现了血手套。

辩方律师还争辩说,福尔曼先生特别对黑人和南美裔人感到不满。除此之外,辩方会告诉陪审团,福尔曼先生在侦查凶杀案中所说所做的一切均不可信赖。

辩方还将辩称,警方从未认真探求过其他人进行此桩凶杀案的可能性。

除此之外,辩方还会试图利用洛杉矶验尸官办公室一些官员对有关程序错误的承认。举例说来,辩方会提及欧文·戈登的证词,这位副验尸官员曾在辛普森太太和戈尔德曼先生死亡两天之后才为他们验了尸。

在预审的交互询问中,戈登博士曾称,被害者的伤是由两个攻击者造成的。他也承认,在验尸过程中,对辛普森太太胃里的内容未予注意——尽管这是指明死亡时间的重要因素。

辩方律师也将断言,对辛普森先生福特野马车的保护漏洞百出。该车在扣留两天之后被人移走,拖到警方的一块空地,将当局日后取出的一切弄得一塌糊涂。

辩方律师还将进一步争辩,辛普森先生把手套带出犯罪现场,再扔在自家的做法既不合逻辑,也不符合实情,特别是假定他把其他血衣处理掉的话。

文章认为,这就是交战双方所持有的武器和弹药,究竟谁胜谁败,只有在法庭见分晓了。

根据美国的刑事诉讼规则,正式开庭前控辩双方实际上已经有了两次交锋。

一次称为预审,即由检察官向法庭提供足够的证据,证明被控的犯罪嫌疑人有充分理由受到指控。而辩方在预审中，主要是对控方的证据进行质辩性的攻击，使控方显得指控证据不足，理由不够充分，促使法庭作出指控不能成立的裁决。虽然在预审中辩方也有权举出无罪证据，但有经验的辩护律师一般是不会这样做的，尤其是像辛普森案这样表面指控证据相对充分的情况。他们把预审变成一场火力侦察，摸清控方的部署和策略，而使自己处于隐蔽的主动地位。

"梦之队"的律师在预审前向法庭提出书面申请，要求扣押警方6月13日在搜查辛普森住宅时取得的全部证据。因为这次搜查是无证搜查，搜查证是事后补办的。警方的行为违反了美国宪法第四修正案，侵犯了辛普森"人身、住宅、文件和财产不受无理搜查和扣押的权利"。如果法庭批准了辩方的申请，控方当然就失去了把辛普森和犯罪现场联系起来的几乎全部证据，这对控方来说无疑是灾难性的。

可是，在这一回合中，"梦之队"的律师们失败了。主持预审的肯尼迪·鲍威尔法官对"梦之队"的申请作出了这样的裁决：

"本庭决断的关键问题，在于无证进入洛金汉街的（辛普森）住宅，以及发现若干物证，在某些紧急场合应否视为合法，这堪称法律上的一个灰色领域。我的意思是指，尚无任何确定的规则表明所谓紧急场合存在于何时何地，以及它于何时无法成立，它只能依据案件的基本要件，针对案件个例予以决定。"

"鉴于预审时实际提出的证据，起诉方及被告方均已提出诸多案例。本庭已对这些案例予以考虑。"

"有鉴于此，本庭否决辩方的扣留申请，允许在洛金汉街住宅发现的手套作为证据，允许将车道上的血迹作为证据，也允许将（辛普森）野马车上的血迹作为证据。"

控方不失时机地将这些证据送上了法庭。尽管"梦之队"的夏皮洛律师在预审的最后陈述中一再强调控方证据的疏漏，但助理检察官克拉克的最后陈述处处从证据出发，言之凿凿，几乎是肯定地证明辛普森就是这起凶杀案的唯一凶手。她陈述道：

"为了弄清这桩案件，陪审团，这桩无须怀疑被告人犯下其所受控的罪行的案件，您不妨放下所有的证据，不去管这些证据多么确凿有力，甚至在审理的初期也能看到——它们表现出被告人恰恰犯下了其所受控的每一件罪行。"

"首先，本案中的凶手显然在凶手的作为当中受到了伤损。他让血迹从被害者身边流到宅外，而且流出小路；从被告人停在前门车道的福特野马车上，我们发现了血迹。我要提醒法庭，这两处的距离大约只有两里。"

"毫无疑问，并无足够的时间，可以使得攻击时所受的伤愈合；因而，除非他用什么东西放到手上止血，否则他肯定会流血不止。"

"事实上，我们没有找到血鞋，这双鞋显然是凶手穿着它离开现场；可是我们找到了血手套，这不能视为不合逻辑。因为我们找到血手套完全出于偶然，是被告人的大不幸。显见的是他的目的，在凯林听到敲击声的时候，他正返回那里，打算藏些东西，或者找一个隐藏的地方，于是无意中掉下了手套。如果他知道自己掉落了手套，我们显然便不会发现。可本案却不是如此，他掉落了手套，非出于有意，堪称偶然的不幸。"

"其他，发现于犯罪现场的血手套是左手的手套。这一事实极为重要。留在犯罪现场的血鞋印，旁边还有血滴，那血滴恰在鞋印的左边。这提示我们，凶手的左边某部位受到了伤损。福特野马车司机门把上的血迹是左手开门时留下的，这相当合乎逻辑；考虑到我们恰恰在司机门把上面发现血点，这绝对不会出于巧合。"

"再想想被告人从芝加哥回来时的情形。据警探旺内特尔观察,自从看见左手的血手套遗落在犯罪现场,他就意识到,这一遗落显然出于当时的搏斗;他们的搏斗割伤了凶手,使得脚印的左侧滴落了血点;而血点又发现于司机门的把手上,这时——被告人从芝加哥回来时,他看到被告人左手的中指缠上了纱布。于是,他带被告人去帕克中心,把他的所见再核实一遍——对此我们已向法庭出示了照片——在帕克中心,真的曾经包扎处理过被告人的一根左手手指,肿胀而且带有割伤的手指。这绝对不是巧合。"

"第三,那只右手的手套发现于被告的住宅,我认为这仅距案发几个小时,而且在一处黑暗狭窄的区域,显见这是某种旨在隐藏证据的秘密行动。正在此时它偶尔掉落下来。正如凯林称,他听到墙上一声撞击声之后,便有了这次发现。有人撞击了墙——其人正是被告人——在这一过程中,丢掉了右手的手套。"

"与此同时,对手套上的血迹的推定检验也得到了明显的结论。"

"第四,被告人显然向大轿车司机帕克说了谎话。帕克抵达洛金汉街大门的时间是10点40分,福特野马车根本不在那里。在10点40分到10点50分之后,帕克已经见到了一黑人——6英尺高、200磅重——通过前门进屋为止。过了30秒钟,被告人回答了门铃,此前他却没有这样做。"

"现在,对所有人来说这一点已经昭然若揭。帕克见到进屋的人就是被告人。然而他向大轿车司机说谎,这句谎话重要得很,因为他为什么要这样做?为什么不说,'我出去了几分钟,去了趟商店,去买点东西?'他本来可以随便说些什么。可是重要得很,他却决定向轿车司机说谎,他也就把谎话告诉了司机。他向司机讲的谎话是什么?他说,'哦,我睡过头啦,我刚洗完澡。'我们知道,这些完全不是实情。30秒钟之前，他才刚刚进屋。这样撒谎唯一的理由，是被告人企图造成不在场的假象，因为他知道凶杀已经发生，这真是一个非常重要的证据。"

在美国最负盛名的检察官布格里奇奥公开发表言论，认为，谁要是在这些证据面前还怀疑辛普森不是杀人凶手，此人就该进精神病院。

依照法律界很多权威的看法，辛普森案的上千件证据中绝大部分是间接证据。但是，一个好的检察官根据这些间接证据，恰恰能得出致人死地的科学结论。

布格里奇奥认为，真正棘手难办的刑事案件是那些没有证人，或证据不确凿，没有子弹，没有血迹，没有头发，没有皮肤组织，也没有残留的精液等的案件。一句话，这类没有对得上号的任何人身证据或犯罪物证能与所犯罪行相印证。可是，只要有一点蛛丝马迹，布格里奇奥就能逐渐拼出一幅图画，这张素描以后会逐渐变成一幅完整的图像。在布格里奇奥眼里，辛普森虽然嘴上不承认杀人，可他背上却印有"我杀的！"的字样，事情就是如此简单。

布格里奇奥本来准备接受辛普森案的起诉工作，只因为他认为该案铁证如山，"杀鸡焉用牛刀"，才未亲自办理。事实已经证明，作为国家检察官的布格里奇奥先生轻视了"梦之队"的明星律师团。不过，在预审结束时，肯尼迪·鲍威尔法官是这样宣布最后裁决的：

"本庭周密考虑了本案的证据，以及辩论双方的争论。鉴于有关事项的证明并未超出合理怀疑的证明，本庭感到，有大量的证据足以强烈怀疑指控的罪行，因此，本庭否决驳回指控的申请。"

随后，辛普森被宣布不准保释。"梦之队"在第一回合中彻底失败。

根据辛普森和他的辩护律师的要求，审理此案应当组成陪审团。在正式审判之前，由控方、辩方和法官来确定 12 名陪审员的过程就是整个审判过程中非常重要的第二个回合。最终组成的审理辛普森案的 12 名陪审团成员中，有 8 名黑人，其他还有 2 名南美裔人和 1 名有印第安血统的人。这个陪审团至少从表面上看，对辛普森是极为有利的。

在美国的刑事审判中，没有一个独立的"法庭辩论"程序。双方争辩的问题，是在对证据的质辩和对证人的交叉询问中进行的。在质证和交叉询问完毕后，陪审团作出判决前，双方有一次总结陈词的机会，向陪审团全面地归纳自己的论点。

克拉克助理检察官声音颤抖，激动地向大家重复了凶手疯狂的砍斫，戈尔德曼先生临终前的搏斗，以及辛普森太太可怕的死亡。

"你们会了解到真相，你们会看到一个天生杀手，那就是被告人做过的一切。"克拉克女士说。

助理检察官缓缓地从那些恐怖的现场照片走到陪审团前：

"看一看这些照片，你们看到的是暴怒，你们看到的是疯狂，你们看到的是过度的屠杀。这绝不标志着一个职业杀手的做法。这绝不意味着一个纯熟的凶手，他简直是在大杀大砍，它纯粹是一种个人攻击。"

"从这一观点出发，它给我们揭示了凶手究竟是什么人。不是陌生人，不是贩毒集团，而是与其预谋的被害者息息相关的人，是企图控制她然而一败涂地的人，是在一败涂地时窥见一条重新将她纳入控制途径，而她将永远无法逃脱的人，这个人就是被告人。"

助理检察官列举一系列她认为足以证明辛普森计划谋杀的事实：辛普森在他的野马牌汽车里狼吞虎咽地吃完汉堡包，虽然他有充裕的时间回家吃饭；在暖和的6月夜晚，他却要戴上帽子和手套；他选了件黑色的衣服，以及——那件凶器。

"一把刀子，这就是谋杀的特征，女士们先生们，"克拉克女士说，她盯着陪审员们的柔和目光逐渐变得如同利剑一般。"如果你们想向某人发泄自己的怒火，那你们不必一定用手枪来达到目的。"

"请看一看这些伤处的特征，"她对陪审员们说。"严重颈静脉伤，深达脊椎的割伤。而且，时间的选择也堪称恰到好处：凶手深知辛普森的两个孩子已经睡下，不会看到屠杀他们母亲的人。显然，这场凶杀不仅是蓄谋已久，而且完全是在预谋之下完成的。"

"现在，让我给你们总结一下我们所能证明的一切。"副检察官说。

"有一个难题是，我们需要证明凶杀的时间。我们给出时间上的空当，在这段空当里他能完成凶杀，因为在我们已知凶杀的整个期间里弄不清他的行踪。"

"我们知道谋杀后的行动，这一点你们已经熟悉：向帕克说谎，让他等在外面。不让凯林帮他提那个小黑包。当他得知凶讯时对菲利普斯警探的反应。当菲利普斯警探告诉他，'妮科尔被杀啦'，被告人不是问她是否死于车祸，而是没有提出任何问题。"

"我们知道凶杀的方式，那凶杀表明全然出自暴怒，全然出自疯狂，根本不是什么职业杀手的干法。那凶杀的方式表明只有一个人实施了两次谋杀，一个人，使用同样的方式。"

"我们知道在邦迪街有顶滑雪帽。我们有证据显示，在罗纳德·戈尔德曼的衬衣上面有深蓝色的棉线，还有被告人的头发。"

"我们知道有布鲁诺·玛格利牌鞋印，号码是12号——全是12号，恰好是他的鞋号——他曾出现在邦迪街的凶杀现场。"

"我们知道有邦迪街的血迹,是他的血滴在血鞋印的左边。我们知道有野马车上的血迹——那是他的血,和罗纳德·戈尔德曼的血。"

"我们知道有洛金汉街的手套和其他所有证据:罗纳德·戈尔德曼,他衬衣上的纤维;罗纳德·戈尔德曼的头发;妮科尔的头发;被告人的血迹;罗纳德·戈尔德曼的血迹;妮科尔的血迹。还有野马车上的纤维。还有深蓝色的棉线。我们知道有一只短袜,短袜上有深蓝色的棉线。我们知道,短袜上还有妮科尔的血。"

"他,就是如此。"

克拉克女士列举了许多不可回避的直指辛普森的数理、科学推论和物证:犯罪现场的血迹证明,一个人只能够从世界人口中的10倍当中发现唯一的吻合;最贵的鞋子仅仅40家商店有售,而且恰恰符合辛普森的12号;一年中仅卖出200双的皮手套,辛普森太太曾给丈夫买过,并且辛普森也在橄榄球比赛时戴过。再加上血脚印一直到达辛普森的福特野马车,以及起诉方辩论当中的关键物证——辛普森房后的血手套和他卧室里那沾血的短袜。

"我要告诉你们一件真正令我震撼的事情。如果人家要求我戴上那双手套,那双用来杀害我孩子的母亲的血手套——我笑不出来。我玩不起来。我不会觉得其中有任何可笑的地方……"她的声音低沉了下去。

"被告人企图让你们相信,女士们先生们,在凯林的墙上发出的撞击声之后仅仅两分钟,被告人便出现在车道上,这完全是巧合。"

"被告人一方企图让你们相信,撞击声和手套的出现——别忘了那是被告人的手套——完全是毫不相干的事情。"

"而那些撞击声呢?我们来想一想吧。别管它发生在哪里以及如何发生,仅仅想一想这样一个事实,那就是它恰恰发生在谋杀之后不久,恰恰发生在被告人的院里,恰恰发生在被告人穿着黑衣,走在他的车道上面不久——按照凯林的描述,那衣服仿佛是深蓝色或黑色的套装——显然正是他把这些事实联系在一起的。"

"现在,你们已经清楚了发生的一切。被告人正在匆匆地从邦迪街赶回家来。"

"是罗纳德·戈尔德曼搅乱了他的计划,让他比预计的时间耽搁得更久。"

"他跑回房子的后面——那黑暗、狭窄的南面走道。你们全都看见了它。你们全在白天经过了它。然而,请想一下在夜里,它会是怎样的黑暗。那黑暗、狭窄的南面走道——请想一下,他急于打发掉那只手套,那把刀子,恰好在那黑暗的肮脏角落。你们记得,那里正在客房的后面,是一个何其肮脏的地方,那里肮脏透顶,根本不适于久留。"

"然而他行色匆匆。他迅速来到一条黑暗狭窄的走道,那里浓荫遮蔽,树木丛生;情急之下,他撞到空调器上,它刚好挂在南面走道的附近。撞到空调器,使得他跌翻在墙上——这就让凯林的墙壁发生了撞击。"

副检察官又提到马克·福尔曼,那个起诉方证据当中最薄弱的一环。然而,她告诫陪审员们,如果他们对福尔曼先生感到"气愤和嫌恶",那么别让这种感情影响他们的公正。

"让我们暂且回到马克·福尔曼,这便足以把问题说说清楚。"

"当他在这个法庭上面作证说,过去的10年中间他从未用过种族主义用语,这是不是说谎?当然。"

"他是不是种族主义者?当然。"

"他是不是洛杉矶警察局最坏的成员?当然。"

"我们是不是希望这号人永远不为洛杉矶警察局雇用?当然。"

"洛杉矶警察局是否还会雇用他?当然不会。"

"这号人是否还应该继续做警员?当然不会。"

"事实上,我们是不是希望这号人不再存在于这个星球上?当然。"

"然而,事实是马克·福尔曼是个种族主义者,在这证人席上说谎,并不意味着我们不该合理确信,不去证明被告人的罪行。而且,那将是一幕悲剧,假如在这样铁证如山的情形之下,女士们先生们,诚如我们交付给你们的那样,你们却发现被告人毫无罪过,而这仅仅是因为一名警员的种族主义思想!"

所以,克拉克女士说,被告人的谋杀罪,正如马克·福尔曼的伪证罪一样昭然若揭。

她接着说道:

"被告人方还提出了许多许多其他问题。他们提出,洛杉矶警察局有着一些坏警员,科学部门有着一些玩忽职守的犯罪学家,验尸官办公室有着一些玩忽职守的法医。对所有这些问题,回答只有一个——没错,是的,他们真是那样。对你们这根本不是新闻。我敢说,这根本不会让你们大惊失色。"

"然而不——这里有一个非常重要的问题。你们知道,我们该对质量进行控制。事情应该变得更好。事情总应该变得更好,在每一个案件里面,每一段时间里面,都无不如此。对此根本就没有任何疑问。"

"可今天,我们并不是来到这里对此投一张选票。"

"问题是放在你们面前的那些有关谁杀了戈尔德曼和妮科尔的证据——这些证据告诉你们什么?岂不是应该合理确信,断定他有罪?"

克拉克女士轻蔑地反驳被告人方的说法。"我真想听听科克兰先生站在你们面前，让你们相信那些血迹都是栽赃陷害，"她说"我真想听听，因为它们全是谰言，不折不扣的谰言！"

副检察官告诫陪审员们，如果他们盯紧证据，超越被告人方律师布下的"枝节困难"和福尔曼种族主义问题，他们准能够断定，辛普森正是那杀害戈尔德曼和妮科尔的凶手。

"在我们所有辩论终结的时候，当你们打开窗户，让清洌的空气流进被被告人闹得乌烟瘴气的房间，用你们理智清洌的微风，你们会看到那被告人定能被证明有罪——轻而易举，不容置疑！"

助理检察官克拉克用详尽充分的事实陈述了经过，提出了疑问，解决了问题，并且"以退为攻"，把己方最大的漏洞——福尔曼警官的证言自己先否决了，至少给对手相对少的攻击机会，应该说克拉克是理智性的"辩护家"，其逻辑推理相当严谨，思路也很清晰；与之相反的是另一助理检察官道尔顿的陈述总结更多的是以情绪在感染陪审员们。

两者相辅相成，互为掎角攻击之势，让辛普森号称"梦之队"的辩护律师团也大伤一番脑筋，应该说这是一场势均力敌、精彩纷呈、悬念迭起的法庭辩护。

在玛莎·克拉克女士之后，是助理检察官克里斯多夫·A.道尔顿进行总结性陈述。他的演说仍然从辛普森的家庭虐待史开始讲起。

法庭里现在又响起辛普森太太1989年新年之夜打911电话时的尖叫声。屏幕上重现了她那张伤痕累累的面孔。道尔顿先生重新把辛普森说成是个"引信缓慢燃烧然而威力巨大的定时炸弹"。他的手扇过辛普森太太的脸，在她的脸上留下了五道指印。他总有一天会杀了她，这一点她一直深信不疑——她留下照片来证明自己的伤势。

"她留给你们一张地图,告诉你们究竟是谁杀了她。"道尔顿告诉陪审团说。他的声音轻柔缓慢,带了种说不出来的阴森。"她想让你们知道,在那时,是谁杀了她……"

道尔顿先生接着说:

"凶手是一种个人攻击,它就是这样干成的。它就是这样干成的。它是一种个人攻击,有人企图算一笔总账。可是谁要同妮科尔算总账呢?"

"我看了宪法,你们知道我见到了什么?我见到了一些关于戈尔德曼和妮科尔的材料。宪法说,戈尔德曼和妮科尔有自由权。宪法说,他们两人拥有生命权。宪法说,他们两人拥有追求幸福的权利。"

"然而,我继续看下去,看是不是有涉及 O. J. 辛普森的东西。你们知道我见到了什么?宪法说,他无权剥夺那两人的生命。宪法说,此人无权杀了别人然后逍遥法外,只因为办案的一名侦查员是个种族主义者。"

"法律是统治这城市刚直不阿的手段。任何人都不能凌驾于法律之上,也不能屈尊在法律之下。任何人都不应以为,法律单单不适用于他们。我做起诉人已经将近 15 年,如果还有一项准则让我遵循,如果还有一项准则让我觉得含义精深,那就是:无人可以凌驾于法律之上,警察也罢,富人也罢,任何人也罢,都绝对不行。我希望,你们也能够同意这一点;我希望,你们也能够同意这条准则;我希望,你们深思一下这条名言,行吗?"

"辛普森也不能凌驾于法律之上。"

副检察官接着说道:

"瞧瞧 O. J. 辛普森,他是否为自己的生命进行过搏斗?这不意味着 O. J. 辛普森的生命正处在险境。他也并不是个将丧失性命的人。

那样的人是罗纳德！是罗纳德·戈尔德曼，才为生命进行了搏斗……看一下他身上的刀伤好啦。我们在谈论英雄！英雄是这样的人，他会挺身冲进威胁生命的险境中搭救一个女人，而把他自己置之度外。今天，在这个法庭，根本没有什么英雄！"（辛普森曾因其在橄榄球运动中的巨大成就，被美国人誉为英雄。——笔者注）

道尔顿要求陪审员们诉诸常识，沉着审理。"关键的问题，是必须明察全部证据。"他说，"而他们，却想让你们把常识抛出窗外，轻率地扔出窗外！"

"别让那烟雾把你们窒息住！"他说。

他提出许多问题，并且宣称被告人方根本就无法回答：辛普森给他的律师朋友卡迪希恩一个"鼓胀的"提包，里面装的是什么？里面的东西到哪儿去了？如果在夜里11点钟辛普森没有走进洛金汉街360号，那么，司机见到走进他家的人又是什么人？

"纵然你们在本案当中作出无罪的判决，你们并不能给福尔曼送去消息，你们也不能给洛杉矶警察局送去消息。你们无法借此根除掉种族主义，在洛杉矶警察局也好，在洛杉矶整个地区也好，在我们的整个国家也好，都无法做到。这一点你们完全清楚。你们能够感到，你们能够知道，你们衷心地知道。你们完全知道。"

"当你们一天天坐在这里聆听证词，你们就会完全知道。每个人都完全知道。每个人都知道他杀了人——每个人都知道。真是证据确凿！你们只需冲开烟雾，找到你们的道路……"

"昨天，你们听到了谢克先生的话，你们听到他如何谈论我们的科学。他们攻击我们的科学，因为所有的科学全部指向 O. J. 辛普森，指向那被告人；所有的科学都在指出——他，就是凶手！"

"今天，我要求你们的只有一件事：尽你们的可能，保持客观。

不要让任何情感，任何激情，任何偏见，任何人类不能摆脱的心绪，阻碍你们作出自己的决断。"

"当1月份我站在你们面前的时候，我就说过，本案有许多个被害者。本案里纠缠着许多利益冲突。对O. J. 辛普森说来，这案子至关重要；对死者和他们的家庭，这案子也同样至关重要。"

"我们只希望你们保持公正，我只希望你们行事正当，这便意味着在法律指导下的正当。我们相信，我们已使这案件确凿无疑；然而不幸的是，不幸的是你们看见了嫉妒，你们看见了激情的力量。两个无辜的人死了，因为他们挡了这个人的路。这有多么的不幸……"

"这就是我们希望传达的信息，而我便是这个传达员。能够把它传达出来，我感到自豪！"

道尔顿检察官用其充满感情的声音在向陪审团成员呼吁着正义。如果说有什么东西能真正打动人心的话，那就是真情，因为陪审员们亦为人父、人妻、人女，他们不可能铁石心肠，这是助理检察官道尔顿所坚信的。而克拉克检察官清晰明了、富有说服力的总结陈词早已为道尔顿检察官的情感渲染做好了充分的铺垫。

在克里斯多夫·道尔顿之后，克拉克女士又进行了最后总结陈述。这次，她的陈述中不再只是证据、数字了，更是加入了对陪审团成员的最后的煽动，因为在他们之后，被告人方将不再有机会陈述了。所以，此时此刻的策略无疑应以"攻城为下，攻心为上"。

"他们用自己的头发，自己的衣服，自己的身体，自己的血迹，告诉你们是谁干下了这些。"副检察官接着说。"他们告诉你们，是他干下了这些，是他干下了这些——辛普森！欧伦泰尔·辛普森！是他干下了这些！他们以自己唯一能够采取的方式告诉了你们……你们听到了吗？或许，你们将对他们那正义的呼吁弃置不顾？"

"我们都希望我们对他的印象能够正确。真的，很难相信这样一个人，我们在电影和广告里常见的人，会做出这样的事情。然而他毕竟干下了这些！这并不是说，他算不上伟大的橄榄球员。这并不是说，他在自己的一生当中没有做过好事。这些光荣并没有消失，那些光荣将永世长存。然而现在的事实是，他犯下了这两件谋杀罪行。"助理检察官继续说道：

"在这个案件里面，我们目睹了被告人方的所作所为，那些何其扭曲、何其矛盾的事情。我会向你们指出这些矛盾所在。然而根本讲来，他们是在把我们叫做无能的饭桶和阴险的恶棍。"

"他们就是这样对我们横加诬蔑。我感到非常痛苦，女士们先生们，非常痛苦。因为我兢兢业业许多年，然而当初我并不是从检察官做起的。我开始于律师办公桌的另一端，我曾经是一个辩护律师。我深知一个起诉人起码的伦理义务，我相信这样的工作。我相信它，公正的做，正当的做，我喜欢起诉人应有的光荣。"

"女士们先生们，我有资格来到你们面前，我有资格对你们说：'不要判他罪。一切全不是这么回事'，我有这样的权利，我有这样的光荣。正是这工作，给了我这样的光荣。它没有给我很多的金钱，然而它给了我这样的光荣。早晨起来我从镜子里看看自己，然后说，我要告诉你们真相，除非我能，我不会要求无罪的判决；除非法律要求我必须如此，除非无可怀疑的证据证明他的清白无辜。"

为了证实辛普森是凶手，检方决定让他在陪审团面前，试戴那只沾有血迹的手套。在法庭上，辛普森先戴上了为预防污损而准备的超薄型橡胶手套，然后试图戴上血手套。可是，众目睽睽之下，辛普森折腾了很久，却很难将手套戴上。辩方立刻指出，这只手套太小，根本不可能属于辛普森。检方请出手套专家作证，声称手套沾到血迹后，可能会收缩一些。但辩方专家通过实验证明，这是一种经过预缩处理的高级皮手套，沾血后不会收缩。这个戏剧性的结果，能不对陪审团产生消极影响吗？

玛莎·克拉克和克里斯多夫·道尔顿的陈述用了9月26日的整整6个小时，而辩护律师约翰尼·科克兰和贝利·舍克则于9月27、28日两天时间进行了他们的总结陈词。科克兰再次打出种族牌，在黑人占绝大多数的陪审团面前，反复引用福尔曼的种族主义谩骂和攻击，引用一封电视观众的来信说，这种种族主义者一定会干出栽赃证据的勾当。舍克则重点攻击警察局技术人员在搜集证据时的马虎，强调证据是如何被污染而不可靠。他们二人将这两张王牌打出并发挥得淋漓尽致，最后以15个问题结束陈述。虽然这些问题没有一个能证明辛普森无罪，但在黑人占绝大多数的陪审团中间，他们已足够使陪审团忘记他们在审判开始时的承诺：——他们将不使用无罪推定的原则，而要直接用证据证明辛普森无罪——而使陪审团相信，检察方对辛普森的指控绝没有达到无可置疑的标准。要裁决辛普森有罪，除非绝对排除有种族歧视倾向的警官有栽赃的可能性。

福尔曼在没有搜查许可证和非紧急情况下，单枪匹马地在辛普森住宅中大肆搜查一事，使警方出现了涉嫌违反正当法律程序的严重问题。依照美国法律，在某些人命关天的特殊情况下，警官可以用电话或其他现代化通讯手段与法官取得联系，法官了解现场情况后，可以口头授权警察进行搜查。只有在面临生命危险或罪证可能被销毁的紧急情况下，警察才能破门闯入民宅搜查。可是，警官们进入辛普森住宅后的境遇并非如此。随着辩护律师们的质询，福尔曼从到达现场开始出现的一系列反常的举动，一一展现在陪审团面前。

科克兰最后说道：

"这就是 O. J. 辛普森在法庭上的一天。"

"就靠你们的决定,你们把他的生命掌握在你们的手中。"

"谨慎行事吧。公正行事吧。公正一点吧。"

"请不要参与这些不断的包庇行为。"

"正当行事吧。请记住,如果它不合适,你们就该宣判他无罪。"

"如果那告知你们的人对你们说谎,你们就无法相信他告知你们的消息。这堪称一次对真理的探究。纵然它看上去不合心意,那也无关大局;如果真理被吊上绞架,错误便会戴上王冠——然后请记住,那真理定会支配未来,超越不可知的朦胧,而上帝,一切人的上帝,依然君临着他们。"

"上帝君临着我们所有的人。"

"他正君临着你们作出决定。"

"或许这就是你们行动的理由,或许你们正是那正当的民众,在正当的时间,正当的地点,这样说道:'不要继续下去了!我们不能忍受下去了。这一切全是错的!他们对你的委托人所做的一切全是错的!这个人,O. J. 辛普森——应该被宣判无罪!'"

2 忍辱负重的辩护人

——杜培武的哥哥为他聘请了著名律师刘胡乐作为他的辩护人。

——1998 年 12 月 17 日,昆明市中级人民法院公开开庭审理杜培武故意杀人案。

——辩护人认为:"本案基本事实不清,证据不足,故恳请人民法院依据案件的实际情况,宣告被告人杜培武无罪。"

——辩护词在今天看来,只要不是弱智并且不带偏见,都足以说明杜培武是无罪的了。

——辩护人收到的匿名电话说:"你要小心点,杜培武跑不了,你也跑不了!"

——二审将杜培武改判为死刑,缓期两年执行。杜培武被留下了一条活命,这就是刘律师在这个案件中所能取得的最好结果。而公诉人无疑赢得了这场诉讼。

根据1996年修订的《中华人民共和国刑事诉讼法》的规定,一般犯罪嫌疑人从被拘留到交付法庭审判,有这样一些时间限制性规定:

执行机关	任务	适用范围	时限规定	法律条文
公安机关	拘留	一般犯罪嫌疑人	7日	第69条
检察机关	逮捕	作出批准或不批准决定	7日	第69条
公安机关	预审	犯罪嫌疑人逮捕后的羁押期限	60日	第124条
公安机关	预审	期限届满不能终结可以延长	30日	第124条
检察机关	审查起诉	对公安机关移送起诉的案件作出决定	30日	第138条
检察机关	审查起诉	重大复杂的案件可以延长	15日	第138条
公安机关	补充侦查	第一次补充侦查	30日	第140条
检察机关	审查起诉	第一次补充侦查后移送检察院	30日	第140条
检察机关	审查起诉	可以延长	15日	第140条
公安机关	补充侦查	第二次补充侦查	30日	第140条
检察机关	审查起诉	第二次补充侦查后移送检察院	30日	第140条
检察机关	审查起诉	可以延长	15日	第140条
总计		从被拘留到案件移交法院	299日	

杜培武于1998年4月22日被传讯，根据《刑事诉讼法》的规定，拘传时限为48小时。但杜培武自此便失去了人身自由，警方在破案报告中使用了一个在法律上找不到的术语——"侦查控制"。71天后的7月2日，杜培武被刑事拘留，8月3日被逮捕，10月22日昆明市人民检察院向昆明市中级人民法院提起诉讼，案件移送到法院。尽管我国宪法没有规定犯罪嫌疑人有所谓得到及时审判的权利，但在司法机关采取的上述过程中却有两处明显严重违反《刑事诉讼法》的地方：其一，公安机关用所谓"侦查控制"的手段对杜培武非法羁押长达71天之久；其二，从拘留到逮捕长达30天。更重要的是，检察官（即审判时的公诉人）在侦查阶段就已经和公安人员"联合办案"，所以，在杜培武案中，公诉方的准备时间是绰绰有余的，甚至可以说是控方不受法律制约而随心所欲地控制着诉讼程序的进程，因为即使违法超期羁押，也决不会带来如"案件撤销"这样不利于控方的任何后果。

《刑事诉讼法》第33条规定："公诉案件自案件移送审查起诉之日起，犯罪嫌疑人有权委托辩护人。自诉案件的被告人有权随时委托辩护人。人民检察院自收到移送审查起诉的案件材料之日起三日以内，应当告知犯罪嫌疑人有权委托辩护人。人民法院自受理自诉案件之日起三日以内，应当告知被告人有权委托辩护人。"根据"破案报告"，杜培武案应当是在1998年7月24日侦查终结而移送检察院审查起诉的，但杜培武没有被告知这项权利。一直到8月10日，杜培武才得以委托他的辩护律师。

杜培武的哥哥为他聘请了著名律师刘胡乐作为他的辩护人。但是，出于技术上的考虑，刘律师只让他的助手杨松律师出面。在开庭前，检察院和人民法院都不知道刘胡乐律师是杜培武的主要辩护人。

刘胡乐，男，1956年2月出生，云南昆明人，中国一级律师，中华全国律师协会刑事辩护专业委员会委员，北京大学法理学硕士，时任云南震序律师事务所副主任。刘胡乐在从事律师工作的近20年中，承办各类案件3 000多件，为企业和当事人挽回经济损失数亿元，担任着数十家政府机构和大中型企业的法律顾问；善于刑事辩护，敢于维护犯罪嫌疑人、被告人的正当合法权益。在他经办的1 000多件刑事辩护案件中，有40余件的当事人被宣告无罪。刘胡乐因此获得了社会的广泛好评。在完成此案的辩护工作后，刘胡乐与王达人等律师创办了云南刘胡乐律师事务所。

《刑事诉讼法》第36条第1款规定："辩护律师自人民检察院对案件审查起诉之日起，可以查阅、摘抄、复制本案的诉讼文书、技术性鉴定材料，可以同在押的犯罪嫌疑人会见和通信。其他辩护人经人民检察院许可，也可以查阅、摘抄、复制上述材料，同在押的犯罪嫌疑人会见和通信。"但是，杜培武案件的技术性鉴定材料不知出于什么原因，全部都是在开庭前一天才告知杜培武本人，所以，律师接受委托后只看到了拘留证和逮捕证，其他证据——包括杜培武的供述——都不能看到。同时，在审查起诉阶段，辩护人也没有能够与杜培武见面。

1998年10月20日，昆明市人民检察院以杜培武犯故意杀人罪起诉到昆明市中级人民法院。杜培武于11月18日收到起诉书，11月30日辩护人在复制了检察院提供给法院的证据材料后，见到了杜培武本人。这次会见一开始，杜培武就询问他对刑讯逼供提出的控告书是否随案移送到法院，他说："我认为造成这个问题（案件）正是在于刑讯逼供才出现，所以控告书作为刑讯逼供的证据应该和其他证据一同移送才对。"可是，辩护人只能非常遗憾地告诉他，控告书不在卷宗里。直到今天，杜培武和他的律师都没有见到过当时杜培武写的控告书，即使在审判对杜培武刑讯逼供的两个警官时也没有出现这份控告书。

据杜培武当天会见时说:"控告书应该有两三份,一份通过驻所(看守所)检察官转(检察院)起诉处,另一份通过看守所干部转(检察院)批捕处,还有驻所检察官带人来照过相,这些都可以说明刑讯逼供问题的存在。"可见,当时的杜培武对于检察机关履行法定监督权是抱有极大希望的。但是,作为辩护人的律师根据经验当时就告诉杜培武:"你说的刑讯逼供的证据,是属于对你有利的证据,一般从控诉的角度来说,他们是不会提供出来的。"后来的事实证明,这一结果不幸被律师言中。

1998年12月17日,昆明市中级人民法院公开开庭审理杜培武故意杀人案。公诉人宣读了起诉书:

> 被告人杜培武,男,现年31岁(1967年5月17日生),汉族,山东省莘县人,大专文化,原系昆明市公安局戒毒所民警。1998年7月2日因本案被昆明市公安局刑事拘留,同年8月3日经本院批准逮捕。
>
> 本案经昆明市公安局侦查终结,以杜培武涉嫌故意杀人罪依法移送我院审查起诉。现查明:
>
> 被告人杜培武因怀疑其妻王某与王某某有不正当两性关系,而对二人怀恨在心。1998年4月20日晚8时许,被告人杜培武与王某、王某某相约见面后,杜培武骗得王某某随身携带的"七·七"式手枪,用此枪先后将王某某、王某枪杀于王某某从路南驾驶到昆明的云OA0455昌河微型车中后排座位上。作案后,杜培武将微型车及两被害人尸体抛置于本市圆通北路40号思远科技有限公司门外人行道上,并将作案时使用的手枪及二人随身携带的移动电话、传呼机等物品丢弃。

以上犯罪事实，有现场勘验笔录、尸检报告、枪弹痕迹检验鉴定书、查获的杜培武所穿长袖警服衬衣及衬衣手袖射击残留物和附着泥土、作案车上泥土的鉴定和分析报告、有关的技术鉴定结论和证人证言等证据为证，被告人亦有供述在卷。

综上所述，被告人杜培武无视国法，非法剥夺他人生命，其行为已触犯《中华人民共和国刑法》第232条之规定，构成故意杀人罪，本院为维护社会秩序，保护公民的人身权利不受侵犯，严厉打击犯罪活动，根据《中华人民共和国刑事诉讼法》第141条之规定，特此提起公诉，请依法惩处。

1996年修订《刑事诉讼法》以后，法庭审理变革为控辩式。法庭一般不再直接向被告人讯问，由公诉方讯问被告，并为自己的指控向法庭出示证据。对控方出示的每一份证据，被告人和辩护人都有权提出质证意见，这与美国对证人的"交叉询问"相似。关于这个程序，将在后文中详述。

法庭调查之后，控辩双方进入法庭辩论阶段。在控辩双方充分陈述了自己的观点后，法庭就休庭了。至于判决，还有待合议庭评议、审判庭讨论和审判委员会讨论等漫长的程序。但是，杜培武案在8月13日开庭时却没有进行完全部程序，因为被告人和辩护人提出要求法庭提取刑讯逼供的控告书和照片，法庭责成公诉方调查取证，所以，法庭就宣布休庭了。尽管如此，刘胡乐律师还是将自己在第一次开庭中的辩护意见整理成文，送交法庭。以下是这份辩护意见的原文：

审判长、审判员：

震序律师事务所接受被告人杜培武的委托，指派我们担任其被指控故意杀人罪一案的辩护人，通过阅读卷宗、会见被告人及庭审调查、质证等，我们认为，指控被告人杜培武犯有故意杀人罪的基本事实不清，证据不足，取证严重违反法律程序，依据现有的证据不能认定被告人杜培武构成故意杀人罪。现提出以下辩护意见，请法庭采纳：

第一，指控被告人杜培武犯有故意杀人罪的取证程序严重违法。

1. 刑讯逼供后果严重。

本案才一开庭，被告人杜培武就向法庭陈述了在侦查过程中遭受刑讯逼供的情况，并将手上、腿上及脚上的伤痕让合议庭及诉讼参与人过目验证，足以证实其所述惨遭刑讯逼供的客观存在，被告人杜培武在辩护人与侦查人员第一次会见时当即提交了《控告书》给辩护人，同时告知辩护人，其刑讯逼供的伤情已由驻监检察官验证并拍了照片，收取了控告书。公诉机关用某个审讯的录像推断否定全案的审讯情况，排除刑讯逼供，根本不能证明其主张成立。据此，辩护人提请法庭注意：根据最高人民法院《关于执行〈中华人民共和国刑事诉讼法〉若干问题的解释》第61条的规定："……凡经查证确实属于采用刑讯逼供或者威胁、引诱、欺骗等非法的方法取得的证人证言、被害人陈述、被告人供述，不能作为定案的根据。"请求法庭依照这一规定确认被告人杜培武所做的供述无效，而且请求法庭向昆明市第一看守所驻监检察官提取相关照片和资料，并附上被告人在审判前的有关控告书。

公诉人出具了杜培武的两次有罪供述，作为本案的主要证据。但是，这些有罪供述存在以下疑问：

（1）从讯问笔录的整体上看：公诉机关所出示的是第 4 次和第 9 次的供述材料，那么 1—3 次是如何供述的，5—8 次又是什么，怎样供述的，是否也是有罪供述？

（2）从 4 份供述材料所记录的时间上看，几次供述时间集中在 7 月 5 日至 7 月 10 日这一期间，在长达 8 个月的关押时间里，只有这期间做了有罪供述，故这一期间被告人杜培武处于何种精神状态？是否有刑讯逼供、引诱、威胁等情况存在？不能不让人质疑。

（3）在 4 份供述中所表述的情况相互矛盾，如杀人的过程、弃物的地点、杀人的手段、杀人的时间、杀人的地点均不一致，故这样的供述不能采信。

2. 虚构现场"刹车踏板"、"油门踏板"上有足迹附着泥土的证据，误导侦查视线。

本案《现场勘查笔录》及《现场照片》仅仅客观记载了：车内离合器踏板上附着有足迹遗留泥土。然而指控证据之一："警犬气味鉴定"是以汽车中"刹车踏板"、"油门踏板"上的足迹遗留的泥土为嗅源来与被告人杜培武的鞋袜气味进行甄别，结果是"警犬反应一致"，从而认定是被告人杜培武所为。试问：现场勘查根本没有"刹车踏板"、"油门踏板"附着足迹泥土的记载（记录）或事实，何来嗅源？何来正确的鉴定结果？其次，从 1998 年 4 月 20 日发案，直至 1998 年 8 月 3 日才由警犬甄别是何原因？嗅源是否可以经长期保管而不发生变化和失效？指控证据之二："警犬气味鉴定"以汽车中"刹车踏板"、"油门踏板"上的足迹遗留泥土为嗅源来与被告人杜培武身上的钞票气味进行甄别，结果是"警犬反应一致"，从而认定是被告人杜培武所为。试问："刹车踏板"、"油门踏板"上的泥土纯系子虚乌有，何来嗅源？何来正确的鉴定结果？指控证据之三："警犬气味鉴定"以汽车中"刹车踏板"、"油门踏板"足迹遗留泥土为嗅源与被告人杜培武衣领上的泥土气味进行甄别，结果是"警犬反应一致"，从而认定是被告人杜培武所为。试问："刹车踏板"、"油门踏板"的泥土系子虚乌有，何来嗅源？何来正确的鉴定结果？

3. 依照法律的规定："没有被告人供述，证据充分确实的，可以认定被告人有罪和处以刑罚"，在本案中除被告人相互矛盾的供述之外，公诉机关还出示了如泥土、射击残留物、气味等鉴定，期望通过这些鉴定能够证实杜培武确实构成犯罪。但是，在庭审过程中公诉机关不能出示取材的有关笔录等证明证实其获得证据的合法性，所以这些鉴定都存在着取材时间和取材地点不具备法定条件的问题，另外，这些鉴定与勘验、检查所描述的情况也不相符，致使这些证据不具备"合法性"的证据条件，不能作为证据使用，也就不能靠这些证据认定被告人有罪和处以刑罚。

4. 依照《刑事诉讼法》第 106 条的规定，勘验、检查的情况应当写成笔录，由参加勘验、检查的人和见证人签名或盖章。第 121 条规定：侦查机关应当将用作证据的鉴定结论告知犯罪嫌疑人、被害人。如果犯罪嫌疑人、被害人提出申请，可以补充鉴定或者重新鉴定。但是在本案的勘验鉴定中，我们没有看到见证人的签名或盖章，也没有看到犯罪嫌疑人得知鉴定结论的说明。所以，辩护人认为，本案取证程序违法，现有的证据不能作为定罪量刑的依据。

第二，本案没有证据证明被告人杜培武具备故意杀人的主观动机。

起诉书指控："杜培武因怀疑其妻王某与王某某有不正当两性关系，而对二人怀恨在心"，继而将王某、王某某两人枪杀。对此指控，从庭审质证的情况可以看出：所谓怀疑之说，仅仅是被告人杜培武一人在刑讯逼供的情况下所作的孤证，没有其他证据印证，表现在：杜培武供述称，因人工流产怀疑王某有外遇之说，有为王某做手术的医生证明，当时杜培武并没有任何不高兴的迹象，而且杜培武还尽心尽力的照顾了王某，在王某发火之时，杜培武所表现的只是"伸了下舌头"，由此可以肯定，所谓通过人工流产怀疑王某有外遇之说不能成立，此其一。其二，杜培武周围的朋友、家人均证实杜培武与王某在案发前夫妻关系一直很好，没有口角等情况发生。其三，杜培武家里的电话是通过总机转接的分机，不可能查到是什么地方打来的电话。故通过电话得知王某与王某某联系密切之说也不能成立。

另外，本案被描述为一起预谋杀人的案件，在侦破报告中指出：杜培武知道王某某要上昆明后，安排了值班，约王某、王某某到玉龙湾玩等，这里需要注意的是：仅仅是怀疑，在没有得到证实之前，就预谋"杀人"的可能性究竟有多少？还有预谋杀人的枪需要靠王某某带来，事前王某某是不是一个人来昆明？王某某带不带枪来昆明？带来的枪能否顺利地拿到杜培武手上？拿不到的情况下，一个人对付两人或更多的人能否对付得下来等均成问题，在这样的情况下便大胆地进行了预谋，可能吗？

辩护人居于对以上事实和问题的考虑认为：没有证据证明被告人杜培武具备故意杀人的主观要件，由此，从犯罪构成要件的角度分析本案，指控杜培武犯有故意杀人罪缺乏主观要件，不能成立。

第三，在客观方面没有证据能够证明杜培武实施了故意杀人的行为。

按照犯罪构成的理论，一个犯罪行为是否成立必须具备主体、客体、主观、客观方面的构成要件，现在人死了是一个不争的事实，是不是杜培武所为，这需要从时间、空间、地点、手段、凶器等方面来判断，而公诉机关现在所出示的客观方面的证据不具有唯一性和排他性，故指控杜培武实施了故意杀人的行为是不成立的。理由是：

1. 从时间上来看。法医认定，被害人死于距受检时间40小时左右，公诉机关把死亡时间固定在40小时，即4月20日晚8点，排除了左、右之说，在此我们要问，如果左、右一个小时，杜培武还有犯罪时间吗？回答是明确的，"没有"。因为有证据证明在4月20日晚7点40分之前和晚9点以后，均有人在戒毒所看见了杜培武。另外，有证据证明指控杜培武出入的断墙有人值班，4月20日晚值班人员没有看见有人出入，如果没有证据证明值班人员有吃夜宵、巡视等离岗的情况发生，那么，杜培武没有从断墙出来就是真实的，没有从断墙出来又没有证据证明杜培武从其他出口离开过戒毒所，杜培武有作案时间的说法就不能成立。

2. 从案发地点上看。公诉机关没有明确说明案发于何地，只说是在车上实施的犯罪。由于汽车本身是交通工具，可能停放于不同的位置，如果车已经到了昆明或晋宁，杜培武犯罪后还能在9点20分以前赶回戒毒所吗？显然是不能的。因此，案件究竟在何处发生，也就成了本案一个必须解决的问题，而且需要有肯定、明确的地点，才能判断杜培武作案的可能性。另外，如果公诉机关所指控的在车内杀人的说法成立，为什么车内没有喷射状血迹？子弹头怎么又到了死者的前面？车内怎么没有检测到射击残留物？指纹怎么没有检测到？这些问题在本案均无合乎逻辑的解释，由此可以看出，指控在车内实施的犯罪是不能成立的。

3. 从气味鉴定上看。本案中气味鉴定是作为一个主要证据被提出的，对于这个证据取得的合法性，辩护人已经在前面的辩护意见中涉及。退而言之，假如气味鉴定取证程序合法，由于南京公安局两条警犬一个肯定一个否定的鉴定，可以说明杜培武是否到过车上，尚不能确定，更何况杀人呢？

4. 从作案工具上看。本案中通过对弹痕的鉴定，确认死者是被路南县公安局配发给王某某的自卫枪所杀，此枪至今去向不明。公诉机关当庭也说到，杜培武过去的交代是老实的。那为什么不能查找到枪的去向？这其中只有两种可能：一种可能是杜培武没有如实交代；另一种可能是杜培武根本就不知道枪的去向。如果第二种假设成立，也就从另一侧面否定了杜培武作案的可能。

5. 从射击残留物上看。由于取证的程序问题，射击残留物的鉴定是否合法存在很大的疑问。另外，就算取证程序合法，鉴定真实有效，此鉴定也只能证明杜培武有过射击行为，并不能证明此射击行为就是发生在 4 月 20 日晚。杜培武合法射击行为的事实有戒毒所的多名干警证实，所以，在杜培武衣袖上查出射击残留物不足为奇，更不能以此为证。

第四，案件中需要证据说明的一些情况，却没有任何证据说明，可见本案的基本事实不清。

通过庭审质证，辩护人认为，有一些在本案中本应查清或重视的情况在本案中未能得到司法机关的充分重视。故在此辩护人有必要提请法庭重视。

1. 起诉的证据中涉及杜培武 4 月 20 日当晚在戒毒所 8611194 电话上两次拨打 3137481 传呼的情况，而在这两次传呼之前的 23 分钟，传呼台就传出了"请回电话 8611194"的信息，这一现象发生的原因，案件中没有相应的证据说明。

2. 在现场勘验时，有一情节即发现汽车所带的备用胎不翼而飞，现这个备用胎究竟是何时不在的没有相应的解释，假设这个备用胎是案发后不在的，那么要备用胎的目的何在？是否有第二辆汽车存在的可能？这个问题对本案的认定起着重要作用。

3. 现场勘验在被害人王某坐椅的靠背后发现有泥土的痕迹。这个痕迹是怎样留下的？卷宗里没有对应的解释。而辩护人认为，如果没有确实的证据，只能推断为在汽车的后排曾经有人坐过，坐在后排的这个人是谁，与本案是何关系？需要查证落实。

综上所述，本案基本事实不清，证据不足，故恳请人民法院依据案件的实际情况，宣告被告人杜培武无罪。

第二次开庭是在1999年1月15日，离第一次开庭已经相隔整整1个月。在这1个月中，公诉人的任务是查找交到检察院的控告书和驻所检察官拍的照片。但在重新开庭时，公诉人却推托说：只有辩护人会见杜培武后由辩护人交给公诉人的控告书。至于照片则"没有找到"。杜培武已经对公诉人的这种态度有了思想准备，于是，开庭时，法庭上出现了一个让检察官、法官感到意外的戏剧性插曲，杜培武把被刑讯逼供时的血衣穿在外衣里面，当庭出示了这件刑讯逼供的物证——一件血衣，一件褴褴褛褛的血衣，一件杜培武穿在身上而被毒打时打烂的血衣，正如我们在电影中见过的仁人志士曾经穿过的衣服那样。应当说，这就是无声的证据，它不可辩驳地证明了杜培武曾经遭受的苦难，然而，这件物证交给法庭后就再也没有出现过，就此消失了……

在第一次开庭之后，刘律师收到了匿名威胁电话。打电话的人说："你真有本事，居然把审判中止了。你要小心点，杜培武跑不了，你也跑不了。"法庭上，在对公诉人的托词万分激愤的情绪中，刘律师又发表了补充辩护意见：

被告人杜培武被控故意杀人一案1998年12月17日开庭审理，因本案取证违反法律程序的问题而休庭；今天公诉人取证补充完毕而法庭恢复开庭审理。

在第二次开庭质证及辩论中，取证违反法律程序的问题控方所进行的补充和说明，不仅没有解决说明其取证的合法性，反而更进一步地证明了取证违法的事实存在，其所举证据是违法取得,依法不能采信,而且应依法追究违法取证者的法律责任。

一、刑讯逼供违法取证后果严重

公诉人认为,刑讯逼供不存在的理由有二:其一,审讯录像片断,被告人杜培武自动、自然、无人威逼;其二,被告人杜培武除了在公安局承认杀人,在看守所也承认杀人,而且与公诉人交谈时也承认杀人的事实。

公诉人的以上理由不能成立:

其一,录像中的询问仅仅是整个审讯中的短短片断,而且是为了证明不是刑讯逼供而专门采集的。所以,其录像的完整性、真实性可想而知;如果以提供录像为准,必须提供本案全部完整的录像资料,否则,不仅未能说明问题,反而给人一种"此地无银三百两"的感觉。

其二,的确,被告人杜培武除了在刑侦队之外,在看守所以及与公诉人的交谈中也承认杀过人;但是,刑讯逼供只要存在,其后果就可以混淆事实,不仅在侦查审讯中,而且可以一直延伸至法庭,甚至延伸到永远……更何况,公诉人也可以先期介入为由,在侦查阶段就与刑侦队并肩战斗,在被告人杜培武的心目中是无法,也不可能去区分的。

以上公诉人的辩解得不到任何证实,反而有以下事实进一步证实了刑讯逼供违法取证的事实存在:

1. 第一次开庭时辩护人当庭向法庭提交了《刑讯逼供控告书》,这是辩护人第一次(1998年8月28日)在办案人陪同下会见杜培武时,杜培武提交给辩护人的;今天第二次开庭,公诉人也同时提供了《刑讯逼供控告书》。由此证明,被告人在侦查阶段就大声控诉刑讯逼供问题。

2. 第一次开庭被告人杜培武向法庭请求，向看守所提取当时被刑讯逼供打伤的照片，辩护人也同时提出这一请求；但第二次开庭法庭讯问公诉人这一问题时，公诉人的回答是："驻监所检察官讲这些照片还未找到。"由此可以看出，正因为刑讯逼供造成伤害的事实存在，才会照相。现在照片"找不到"，并不等于没有照，因此，照片"找不到"，并不影响这一事实的存在，但现在要问的是为什么找不到？

3. 对杜培武手腕上的凹陷形伤痕，公诉人称：这是长期戴戒具的伤痕。辩护人请问：（1）被告人为什么要长期戴戒具？这是不是刑讯逼供？（2）被告人戴戒具只会出现自然磨损的摩擦伤痕，如此深的凹陷性伤痕只有强制性的外力才可以导致，这恰恰印证了被告人杜培武提出的"吊打"的情形，并有其衣物可以证明。

4. 被告人杜培武衣物被打烂而换了别人的衣服，公诉人认为，换衣服是为了鉴定。但本案进入鉴定的只有警用衬衣而没有涉及其他衣物，而且就是换上的衣物也可以辨认出外力破损的情况。

综上所述，此次（第二次）开庭，刑讯逼供问题更加明显。刑讯逼供是违反法律程序取证的最严重、最恶劣的行为，由此产生的一切口供均无法律效力，法庭不仅不应采信而且应追究行为人的法律责任。

二、《补充现场勘验笔录》严重违反取证的法律程序

公诉人有在第二次开庭时，提供了《补充现场勘验笔录》，试图证明"刹车踏板"、"油门踏板"上的泥土真实存

在。其"补充"不仅不能证明其主张，反而使《现场勘验笔录》更加不真实，更加不合法，违法取证的事实更加明显。

《补充现场勘验笔录》不足为信：

1. 《补充现场勘验笔录》违背了客观公正的原则。众所周知，现场勘验是指当场、当时的现场情况，而现在提供的是1998年12月20日的"补充勘验"，还算当场、当时吗？

2. 已遭破坏的现场是否还客观公正？按控方指控本案现场在汽车上，而从案发1998年4月22日至今（虽然汽车还在警方手中），此车已经过了无数次的勘验，无数次现场指认中的接触，已经是早已遭到破坏的"现场"，现在勘验还能客观公正吗？

3. 《补充现场勘验笔录》与《破案报告》不一致，只能以《破案报告》为准。公诉人与鉴定人当庭表述：勘验笔录、现场照片、制图是互相补充的完整证据。试图想通过其中的3份证据互为补充说明"刹车踏板"、"油门踏板"上的鉴定源（嗅源）的存在，但遗憾的是，《现场勘验笔录》没有记录"刹车踏板"、"油门踏板"有足迹附着泥土，照片上也无法看出，且照片的文字说明上，也从未有任何字迹说明"刹车踏板"、"油门踏板"上存在着足迹的附着泥土。想用照片来说明什么问题？均已无能为力。

公诉人与鉴定人还忽略了一个重要问题：就是《补充现场勘验笔录》与《破案报告》的关系。《破案报告》是集合全部证据要件的侦查机关的权威性文件，该文件从未记载："刹车踏板"、"油门踏板"上有足迹附着泥土，现在鉴定人的《补充现场勘验笔录》未经《破案报告》以及《破案报告》的出具单位认可或准许,其"补充"的内容是毫无意义的,而且是违反法律程序的。

4. "资料中的补充统计"不能采信。鉴定人的"补充现场勘验"的另一来源是资料中的补充,原因是原来统计漏了,所以,在《现场勘验笔录》以及《破案报告》上就一直漏了,而现在补充。这一补充显然不能与实际情况相吻合,离开了当场、当时的任何补充将无法弥补"统计中的过失",而这一"过失"的责任全部在侦查机关。

5.《现场勘验笔录》与《补充现场勘验笔录》均违反《刑事诉讼法》"必须有见证人在场"的规定。全案的《现场勘验笔录》以及《补充现场勘验笔录》没有任何见证人在场,使其真实性和公正性均无法体现。特别值得一提的是《补充现场勘验笔录》,其补充问题是在法院诉讼阶段进行的,不说由全部诉讼参与人在场,起码也应由法庭在场补充;而遗憾的是,仍然由原来的勘验人在自行操作,而无任何的公平、公正机制加以证明。

综上所述,《补充现场勘验笔录》在形式及内容方面均存在着程序违法、实际操作耐人寻味的地方;与刑事诉讼法是相违背的,不能采信。

三、其他违法取证以及证据效力的问题

1. 公诉人不提供被告人杜培武 1998 年 7 月 4 日以前的审讯笔录违反法律程序。被告人杜培武 1998 年 7 月 2 日被刑事拘留,在此前还有被限制人身自由长达 70 天的调查,有多次讯问笔录,现在递交法庭的只有"刑讯逼供"以后的口供,希望法庭重视这一情节,调取 1998 年 7 月 4 日以前的笔录来当庭质证，岂不是更能说明问题。

2. "如实交代"，凶器仍然下落不明。按公诉人的观点，1998年7月4日、7月10日被告人杜培武的交代是"最如实"的，那么被告人杜培武交代："枪连同其他赃物丢到银河酒家垃圾桶以及桥头"应该是真实的，但侦查机关的《工作说明》又证实，这一现场的事实根本不存在。那么，被告人杜培武的"如实交代"也就不成立了。

3. "鉴定结论"告知被告人离开庭仅十几个小时。《刑事诉讼法》规定：任何勘验鉴定结论必须告知被告人……公诉人当庭声称：开庭前一天已经让被告人知道了鉴定情况。为什么这么重大的事项，这么重大的合法权利，才给被告人不到16小时的时间？鉴定结论在作出之日起就应告知被告人，至少在侦查终结前应告知被告人。现在越过侦查、公诉，已经审判才提供，这叫做保障合法权利吗？

4. 白色起子还是红色起子尚不明确，岂能为证。红色起子历来是公诉人所注意的物证，在二次庭审中均多次提到，但该起子的放置被告人的交代是无定论的；而"车主"文雄则连起子的颜色都记成白色，岂能证实原来放在什么地方？

5. 杀人现场有人涉足。补充证据证明，汽车上备用胎是在案发后被人撬走的。这就充分说明，这辆发生了杀人案、载着二人尸体的现场有人涉及，而且请法庭注意，该车还有一扇前门未上锁。

6. 虚构鉴定参照物仍然存在。"刹车踏板"、"油门踏板"是否有泥？是否在"刹车踏板"、"油门踏板"上取过鉴定的参照物（鉴定源、嗅源）？是本案的一个重要环节，无论是警方的疏忽也好,遗漏也好,都只能由警方承担举证不力的责任。即使要通过"补充"等方法来证明这些事实,也必须合法有效;否则,是根本不能采信的。

综观全案,违背诉讼法的取证比比皆是,加之起诉书的全部事实均经不起推敲,岂能认定被告人杜培武犯有故意杀人罪?

以上补充辩护词以及已经提交法庭的辩护词,希望引起法庭的足够重视,并合理采纳。

这两份辩护词在今天看来,只要不是弱智并且不带偏见,都足以说明杜培武是无罪的。但是,令人吃惊的是,昆明市中级人民法院的一审判决还是认定杜培武犯有故意杀人罪,并且居然判处杜培武死刑。杜培武不服一审判决,提起了上诉。

《刑事诉讼法》并没有明确规定二审案件必须开庭,所以,二审的刑事案件依照一般传统的做法,就叫做"书面审理"了。也就是说,虽然二审法院也要组成3—5人的合议庭,但可以不开庭审理,由合议庭法官看完案件的全部卷宗材料后作出判决。其中,重大疑难案件,包括死刑案件必须报经审判委员会集体讨论决定。实行主办法官负责制后,阅卷工作通常是由主办法官进行,由主办法官提出案件的处理意见,合议庭进行讨论,按少数服从多数的原则作出判决,但一般来说,主办法官的意见、合议庭负责人的意见以及庭长、分管院长的意见会比较受到重视。

在二审期间,刘律师又接到了匿名恐吓电话。刘胡乐所面对的压力的确是前所未有的。但是,他仍然坚持为杜培武进行二审辩护,向云南省高级人民法院呈交了书面辩护词:

审判长、审判员：

作为被告人杜培武的一、二审辩护人，我们深知杜培武案件的重大，也深知自己身上的担子和风险。但是，为了维护法律尊严，为了使本案的被告人杜培武得到公正的结果，再次提出：一审以故意杀人罪判处上诉人杜培武死刑纯属事实不清、定性不准、适用法律不当、诉讼程序严重违法。

一、首先简单驳斥一审对证据的错误采信和认定

1. 一审采信的公安机关刑事科学技术鉴定结论：

（1）现场勘验笔录仅仅记载："离合器踏板附有红色泥土……"而与以后所有鉴定的提取泥土来自"油门踏板"、"刹车踏板"与勘验笔录的记载背道而驰。

（2）云OA0455号昌河牌微型车驾驶室"离合器"、"油门踏板"遗留泥土气味及与被告人杜培武袜子气味，经警犬气味鉴别（多次多犬）均为同一，以证实杜培武曾经驾驶过该车。请二审法院注意的是：

第一，车内死者之一王某是杜培武的妻子，互相有同一气味毫不奇怪。

第二，4月20日发案，至6月4日后再作鉴定能保存气味吗？

第三，南京市公安局作的警犬鉴定是"一头有反应，一头无反应"，等于无法鉴定。

（3）对云OA0455号昌河牌微型车驾驶室刹车踏板上提取泥土与杜培武衬衣、涉案人民币鉴定……请二审法院注意的是，鉴定参照物是"刹车踏板上的泥土"，而本案中没有任何文件、证据证明，警方在"刹车上"发现过泥土，不知

鉴定人和鉴定单位是从哪里取得这一参照鉴定物的？是虚构还是捏造？如此证据如何能定罪，而且是定死罪？

（4）"被告人杜培武警式衬衣袖口上，检出军用枪支射击后的附着火药残留物质证实：杜培武曾穿此衬衣使用军用枪支的事实。"请二审法院注意的是，至少有10份证据证明杜培武在单位有过射击训练的事实。

2. 一审采信的证人证言：

（1）"戒毒所干警、职工赵某某、黄某某"均证实了被告人杜培武在单位，怎么能作为被告人有作案时间？

（2）"王某之兄证言证实杜培武有反常表现"。

A. 什么是反常表现，谁能证实王某之兄的孤证？

B. 王某之兄在本案中既是利害关系人又是公诉机关干部，其证言有什么依据可以证实可靠、真实？

3. 杜培武的亲笔供词，已被其公诉前的《控告书》、《刑讯伤情照片》、伤痕、破裂的衣服所全部否认。

如果杜培武的口供是真实的，为什么按其口供找不出凶器？甚至连口供所述，抛弃凶器的现场都不能证实？

综上所述：一审使用的以上7种（份）证据根本没有任何排他性，完全是一些不能关联、捕风捉影的间接线索，如此"证据"怎么能定罪并量其死刑？

本案实质性证据：

（1）奸情杀人动机的证据何在？

（2）杀人凶器的去向何在？

辩护人充分理解涉及本案公、检、法有关人士的心情，但我国司法的原则是重证据、重调查研究，绝对不能受意气所影响。审判长在一审法庭上几次叫喊:"被告人杜培武出示没有杀人的证据。"此类问话不仅失去了公正裁判的意义,也使审判明显流于形式,这是辩护人所不能理解和容忍的。

二、仍然坚持一审辩护观点:侦查过程中取证程序违法,一审事实不清,证据不足、定性不准、适用法律不当

(一)一审法院判处上诉人杜培武犯有故意杀人罪并处以死刑,而对侦查过程中的取证程序严重违法却视而不见

1. 刑讯逼供后果严重,一审法院视而不见。本案一开庭,被告人杜培武就向法庭陈述了在侦查过程中遭受刑讯逼供的情况,并将手上、腿上及脚上的伤痕让合议庭及诉讼参与人过目验证,以证实其所述惨遭刑讯逼供事实的客观存在,当庭一审合议庭人员是亲眼所见、历历在目的,而且被告人杜培武在与辩护人第一次会见时当即就提交了《控告书》给辩护人,同时告知辩护人,其刑讯逼供的伤情已由驻监检察官验证并拍了照片,驻监检察官还收取了《控告书》。公诉机关用某个审讯的录像片段来否定全案的审讯情况,企图排除刑讯逼供,但这种断章取义的视听资料根本不能证明其主张,显属此地无银三百两。据此,辩护人提请法庭注意:根据最高人民法院《关于执行〈中华人民共和国刑事诉讼法〉若干问题的解释》第61条的规定:"……凡经查证确实属于采用刑讯逼供或者威胁、引诱、欺骗等非法的方法取得的证人证言、被害人陈述、被告人供述,不能作为定案的根据。"请求法庭依照这一规定确认被告人杜培武所作的供述无效!请求法庭向昆明市第一看守所驻监检察官提取相关照片和资料(附被告人在审判前的有关控告书)。一审法院

对此重要的程序问题，也是当庭有目共睹的，但仅仅表面慎重，休庭后再次质证，仍轻信了公诉人所称"看守所检察官拍的照片（上诉人被刑讯逼供之伤情照片）未找到"之说法而判定，并认定：一审辩护人"未能举证"，仅仅是针对证据评说和推论。而事实上辩护人当庭两次口头、事后两次书面申请法庭向看守所提取"伤情照片"，法庭却为何不提？这难道不是被告人的权利？这难道不是辩护人的举证？一审法庭当庭的伤情验证难道不是证据？怎么审完之后又忘了呢？

2. 虚构"刹车踏板"、"油门踏板"上有足迹附着泥土的证据，误导侦查视线，后果严重，而这一重要情况，公然被一审法院以警方的"补充勘验"或仅仅是"某一证据记录的疏忽"而忽略不计，使上诉人杜培武被判处死刑。本案《现场勘验笔录》及现场照片客观记载了车内离合器踏板上附着有足迹遗留泥土。然而：

一审完全采信指控证据之一："警犬气味鉴定"是以汽车中"刹车踏板"、"油门踏板"上的足迹遗留的泥土为嗅源来与被告人杜培武的鞋袜气味进行甄别，结果是"警犬反应一致"，从而认定本案是被告人杜培武所为。试问：首先，现场勘查根本没有"刹车踏板"、"油门踏板"附有足迹泥土的记载（记录）或事实，何来嗅源？何来正确的鉴定结果？其次，1998年4月20日发案，直至1998年8月3日才由警犬甄别是何原因？嗅源是否可以经长期保管而不发生变化和失效？这一重大问题被一审法庭的"补充勘验"，在第二次开庭中冲淡得一无所有。试问，离案发8个多月的"补充勘验"还算现场勘验吗？在辩护人提出如此明显问题的情况下，这"按图索骥"的"补充证据"真实吗？可靠吗？

一审完全采信指控证据之二："泥土鉴定"以汽车中"刹车踏板"、"油门踏板"上的足迹遗留泥土为参照泥土来源与被告人杜培武所带钞票上的泥土进行鉴别，结果是"鉴定类同"，从而认定是被告人杜培武所为。试问："刹车踏板"、"油门踏板"上的泥土从何而来，又何来的正确鉴定结果？

一审完全采信指控证据之三："泥土结构比较"，以"刹车踏板"、"油门踏板"的足迹附着泥土与被告人杜培武衣领上的泥土相比较，矿物质含量类同，从而认定是杜培武所为。试问："刹车踏板"、"油门踏板"上的泥土系子虚乌有，其鉴定参照的泥土来源毫无依据，岂能鉴定出正确的结果？

综上所述，一审法院毫无选择地完全采信了公诉机关所使用的鉴定源来路不清，纯属主观推断的鉴定结果。在根本没有"刹车踏板"、"油门踏板"附有足迹泥土的任何依据的情况下，判处被告人有罪而且处以死刑的关键性鉴定结果是虚构的来源？还是工作失误？一审法院判决和公诉人当庭的解释是不符合事实和违背有关法律规定的。由此，可以看出本案对被告人杜培武有罪指控的证据在取证上存在着与《刑事诉讼法》第106条、第121条等条款相违背的严重违法行为。不知一审法院为何充耳不闻？视而不见？判处一个公民死刑岂能如此草率？

3. 本案起诉书及公诉人指控，作案现场在汽车上，但公诉人却向法庭提供了相应"现场指认录像"，并以此证实是被告人杜培武所为，然而，连公诉机关、侦查机关自己均不能认定现场在何处，却在"录像"中有现场、有山、有草、有路、有……等一切的场景出现。试问：所指认的杀人现场场地真实吗？既然真实，为什么没有在历次的侦查、起诉等法律文件中记载？连控方自己都不能认定，又凭什么就采信并以此判处杜培武死刑呢？

本案取证的违法行为比比皆是，无须一一列举。取证的违法必将导致证据效力的丧失，其证据依法不能采信，而且应依法追究违法取证者的相应责任，法律依据有《刑法》第399条的具体规定。

以上刑讯逼供以及一系列违法取证问题是显而易见的，但一审法院却轻易地判定是辩护人无证可举、是辩护人主观推断和评说。如此草率和简单的态度对于一件关系人命的大案要案来讲是何等不负责任？！

（二）一审法院没有任何证据证实被告人杜培武具备故意杀人的主观动机

一审判定：被告人杜培武因怀疑其妻王某与王某某有不正当两性关系，而对二人怀恨在心，继而将王某、王某某两人枪杀。对此判决，从庭审质证的情况可以看出：其一，所谓怀疑之说，仅仅是被告人杜培武一人在刑讯逼供的情况下所作的孤证，没有其他证据印证。然而，辩护人当庭出具的带领王某做手术的徐医生的证明证实：当时杜培武并没有任何不高兴的迹象，而且杜培武还尽心尽力地照顾了王某，在王某疼痛发火之时，杜培武所表现的只是"伸了伸舌头"，表示"怕"她或让她。由此可以肯定，所谓通过人工流产怀疑王某有了外遇之说不能成立。其二，被告人杜培武周围的朋友、家人均证实杜培武与王某在案发前夫妻关系一直非常好，根本没有任何口角和不愉快的情况发生。其三，被告人杜培武家里的电话是通过总机转接的分机，不可能查到是什么地方打来的电话或电话费的多少。故通过电话及电话费得知王某与王某某联系密切或有过不正当的两性关系之说也是不能成立的。

另外，本案被一审判定为一起有预谋的杀人案件，在《侦查报告》中指出：被告人杜培武知道王某某要上昆明后，巧妙地进行安排，如不是自己值班而故意去值班，造成不在现场的假象；约王某、王某某到玉龙湾玩；等等。这里需要注意的是：仅仅是怀疑，在没有得到证实之前，就预谋"杀人"的可能性究竟有多少？还有预谋杀人的枪需要靠王某某带来，事前对于王某某是不是来昆明？王某某带不带枪来昆明？带来的枪是否能顺利地拿到杜培武手上？在拿不到枪的情况下，一人对付两人或更多的人能否对付得下来？等等问题，均是不可预见的。在这样疑点重重的情况下便随意推断被告人杜培武具有设计、预谋杀人的主观故意，未免太草率！

辩护人认为，一审法院没有证据证明被告人杜培武具备故意杀人主观方面的要件，无非是人云亦云照抄了公诉人的观点来确认这一虚构的"事实"。由此，一审判处被告人杜培武犯有故意杀人罪并处以死刑是不能成立的，是主观推断和毫无证据的！对于杜培武与王某的关系，辩护人当庭列举了3份以上的证人证言，却被一审法院一句"辩护人未能举证"而冲淡得一无所有!

(三)一审法院在客观方面没有任何证据能够证明被告人杜培武实施了故意杀人的行为

一审判定被告人杜培武故意杀死了王某、王某某的时间、空间、地点、手段、凶器等主要证据均存在着严重不足,而且所有证据相互矛盾,根本不能认定是被告人杜培武所为,更何况处以极刑。

1. 时间方面证据严重不足:法医认定,被害人死于距受检时间前40小时左右,公诉机关却把时间固定在40小时,即4月20日晚8点,排除了"左、右"之说。在此我们要问:如果左、右各1个小时,被告人杜培武还有犯罪时间吗?回答是明确的,"没有"。因为有证据证明在4月20日晚7点40分之前和晚9点以后,均有人在戒毒所看见了被告人杜培武,由此看来指控杀人的时间恰恰是被告人杜培武不具备的时间条件(一审判定证人证言之一戒毒所李某、赵某某、黄某某等的证言根本不能证明本案的任何问题)。

2. 出入断墙的证据不足:有证据证明戒毒所断墙有人值班,4月20日晚值班人员没有看见有人出入,更没有看见被告人杜培武出入,一审法院连谁值班都不清楚,怎么能证明值班人员有吃夜宵、巡视等离岗的情况发生?被告人杜培武没有离开戒毒所,就不能作案,一审判决上诉人杜培武从断墙往返作案不是事实(在此值得一提的是,辩护人所举戒毒所有关证人证言也随着"辩护人未能举证"而被否定得荡然无存!!!)

3. 作案的地点证据不足:一审法院没有明确杜培武故意

杀人案发于何地，只认定在车上实施的犯罪。由于汽车本身是交通工具，可能停放于不同的位置，但作案时必然要有汽车所停放或运行的地点，因此，案件究竟在何处发生，也就成了本案一个必须解决的问题。明确作案地点，才能判断作案的可能性。另外，如果一审法院所判定在车内杀人的说法成立，为什么车内没有喷射状血迹？子弹头怎么又到了死者的前面？车内怎么没有检测到射击残留物？车内死者身后的靠背上怎么没有破损？怎么没有检测到指纹、毛发等？这些问题在本案中均无符合逻辑的解释。由此，只指控在车内实施的犯罪，而无相应地点，显属证据不足，而且所谓现场指认的录像也成了虚假之作，不能采信。如此证据岂能认定杜培武作案？岂能判处杜培武死刑？

4. 气味鉴定证据严重不足：本案中气味鉴定是作为主要有罪证据认定的。对于这个证据取得的严重违法性，辩护人已经在前面的辩护意见中提出，无须赘述。退而言之，假设气味鉴定取证程序合法，由于没有把嗅源同与杜培武共同生活的王某的气味进行鉴别，无法排除杜培武与王某属同一气味的可能。警犬判断王某与杜培武的气味一致也是情理之中的事情，又怎么可能判定被告人杜培武到过汽车内的现场？加上作为核对复查的南京公安局两条警犬一个肯定一个否定的鉴定，本案的气味鉴定尚不能确定，更何况杀人呢？一审判决所采信的公安机关刑事科学技术鉴定之二，被事实否定得一干二净，岂能为证，岂能判处上诉人死刑？？？

5. 作案凶器来龙去脉毫无任何证据，一审判决不涉及凶器竟能判人死刑可谓胆大！本案中通过对弹痕的鉴定，确认死者是被路南县公安局配发给王某某的自卫枪所杀,但此枪至今去向不明。公诉机关当庭指控:被告人杜培武过去的交代是如实的。既然如实交代,为什么不能查找到枪的去向?事实上被告人杜培武没有作案,怎么会知道凶器的来龙去脉?没有作案而指认枪的去向,只能是刑讯逼供的产物。以侦查、公诉机关、一审法院认为被告人杜培武最如实的交代,也无法查证落实(见公安机关1998年7月17日工作说明)。面对如此严重的证据不足,一审法院竟然冒险判处杜培武死刑,可想是多么草率或简单的断案啊!

6. 射击残留物拉曼测试证据不足,只有共性,没有排他性;上诉人杜培武有铁的证据证明其具有合法的射击事实。由于取证的程序问题,射击残留物的鉴定是否合法存在着很大疑问;另外,就算取证程序合法,鉴定真实有效,此鉴定也只能证明被告人杜培武有过射击的行为,并不能证明此射击行为就是发生在4月20日晚杀死"二王"的行为。射击的事实有戒毒所的多名干警证实:被告人杜培武曾两次参加单位组织的射击训练,所以,在杜培武衣袖上查出射击残留物不足为奇,更不能以此为证,来证实被告人杜培武杀死"二王"。此证据没有排他性,只有同一性。

一审判定采信的公安机关科学技术鉴定之事被事实否定得一干二净!!!辩护人提供的数份戒毒所干警证实被告人杜培武有合法的射击事实,却被一审法院以辩护人"未能举证"而否定了!

7. 心理测试CPS是否定本案的一个重要环节:

(1)侦查机关委托CPS鉴定的原因是:"案件侦查过程

中,仍有诸多疑点,且无直接证据,为进一步推进侦查工作的开展,特委托进行CPS多道心理测试鉴定(见鉴定书第一页)。"也就是说,1998年6月24日委托CPS鉴定之前没有把握认定被告人杜培武有杀人行为。1998年8月3日才出《鉴定书》,而《破案报告》(1998年7月27日)则已肯定是被告人杜培武所为。既然证据不足才来做CPS测试,CPS没有结论却能认定是被告人杜培武所为,其结果只有两种:其一,毫无证据的推断;其二,CPS之外已有更好的侦查手段补充本来不足的证据。结果没有其二的证据充实,只有其一的情况,就是将错就错毫无证据的推断。可以想象,其认定的真实性、可靠性是何等的草率和草菅人命啊!

(2)一审法院经质证后虽然没有采用CPS测试的结论来认定是被告人杜培武所为,但是在本案审判前,各种新闻舆论却大篇幅宣传本案破获是"CPS"起了关键性、决定性作用。

(3)CPS测试的使用,也有对被告人杜培武相当有利的部分,如:"没有离开戒毒所不是谎言。"既然没有离开戒毒所,怎么去驾车?怎么去杀人?怎么去抛尸?怎么去抛藏凶器、赃物?

(4)辩护人在二审中在提到CPS测试问题时再次请问:1998年6月20日警方自己以证据不足而让上诉人杜培武作CPS测试,之后,既没有使用CPS的结论,也没有更好的侦查手段;1998年6月24日的证据不足,是怎么自然足了起来,并可以判定是杜培武所为,进而判处其死刑?

综上所述,一审法院先入为主,毫无理由地照抄照录,轻易采信公诉方漏洞百出的举证，全案事实不清，证据不足，而且自相矛盾；一审法院以目前的证据和情况认定被告人杜培武杀死"二王"，并判处上诉人杜培武死刑纯属草率从事。仅凭现有的证据，不仅不能证明其有罪，反而只能证明被告人杜培武不构成犯罪。

面对刘律师的二审辩护意见，面对案件中确实存在的问题，二审法院显然是十分矛盾的。判决书中明确地表明了这种矛盾的心态。二审判决一方面认定：辩护人的无罪辩护意见"因无证据加以证明，本院不予采纳"；同时又说"辩护人所提其他辩护意见有采纳之处"——好像刘律师的辩护词中除了无罪的意见之外，还有其他意见——因此改判为死刑，缓期两年执行。

杜培武被留下了一条活命，这就是刘律师在这个案件中所能取得的最好结果，而公诉人无疑赢得了这场诉讼。杜培武冤案自此形成。

有一些人听不得输赢二字，认为在社会主义国家的刑事诉讼中没有或者不应当有输赢的说法。理由是公诉人与辩护人的作用是一致的，追求的不是输赢，而是案件真实，是实质公正。只不过双方所站的角度不同而已。这就让人奇怪了：没有输赢，还要抗辩制干什么？抗辩就是一种比赛，比赛就有输赢。当然比赛也有和局，比如自诉案件的和解，比如国外公诉案件中达成辩诉交易。控辩双方没有输赢，那么究竟是谁赢了呢？难道是法院？或者是当事人？

但是，刑事案件的胜诉和败诉有时的确是难以分辨的。在20世纪80年代，律师还作为"国家法律工作者"的时候，一个案件办结后，需要填写一张结案报告表，其中最重要的一项，就是律师的辩护意见法庭采纳了多少。如果全部被采纳，就证明律师所代表的一方完全胜诉了；如果是采纳了主要观点，大概可算 80%—90% 吧。总之，当时在填这张表时，对律师来说是一件很头痛的事。就如杜培武案件的二审判决，一方面说对律师的辩护意见不予采纳，同时又说律师的辩护意见有可采纳之处，而又没说采纳了什么内容，该怎么填写呢？曾有过一本关于优秀刑事案件辩护词选编的书，里面收集的是当时在全国很有影响的一些重大刑事案件的辩护词。可是，看了这些案件的判决，几乎全部是律师的辩护意见"本庭不予采纳"。难怪，时至今日，仍然有人责备刑辩律师对当事人"实际上造成了'第二次伤害'"。这是一个时代的悲哀，或许是在法治中国前进路上不可逾越的坎坷？

3　天平的两端

——美国检察官的职权是受到严格制约的，他们只有一个权力，就是对犯罪嫌疑人提起公诉获得预审通过后，用"无可置疑"的证据说服陪审团给嫌疑人定罪。

——对美国的辩护律师而言，他们唯一的风险就是自己的胜诉率和收入。

——德肖微茨常对他的学生说：一个国家是否有真正的自由，试金石之一是它对那些为有罪之人、为世人不齿之徒辩护的人的态度。从此，我们是否可以说美国的律师在追求一种更高层次的人类文明和社会正义呢？

——刑事诉讼中的程序公正最突出的体现是法庭审判中控、辩双方诉讼地位的平等，以及在平等基础上产生的双向制约。检察院的监督权应当确实行使于审前程序,而不应当和公诉权同时行使,而且,对侦查活动和检察院的职权行使过程应当赋予律师有监督的权利。

——从杜培武的辩护律师身上,我们可以清楚地看到,他们有着美国律师所不具备的民族大义和献身精神。

美国的检察官代表联邦政府或州政府,是政府的执法官员。因为检察官必须从律师中产生,他们都谙熟法律,所以,他们与警察的执法范围有所不同。警察凭"充足理由"逮捕犯罪嫌疑人,而检察官则必须根据"无可置疑的原则(也被翻译为排除合理怀疑的原则)"提起公诉,即检察官必须让预审法官相信,已经有足够的证据证明嫌疑人就是犯罪行为的实施者,他才能对嫌疑人提起公诉。所以,许多由警察逮捕的嫌疑人,因为没有充分的"无可置疑"的证据,检察官只能作出不起诉的决定。从法律的规定和要求看,这和我国的情况十分相似。但是,在美国,有许多案件,虽然检察官没有把握让预审法官确信证据的"无可置疑",但自己又坚信嫌疑人有罪,检察官就采取"抗辩交易"方式来处理。所谓"抗辩交易",又被称为"辩诉交易"、"辩诉协商"、"认罪协商"等,就是公诉方以较轻的罪名起诉,并要求法庭处以轻刑,辩护方认罪的一种诉讼交易。在选择辩诉交易的被告人中,90%的被告人事实上是有罪的,因此他们一般不会向律师发问:"你能使我免刑吗?"而是会问:"你能为我争取好的交易吗?"中国人可能很难理解这种交易:那不是意味着重罪轻判吗?也许是的。不过我们应当明白:第一,司法资源是有限的,案发率高而警力少,物质装备不足,经费不足,时间不够,等等,没有辩诉交易,司法人员将疲于奔命,在押人员将因被超期关押而获得事实上的无罪释放；第二，采用辩诉交易，至少被告人会受到法律的惩处，而一旦走上法庭，因为证据或者程序等原因，他们反而可能逃脱法网。所以，控辩双方一旦达成这种承诺，法官一般都会准许，并依照公诉方的承诺判刑。如果在我国的刑事简易程序中设立辩诉交易制度，无疑会大大提高诉讼效率。

当然，辩诉协商制度的意义不仅仅在于提高诉讼效率。如果置诉讼安全于不顾，过分重视刑事诉讼对于恢复被侵害的社会秩序的意义，从而轻视刑事诉讼程序对于保障犯罪嫌疑人、被告人合法权利的作用，再高的效率也是"诉讼毒药"。历次"严打"强调"快审快结"而导致的冤假错案一再证明，效率必须服从于公正。这就是我们对社会上长期以来一直争论不休的，究竟应该是"公正优先、兼顾效率"，还是"效率优先、兼顾公正"理念的选择。

辩诉协商制度的意义还在于，它能在确保诉讼安全的前提下实现公平正义，尽管这种公平正义实际上是"打了折扣"的公平正义，但是，这却是我们在进退两难中不得不作出的"两害相权取其轻"的明智选择。因为刑事诉讼的过程，实质上是一个凭借证据还原案件客观事实的过程，但是，除了极个别碰巧发生在录影录像设备面前的案件，绝大多数案件的发生，都不可能为司法人员留下足以完整还原事实真相的证据。因此，司法认定的所谓"事实"，仅仅是法律上的真实而不是客观真实。无论侦查人员如何努力，总有一些案件欠缺某些证据——特别是能够直接证明犯罪人是谁的证据。在这种情况下，加入我们机械而片面地理解无罪推定原则所延伸出来的"疑罪从无（基本证据存在可疑之处即按无罪处理）"原则，那些无辜被害的善良公民的正义将由谁实现？反过来，加入毫无顾忌地对被告人定罪并毫不含糊地对其判刑，又有谁能保证不出冤假错案？在这样的两难状态下,聪明的法官和法学家们设计出了辩诉协商制度,既保障了被告人的诉讼安全,保障了其基本人权,又保障了被害人正义的实现。这种被打了折扣的正义,实际上是一种相对的公平正义,这种追求相对公平正义的诉讼程序和诉讼制度,就是一种相对合理的程序和制度。

在辛普森案件中,控方没有提出辩诉协商,而且预审法官确认了证据已经达到了"无可置疑"的标准,批准对辛普森以两项谋杀罪名提起公诉。可见,此案的公诉人对胜诉是有充分把握的。

美国检察官在刑事司法制度中代表着政府权力,是最有权力的人物;检察官虽然是政府行政部门的官员,但却具有极强的独立性。因此,即使是行政长官犯法,他也可以将其送上法庭。检察官有权最终决定是否起诉,以什么罪名起诉,任何人对此权力都不得干预。检察官的主要职责是代表政府检察犯罪是否发生,被告人是否实施了该犯罪,如证据无可置疑,则代表政府在法庭上提出起诉。作为法庭当事人这一方,检察官必须出庭提出证人证据,必须以"无可置疑原则"证明由被告人犯了所指控的罪行。如被告人被裁决有罪,检察官还有权建议如何惩罚被告人。

美国的检察职能是以个人负责制为基础的。就每个检察官办事处而言,检察官是绝对的领导。他有权决定该办事处负责的一切案件和遇到的一切问题,包括起诉决定和人员任免。该办事处负责的一切刑事案件都以他的名义起诉,该办事处的一切工作人员都是他的助手。一句话,他是办事处的"老板"。诚然,在较大的检察官办事处中,检察官不可能事无巨细地全部过问案件细节,但他毕竟掌握着最终决定权。辛普森案的两名公诉人实际上都不是"检察官",而只是检察官助理,或者叫"副检察官"。此外,就每个具体案件而言,个人负责也是一项基本原则。无论承办案件的助理检察官是"老将"还是

"新兵",他都有权就案件的调查和起诉作出个人决定。当然,这些决定在必要时应得到检察官的批准。总之,美国的检察官是由个人决定和个人负责的,不是由集体决定和集体负责的。这种个人负责制显然为检察官职能行使过程中的独断性倾向提供了条件,但是,同时避免了集体负责等于无人负责的弊端。

虽然美国的检察官经常被称为当地执法系统的首脑,虽然他们可以指导甚至直接领导警方的犯罪侦查活动,但他们并不享有一般的法律监督职能。在法庭上,他们无权监督审判活动,只是与辩护律师平等的一方。不过,他们在整个司法系统中仍有很大的决定权。这主要表现在审判之前的两个诉讼活动之中,其一是起诉决定;其二是辩诉交易。而我国的检察官在法庭上则充当着双重角色:既是案件的公诉人,又是法庭审理的监督者。相反,坐在检察官对面的辩护人,除了穿在身上的律师袍能证明他们有独立的权利以外,什么也不是。天平,是我国法院的标志,法庭审理的布局,也是一种类似天平的结构:法官居中裁判,犹如天平的支柱;检察官、律师各坐一端,好比天平的两个秤盘。然而,检察官的双重身份,已经决定了天平的倾斜。同时,公诉人作为指控犯罪的一方,背后有强大的侦查力量作为支撑,而辩护人的背后,什么都没有,要想自行调查取证,还得取得司法机关和证人的同意,稍不留神,《刑法》第306条规定的伪造证据罪、妨害作证罪就会降临到自己头上。这种制度设计当然是不合理的。

决定起诉权是美国检察官最重要的权力之一,因为它在一定程度上决定着整个司法系统的运转状况,而且它具有不受审查的独断性。美国各州的起诉程序并不相同,概括而言,主要有四种模式:

(1)大陪审团调查模式。这是一种传统的起诉程序。在采用这种程序的州中，检察官和警察在查获案犯之后便将案件提交大陪审团。大陪审团在调查之后决定是否起诉，如决定起诉，则由检察官起草以大陪审团名义向法院提交的起诉控告书（Indictment），否则便撤销案件。

（2）预审听证模式。这是一种简化的起诉程序，主要用于那些已经废除大陪审团制度的州。由于大陪审团的调查耗费人力财力并拖延起诉时间，所以，这些州决定用专职司法官员的预审听证来代替，按照这种程序的要求，检察官和警察在查获案犯之后便将案件直接提交法院。法院中专负此职的法官或司法官（Magistrate）举办预审听证会，审查案件证据，决定是否起诉。检察官通过这种程序提交的诉状叫起诉通知书（Information）。

（3）预审听证和大陪审团调查相结合的模式。这种模式用于那些既保留大陪审团制度又采用预审听证制度的州中。按照这种模式，检察官要先把案件送交法院进行预审听证，然后再交给大陪审团进行调查。这种模式一般仅用于重罪案件的起诉之中。

（4）预审听证和大陪审团调查二择其一的模式。这种模式也用于那些同时采用大陪审团制度和预审听证制度的州中，但检察官在提起公诉时可以选择采用大陪审团调查程序或预审听证程序。

大陪审团调查和预审听证的主要功能都是为了制约检察官的起诉决定权，以便减少起诉决定中的独断性和不公正性。然而，这两种程序实际上对检察官权力的制约效力都很小。

（1）大陪审团调查程序和预审听证程序都是由检察官启动的，如果检察官决定不起诉，案件根本不会进入后面的司法程序，大陪审团和预审法官也就无法发挥其制约的作用。

（2）检察官不仅决定起诉的对象，而且决定起诉的罪名。由于美国的刑事司法系统负担过重,所以"选择性起诉"的原则已被大多数美国人所接受。既然社会中的犯罪行为已经大大超过了刑事司法系统的"负荷",把某些犯罪行为截留在刑事司法程序之外就是不可避免的。至于哪些犯罪种类、哪些犯罪人以及哪些犯罪行为应该截留,则完全属于检察官的自由裁量权,大陪审团和预审法官对此是无权过问的。

(3) 检察官不仅决定送交审查的人和事,而且决定送交审查的证据。在美国的司法实践中,大陪审团调查和预审听证的主要内容就是检察官提交的证据。在这一点上,大陪审团对案件的审查尤为明显。一般来说,大陪审团调查时仅听取公诉方的证据,辩护律师不得参加。由于大陪审团成员都不是法律工作者,所以,检察官要想用己方证据让那些"外行人"相信被指控者应该接受审判,实在是易如反掌。在实践中,大陪审团反对检察官起诉意见的情况极为罕见。此外,由于大陪审团具有强制传唤证人等特殊权力,所以检察官往往把大陪审团作为自己获取某些证据的"工具"。

但在法律上,美国检察官的职权是受到严格制约的,他们只有一个权力,就是对犯罪嫌疑人提起公诉获得预审通过后,用"无可置疑"的证据说服陪审团给嫌疑人定罪。正因为他们的权力受到预审法官、陪审团、辩护律师的严格制约,所以,他们就不得不采取诉辩交易这样的妥协办法。应当说,他们在许多情况下都是无可奈何的。在辛普森案件中,检察官采取了预审听证的起诉程序,由此可见,公诉人认为并不需要把大陪审团作为第一回合中轻易取胜的工具。事实上,他们也取得了起诉辛普森的第一回合的胜利。预审法官肯尼迪·鲍威尔驳回了辩护人关于"证据不足,撤销审判"的提议,她显然并不认为警察搜查辛普森住宅取得的证据是无效的。

在法庭辩论中，辛普森案件的公诉人并非"表现拙劣"，应当说，他们尽力了。助理检察官克拉克强调了福尔曼警探虽然有种族主义倾向，但并不影响他取得的证据的效力。辩护律师指控福尔曼有栽赃行为，同样只是一种可能，并没有"无可置疑"的证据予以支持，法官应当"指导"陪审团，不能把这种"可能"作为判断的依据。但是，法官并没有作出这样的指导，陪审团显然把福尔曼"栽赃"作为了判定辛普森无罪的主要依据。同样的"无可置疑"原则，对辛普森适用了，而对福尔曼却并不适用，这很难说是一种公正。从美国程序法对检察官权力的严格——甚至是苛刻的——制约中，我们不难看出，在国家权力和公民个人权利之间，法律天平显然是倾向于公民个人一方的。所以，代表公民个人权利的辩护律师，只要充分利用"无可置疑"的原则，在控方的证据中找出漏洞，使自己的当事人逃脱法律的制裁是并不困难的。

对美国的辩护律师而言，他们唯一的风险就是自己的胜诉率和收入。辛普森究竟付给明星律师团多少钱，这可能属于明星律师们的商业秘密，并不为世人所知。但可以肯定地说，他们所收的费用，即使在美国，也绝对是天文数字。而且，像辛普森这样的案件的胜诉结果，必然给这些明星律师增添了不可战胜的光环。因此，经办辛普森案，绝对是名利双收。明星律师团的成员之一、哈佛大学法学院教授艾伦·德肖微茨在他的专著《最好的辩护》中，就美国刑事诉讼总结了十三条"规则"：

第一条　几乎所有的刑事被告人实际上都是有罪的。

第二条　所有的刑事被告人辩护律师、检察官和法官都知道和相信第一条规则。

第三条 用违反宪法的手段去认定有罪的被告人，比在宪法允许范围内通过审判认定要容易；在某些情况下，不违反宪法就根本无法认定有罪的被告人。

第四条 几乎所有的警察在问到他们为了认定有罪的被告人是否会违反宪法时，都不说真话。

第五条 所有的检察官、法官和被告人辩护律师都知道第四条。

第六条 很多检察官在警察被问到是否用违反宪法的手段去认定有罪的被告人时，都暗示默许他们撒谎。

第七条 所有的法官都知道第六条。

第八条 大部分一审法官都明知警察在撒谎还相信他们的证词。

第九条 所有的上诉法院法官都知道第八条，但许多人却硬要维持那些明知警察撒谎还相信他们证词的一审法官的结论。

第十条 即使被告人申诉他们的宪法权利受到了侵犯完全属实，大部分法官也会对此置若罔闻。

第十一条 大部分法官和检察官不会有意认定一个自己都不相信有罪（或与犯罪有紧密关系）的被告人。

第十二条 第十一条对地下黑社会犯罪组织成员、贩毒者、职业杀手或潜在的告密者不适用。

第十三条 没有一个人当真需要正义。

可见，就美国律师本身而言，他们并不以司法公正为追求的目标。换言之，维护当事人的合法权益，维护法律的正确实施，并不是律师本身所追求的目标,他们只追求胜诉的结果。但是,他们只要在行使自己的权利时不超越法律的禁止性规定,他们将不会有任何压力和风险。而作为辩护人的律师对胜诉的追求,成为对公诉人追求胜诉的一种制衡力量,只要这两种相对权力在法律面前是平等的,司法公正便得以客观实现。德肖微茨在《最好的辩护》中还说道:"在我国,刑事诉讼对立双方所有当事人,如刑事被告人、被告人辩护律师、检察官、警察和法官都在拼命争夺个人和自身职业上的利益得失。虽说这个体制中似乎没有人对抽象的正义感兴趣,具有讽刺意味的是,实际达到的结果很可能是一种大体上公允的正义。"

德肖微茨说:"我的委托人差不多都是有罪的,当然也有一些是无辜的。对我来说,在我的委托人有罪和无辜之间几乎没有什么关系,他们锒铛入狱或无罪开释也无关紧要。""我把为确实有罪、被人唾弃、且极少胜诉机会的被告人辩护作为一种挑战,真心诚意地把它当做律师的天职来完成。"这番话,可以说极为准确地表述了美国律师的职业追求,我们也可以清楚地看到,社会正义似乎与美国律师无关。但是,德肖微茨又常对他的学生说:一个国家是否有真正的自由,试金石之一是它对那些为有罪之人、为世人不齿之徒辩护的人的态度。从此,我们是否可以说美国的律师在追求一种更高层次的人类文明和社会正义呢?

《中华人民共和国人民检察院组织法》第1条规定:"中华人民共和国人民检察院是国家的法律监督机关。"可见,人民检察院在执法过程中的权力是至高无上的。对前,它有权监督公安机关和国家安全机关;对后,它有权监督人民法院的审判活动。《中华人民共和国人民检察院组织法》第5条将检察院的职权具体化为:"各级人民检察院行使下列职权:(一)对于叛国案、分裂国家案以及严重破坏国家的政策、法律、法令、政令统一实施的重大犯罪案件,行使检察权。(二)对于直接受理的刑事案件,进行侦查。(三)对于公安机关侦查的案件,进行审查,决定是否逮捕、起诉或者免予起诉(由于《刑事诉讼法》已经取消了免予起诉制度而确立了不起诉制度,故此处的用语应当改为不起诉。——笔者注);对于公安机关的侦查活动是否合法,实行监督。(四)对于刑事案件提起公诉,支持公诉;对于人民法院的审判活动是否合法,实行监督。(五)对于刑事案件判决、裁定的执行和监狱、看守所、劳动改造机关的活动是否合法,实行监督。"从这些规定可以看出,在我国,检察监督权是一种单向行使的权力,检察机关有权监督公安机关和人民法院,但公安机关和人民法院却无权监督检察机关,因此,检察监督权实际上是一种上位的权力,侦查权和审判权是一种下位的权力,具有这种上位权力的检察机关实际上就处于公安机关和人民法院的上方,不仅法律地位很高,而且权力很大,但不可思议的是,这种权力的行使,既没有必要的监督与制约,也不需要承担任何风险。

先让我们分析一下检察院对公安机关的监督权。既然检察院具有"对于公安机关的侦查活动是否合法,实行监督"的权力,这就意味着代表检察院作为国家公诉人在法庭上出示的证据绝对是通过合法的侦查活动取得的。但是,最高人民检察院《人民检察院实施〈中华人民共和国刑事诉讼法〉规则》(试行)第233条规定:"以刑讯的方法收集的犯罪嫌疑人供述、被害人陈述、证人证言、鉴定结论不能作为指控犯罪的依据。以威胁、引诱、欺骗以及其他非法的方法收集上述证据而严重损害犯罪嫌疑人、被害人、证人、鉴定人合法权益或者可能影响证据客观真实的,该证据也不能作为指控犯罪的依据。人民检察院审查起诉部门在审查中发现侦查人员以非法方法收集犯罪嫌疑人供述、被害人陈述、证人证言、鉴定结论的，应当提出纠正意见；构成犯罪的，应当按有关规定立案侦查，依法追究其刑事责任，同时应当要求侦查机关另行指派侦查人员重新调查取证，必要时人民检察院也可以自行调查取证。对于以非法的方法收集的物证、书证，经审查核实能够证明案件真实情况的，可以作为指控犯罪的依据，但非法收集证据的手段严重损害犯罪嫌疑人及其他有关公民合法权益的除外。人民检察院应当对非法取证行为提出纠正意见，构成犯罪的，应当按有关规定立案侦查，依法追究其刑事责任。"按此条规定，就出现了两个难以解决的问题：

其一，对取得证据的侦查活动的合法性和证据的有效性的确认权究竟在检察院还是法院？如果说在检察院，人民法院在审判中就无须对控方提供的证据进行质证。因为检察院既然让公诉人将其审查过的证据材料作为证据出示，就意味着其已确认这项证据是合法取得的，因而是有效的。如此说来，人民法院在证据的审查、判断上的审判权实际已经被剥夺，审判活动的虚伪性就赤裸裸地表现出来了。一位在杜培武案中参与审判活动的法官就说："既然检察院经过核查否认对杜培武有刑讯逼供的事实，人民法院还有权力审查这个问题吗？"在杜培武案件中，检察机关实际上在侦查阶段就已经介入，其介入的法律依据恰恰就是对侦查活动的监督权。但是，在这起冤案中，检察机关对侦查活动的介入，完全掩盖了侦查活动中的违法、犯罪行为，这不能不说是造成杜培武冤案的重要原因之一。

问题还在于，没有一个检察机关或检察官对这起冤案负任何责任。杜培武案纠正以后，检察机关追究了两名警官刑讯逼供的刑事责任，但却没有追究任何人的伪证罪的责任或者玩忽职守的责任。很明显，一旦追究伪证罪或玩忽职守罪的责任，检察院就绝对脱不了干系。由此可见，检察院的监督权在任何时候都可能被滥用，因为它的这种权力是没有制约的。在这里，我们必须申明：我们的一切分析都对事不对人。这不仅仅因为我们都知道昆明市人民检察院总体上在文明而公正执法活动中取得的突出成就，更重要的是，我们也清醒地知道，任何"对人"而不是"对事"的情绪，都将削弱对事理的分析。

对超期羁押的问题，我国检察权和审判权的矛盾就更为突出。在美国的法律中，超过规定的羁押期限而未起诉的，必然产生案件撤销的后果。犯罪嫌疑人无论是否有罪，就会因此开释，并将永远不会为同一件事受到刑事追究，警察和检察官为抓获此犯罪嫌疑人所做的一切努力都将付之东流。而在我国的刑事诉讼法中，虽然对每一过程都作了明确的时限规定，但被告人从不会享有迅速审判的权利，不允许造成未定罪已受罚的结果的原则在法律中未予以明确规定，更不对超期羁押应承担什么后果予以明确规定，这就使超期羁押的行为成为审判权无法涉足的问题，政府权力的滥用变得无所顾忌，也使超期羁押现象屡禁不止。尽管我国《刑事诉讼法》也规定了对于超期羁押的犯罪嫌疑人、被告人，应当变更羁押措施，改为监视居住这一轻缓的强制措施，但不关白不关，关了也白关，白关谁不关！别说关押超期几天，就是超期几十天、几百天又会怎么样呢？反正不会有任何人会因此招致任何刑事责任，也不会被人指责为滥用职权。君不见，广西某公安局严重违法"拘留"某公民整整28年，一个人的美好青春和人伦完全毁于这28年，又有谁承担了刑事责任呢？相反，只要破了案，结了案，还有可能立功受奖。正因为如此，《中华人民共和国最高人民检察院公报》2000年第2号报道，仅在1999年全国检察机关就纠正了被超期关押的人次达74 051人。但事后的纠正措施是不可能从根本上解决超期羁押问题的，因为超期羁押是我国现行《刑事诉讼法》

正义的诉求

审前羁押制度的缺陷所造成的。所以，最高人民检察院《关于清理和纠正检察机关直接受理侦查案件超期羁押犯罪嫌疑人问题的通知》，一方面没有涉及公安机关侦查的案件超期羁押的犯罪嫌疑人的问题；另一方面对自己受理的侦查案件超期羁押犯罪嫌疑人的问题也仅仅是作为一项形象工程来抓。

我国《刑事诉讼法》在审前羁押制度上的缺陷是什么呢？这就是《刑事诉讼法》第7条规定的公检法三机关分工合作、互相配合、互相制约的关系。这种关系要求在整个审前诉讼阶段，三机关地位平等，这就缺少了一个独立的、中立的、具有权威性的司法机关来对整个诉讼过程作出司法裁判。犯罪嫌疑人在审前阶段获得律师帮助的权利受到很大限制，对羁押措施提出异议的权利则无基本保障。1990年联合国第八届预防犯罪和罪犯待遇大会上通过的《关于律师作用的基本原则》第1条规定："所有人都有权请求由其选择的一名律师协助保护和确立其权利，并在刑事诉讼各个阶段为其辩护。"而在我国《刑事诉讼法》中，律师在侦查阶段的地位不伦不类，律师的作用仅仅是向犯罪嫌疑人提供咨询，询问是否受到刑讯逼供并向有关部门反映，而决不是辩护和保障作用。根据《刑事诉讼法》第75条的规定，犯罪嫌疑人、被告人及其法定代理人、近亲属或所委托的律师对超期羁押有权申请解除强制措施，但此项权利仅仅涉及程序部分，它们对于羁押措施的实体内容是否合法没有主张异议的权利。而联合国《公民权利和政治权利国际公约》以及《保护羁押或监禁人的原则》规定，被羁押者可以启动法律程序向司法机关（法院）对羁押的合法性提出异议，经过法定程序进行审查，如果发现该项羁押措施属于非法则应当释放被羁押者。可见，我国《刑事诉讼法》已经大大落后于上述国际法律文件的要求，这应当说是导致违法羁押和超期羁押的制度上的原因。

其二，在法院的审判过程中，关于侦查过程中的违法、犯罪行为的举证责任应当由谁来承担？既然检察院对侦查活动的合法性负有监督责任，应当是检察院对侦查过程中的违法、犯罪事实负有调查、取证和向法庭举证的责任。但是，正如杜培武案中所发生的事实所证明的那样，检察院一旦根据违法侦查活动的结论提起公诉，就根本不可能再确认侦查活动中的违法、犯罪行为，更不可能为此向法庭举证。在检察院完全袒护违法侦查活动的情况下，对违法侦查活动的举证责任就不得不落到了被告人和辩护人的身上。但是，现行的《刑事诉讼法》并没有赋予律师对侦查活动的监督权利，犯罪嫌疑人对违法侦查活动的申诉、控告也只能向侦查机关本身提出，打个比方说，这正像民间百姓所说的"谁打了你向谁告状——告了也白告"，所以，犯罪嫌疑人和辩护律师根本没有对侦查过程中的违法犯罪活动举证的可能性和必要性。由于杜培武本身就是一名科班出身的警官，他已经尽最大的可能为对他的刑讯逼供积累了较为充分的证据，这本身就是在刑事诉讼中极为罕见的特例。但是，由于公诉方对监督权的滥用，这些证据根本不能得到法庭的重视，甚至被人为毁灭了，比如杜培武在法庭上出示的血衣就永远地消失了，至今不见踪影。杜培武案还有一个非常特殊的情况，就是公诉人为了证明刑讯逼供并不存在，向法庭呈交了一份对杜培武一次讯问的全过程录像。杜培武的辩护律师一针见血地指出：这是"此地无银三百两"。因为侦查机关对杜培武的审讯多达十几次，其中近1/3是刑讯逼供，公诉人用其中一次较为文明的审讯来证明全部审讯过程的文明性，从逻辑上讲就不堪一击。然而，这种苍白的证明富有戏剧性地被法院采信了，可以说，法院高度配合了检察院的工作，检察院也高度配合了公安局的工作。从三机关互相配合的关系上讲，你能说它们做得不对吗？问题是，杜培武的冤案又实实在在地发生了，如果谁都没错，这个冤案可能发生吗？难道是杜培武错了吗？当然不是，形式上是司法官员们错了，但实质上是制度本身出了问题。

可见，我国现行的检察制度的确存在政府权力缺乏制约和公民个人权利得不到切实保障的弊端。在这样的体制下，普遍实现司法公正是不可能的。刑事诉讼中的程序公正最突出的体现是法庭审判中控、辩双方诉讼地位的平等，检察院的监督权不应当和公诉权同时行使，否则，不仅控辩双方不可能平等，而且法院更易于在检察院监督权的压力下无原则地"配合"检察院，同时，对侦查活动和检察院的职权行使过程应当赋予律师有监督的权利。"权力失去制约，必然导致腐败"，这已经成为公理。

当然，我国刑事诉讼法中也有大量制约性的规定，但这些规定更多的却是制约犯罪嫌疑人、被告人的权利，而不是制约公权力的行使。

在程序中的严格甚至苛刻的制约，主要是针对维护犯罪嫌疑人、被告人合法权益的辩护律师的。

立法中对律师的职业要求还有显著的表现。《中华人民共和国刑法》第306条规定："在刑事诉讼中，辩护人、诉讼代理人毁灭、伪造证据，帮助当事人毁灭、伪造证据，威胁、引诱证人违背事实改变证言或者作伪证的，处三年以下有期徒刑或者拘役；情节严重的，处三年以上七年以下有期徒刑。辩护人、诉讼代理人提供、出示、引用的证人证言或者其他证据失实，不是有意伪造的，不属于伪造证据。"

前司法部长、全国人大法律委员会主任蔡诚在刑法修订时对增加该条款持反对意见。他提出了四个方面的理由：

第一，刑事诉讼法修改后，庭审方式改革，使律师的任务更重大更艰巨，如单独规定律师伪证罪，就会使律师在刑事辩护中顾虑重重，不敢大胆地行使辩护权，从而使律师难以履行职责，最终会使庭审方式的改革难以达到预期的目的，给法院的公正审判带来困难。

第二，从我国律师制度恢复三十余年以来的实践看，律师犯伪证罪只是个别的，没有必要为个别情况单独规定罪名。

第三，单独规定律师伪证罪会在社会上造成明显的负面影响，会使公众对律师在刑事辩护中起多大作用产生怀疑，使律师刑事辩护工作处于困难的局面，不利于充分保障当事人的合法权益和维护法律的正确实施，不利于树立律师的良好形象，也不利于树立依法治国，建设社会主义法治国家的良好形象。

第四，从世界各国的刑事立法来看，鲜有在刑事法律中单独规定律师伪证罪的。

但是，刑法修订案最终还是加入了这一条款，只不过把律师隐晦为"辩护人、诉讼代理人"而已。这不能不说是对律师的一种"职业歧视"。在《刑事诉讼法》中，律师的取证权本来就受到了苛刻的限制，律师只是"可以搜集材料"，而且还必须征得"证人或者其他有关单位和个人"的同意。但是，《刑事诉讼法》第45条第1款却规定："人民法院、人民检察院和公安机关有权向有关单位和个人收集、调取证据。有关单位和个人应当如实提供证据。""可以"和"有权"、"征得同意"和"应当如实提供"，二者的区别是显而易见的。显然，律师在刑事诉讼中，与公诉人绝对不处于平等的诉讼地位。再加上一把律师伪证罪的利剑高悬在辩护人的头上，足见法庭上控、辩双方的权力制衡是并不存在的。

问题还在于，控方对于程序法规定的权力可以肆无忌惮地滥用，对于权力的禁止性规定也可以无所顾忌地违反，对辩护律师的职业报复可以堂而皇之地进行，这就使中国的刑事辩护律师的执业必须承担极大的风险。所以，杜培武的辩护律师在二审辩护词开头的那一段话就绝对不是一种无病呻吟。

在如此重负之下，中国的刑事辩护律师为何还如此执著呢？他们的职业追求是什么呢？从杜培武的辩护律师身上，我们可以清楚地看到，他们有着美国律师所不具备的民族大义和献身精神。如果说，杜培武案的纠正是我国法制进步的表现，是社会正义的实现的话，而这正是他的辩护律师及其同行们作出的贡献。

我们在看到上述律师们在为社会正义奔走抗争的同时，不能不看到现行《刑法》第306条以及《刑事诉讼法》对律师权利——实质是当事人权利的限制所带来的消极影响。这种影响可以用一些数据来证明，其中之一就是：据中国律师协会2000年统计，在1999年，全国近16万名执业律师平均每人承办的刑事案件不到1件。这意味着在该年度判决的案件中有20余万被告人未获得律师辩护。2011年，因为广西壮族自治区某地审理的一起共同犯罪案件的被告人翻供，来自4个不同律师事务所的辩护律师被怀疑提供伪证、妨害作证而全部被捕，此事轰动全国。中华全国律师协会会长沉痛地说：因为《刑法》第306条的滥用，全国刑事案件辩护率持续下降，大部分被告人得不到律师辩护。

聘请了律师的当事人还有可能蒙冤受屈，那些没有律师为其辩护的当事人，又有多少蒙了冤、受了屈呢？也许有人会振振有词地说："那肯定是极少部分！"我们也相信那只会是极少部分人。问题是，这一部分人的蒙冤受屈，必将给其家人带来无尽的痛苦：世人的白眼、同事的鄙夷、上司的歧视、就业机会的减少甚至家破人亡！作为共和国的公民，他们有义务遭受这样的痛苦吗？遭受了这样的痛苦，他们能得到相应的补偿吗？不，那是不可能的！要知道，即使他们全都有机会得到平反，他们也不可能全都得到国家赔偿；即使得到国家赔偿，也只可能得到少得可怜的一点点补偿，他们精神上所遭受的痛苦，无论多么巨大，绝不可能得到任何赔偿。发生在河南的赵作海案，再一次证明了这一点。因为被怀疑杀人，赵作海蒙冤坐了整整12年牢，原本和睦幸福的家庭散了，案发时刚刚建好的瓦房破败了，大好青春年华也没了。赵作海精神上的痛苦还小吗？当然不小。但他得到一分钱的精神损害赔偿了吗？没有，也不可能有。因为《中华人民共和国国家赔偿法》就是这样规定的。你能怎么样呢？即使能够得到赔偿，在平安无事和蒙冤受屈进而得到经济赔偿之间，谁会愿意选择后者呢？

也许读者难以想象，20年前曾有一位遭受过这样痛苦的人，在有幸获得平反后全国巡回演讲，对其遭受的冤屈，居然表示：那是"母亲打错了孩子"，做孩子的，"应当原谅母亲"！这类演讲，不知换回了多少善良人的眼泪！我们决不怀疑演讲者内心的真诚，只是质疑：到底国家是人民的，还是人民是国家的？

西方的先哲们说：我们每个人的力量都不足以抵御自然的侵袭，不足以保护我们自身的权利和利益，因此，需要我们每一个人让渡出一定的权利组成一个高居于我们之上的实体，来保护我们。这个强大的实体，就是国家。我们让渡出来的权利组成了公共事务的管理权力。这个权力不应侵犯我们的权利和利益，因此，需要制定法律来约束它。

中国古老的理论说：普天之下，莫非王土；率土之滨，莫非王臣。国家是国王或者皇帝的，人们不过是国王或者皇帝的子民。国王或者皇帝的权力就是国家的权力，百姓只有服从的义务，没有什么权利。没有国家就没有人民。所谓"有国才有家，有家才有你和我"。

现代政治理论说：国家有义务保护好自己的国民。如果国家给国民造成了冤假错案，不问是故意还是过失，不问代表国家行使权力的国家机构有无过错，都得向遭受错误追究的国民作出合理赔偿。

好在历史是人民写的！好在改革开放使中国发生了翻天覆地的变化！社会在进步，历史在前进。我们完全有信心相信，在不久的将来，刑事诉讼制度将有更大的进步，错案率将会大大减少；一旦发生错案，受冤屈的公民将获得实实在在的赔偿，包括精神上的赔偿！[1]

---

[1] 2010年4月29日修订的《中华人民共和国国家赔偿法》确立了错案赔偿原则，提高了赔偿标准。该法第33条规定："侵犯公民人身自由的，每日赔偿金按照国家上年度职工日平均工资计算。"

第 三 章

事实和证据

证据包含用来确认或否定提供审查的任何事实真相的一切方法或手段。

——美国法学家理查森

凡受刑事控告者，在未经获得辩护上所需一切保证的公开审判而依法证实有罪以前，有权被视为无罪。

——《世界人权宣言》第 11 条

证据不足，不能认定被告人有罪的，应当作出证据不足、指控的犯罪不能成立的无罪判决。

——《中华人民共和国刑事诉讼法》第 162 条第（3）项

1 痛苦的证人

——控方的证人无疑是控方认为能够证实犯罪事实成立的证人,所以,一般情况下,辩方就会通过交叉询问,迫使证人显示证言的不可靠或不可信,反之亦然。这就使证人的作证过程成为一场比受审还要痛苦的灾难。

——辩护律师道格拉斯的质询虽然把证人弄得极为难堪,但在他的目的不明的质问下,证人被逼出了一连串自然、真诚的表白。这些表白给人的结论就是:6月13日谈话的内容表明,辛普森正是此案的凶手,而希普自己不愿意明确说出这一点。可见,所谓"明星律师"的表现,并非无可挑剔。

——警探和专家证人作证的失败,使控方对辛普森的指控犹如千钧一发,岌岌可危了。当福尔曼被证实是个种族主义者时,这一丝毫发就被切断了。

如果说证据是在法庭战争中的武器和弹药的话,辛普森案的公诉人一方应当说是装备精良,补给充足的。作为控方,检察官负有首先举证的义务,而且,所举证据还必须"无可置疑"地确证被告有控方所指控的罪行。在美国,根据证据的形式只分为人证和物证两类。由于物证的搜集人也必须到庭作证,证实其取得物证的真实过程,再加上美国的庭审中并不设立专门的法庭辩论阶段,所以,对证人的询问和反质就是法庭庭审的主要内容。

在美国，证人通常可分为普通证人和专家证人两类。普通证人又分为事实证人和品格证人两类。事实证人是对犯罪事实——包括犯罪发生过程、被告人是否在作案现场及侦查、调查取证的过程等——能够作证的人，事实证人只能陈述自己亲历的事实，不能陈述听说的事实或自己的分析、判断意见。品格证人主要是指了解嫌疑人、被告人过去的品行、经历的人。品格证人不得就犯罪事实发表意见，只能就自己所了解的嫌疑人、被告人在案发前的经历、品行作客观陈述，并不能对被告人的品行进行主观的评价。事实上，如果品格证人所陈述的内容，向法庭描述的证明对象是一个品行恶劣的人的话，陪审团一般都会受到不利于被告人的影响。专家证人则是某一领域的专家，可以根据自己的专业特长对某一涉及犯罪的事实发表自己的专业意见。

在辛普森案件中，控方的人证、物证列表如下：

日期	证人姓名	证人身份	作证内容/证据	证人性质
1月31日	S. 吉尔伯特	911紧急中心调度员	1989年1月1日妮科尔报警称，辛普森要杀她	品格证人
1月31日	J. 爱德华	警探	1989年1月1日在辛普森家，妮科尔要求保护	品格证人
2月1日	R. 希普	辛普森的朋友	辛普森多次做梦杀妮科尔	品格证人
2月3日	D. 布朗	妮科尔的姐姐	辛普森虐待妮科尔的历史	品格证人
2月6日	D. 布朗	妮科尔的姐姐	辛普森虐待妮科尔的历史	品格证人
2月7日	P. 芬瓦斯	妮科尔的邻居	妮科尔的狗在凶杀夜10时15分开始狂吠	事实证人

(续表)

日期	证人姓名	证人身份	作证内容/证据	证人性质
2月8日	S. 伯兹台皮	妮科尔的邻居	发现死者的尸体,时间在晚10时30分以后	事实证人
2月9日	R. 瑞克斯	第一位现场警官	凶杀现场的状况	事实证人
2月12日	R. 瑞克斯	第一位现场警官	陪审团参观凶杀现场	事实证人
2月14日	R. 瑞克斯	第一位现场警官	继续描述凶杀现场	事实证人
2月15—17日	R. 瑞克斯	第一位现场警官	检察官向法官解释在妮科尔家栏门上发现的血迹是辛普森的。应辩护方请求,法官批准这一报告暂不向陪审团披露	事实证人
2月17日	R. 菲利普斯	警探	当听到妮科尔遇害的消息时,辛普森的反应	事实证人
2月21—22日	T. 兰吉	警探	犯罪现场;解释越墙进入辛普森大院的动机是担心有人遇害	事实证人
2月24日			辩护方打破常规,要求一名辩护方证人提前作证,以防其离境	
2月27日	R. 罗伯兹(辩方证人)	辛普森邻居家佣人	于晚10时15分见到辛普森的白色野马车	事实证人
2月28日	R. 罗伯兹	辛普森邻居家佣人	检察官向法官指出罗伯兹给警察的供述与作证证词之间的矛盾。应辩护方要求,陪审团离场	事实证人

第三章 事实和证据

(续表)

日期	证人姓名	证人身份	作证内容/证据	证人性质
3月2—3日	R. 罗伯兹	辛普森邻居家佣人	接受反质,承认对时间记忆不准确;承认接受5 000美元作为作证报酬	事实证人
3月2—7日	T. 兰吉	警探	从各种事实分析,凶手为同一人	专家证人
3月9—10日	M. 福尔曼	警探	否认栽赃证据,否认是种族主义者	品格证人
3月13日	M. 福尔曼	警探	接受反质,否认对其指责	品格证人
3月15日	M. 福尔曼	警探	在过去的十年中,从未使用过"黑鬼"字眼	品格证人
3月16日	M. 福尔曼	警探	接受再直接询问	品格证人
3月16日	F. 斯潘勒	警察分队长	未见福尔曼有栽赃证据的机会	事实证人
3月16日	P. 弗耐特	警探	未见福尔曼有栽赃证据的机会	事实证人
3月17—21日	P. 弗耐特	警探	辛普森家中血迹;辛普森左手中指伤口	事实证人
3月22—23日	凯特·凯林	辛普森家中客人	辛普森行踪;晚10时40分听见撞击屋墙声	事实证人
3月27日	凯特·凯林	辛普森家中客人	继续作证	事实证人
3月28—29日	A. 帕克	出租车司机	辛普森行踪	事实证人
3月31日	C. 科尔	辛普森邻居	晚9时45分未见辛普森野马越野车	事实证人
4月3—5日	D. 方	洛杉矶警察局刑事鉴定人员	各种证据于何时、怎样搜集的	事实证人

(续表)

日期	证人姓名	证人身份	作证内容/证据	证人性质
4月11—13日	D. 方	洛杉矶警察局刑事鉴定人员	接受反质；被指责污染证据，掩饰错误	事实证人
4月17—18日	D. 方	洛杉矶警察局刑事鉴定人员	接受再直接询问；反驳辩护方反质	事实证人
4月20日	A. 马佐拉	警察刑事鉴定人员	各种证据如何搜集	事实证人
4月25—26日	A. 马佐拉	警察刑事鉴定人员	接受反质，被指责污染证据	事实证人
4月27日	A. 马佐拉	警察刑事鉴定人员	接受再直接询问；反驳反质	事实证人
5月1—4日	G. 马特森	洛杉矶警察刑事鉴定实验室主任	马佐拉搜集证据程序可以接受	专家证人
5月8—12日	R. 考顿	DNA专家，博士	DNA"指纹"鉴定不会因血液样品质量而影响结果；受害人周围的血滴是辛普森的	专家证人
5月16—22日	G. 西姆斯	加州司法部DNA实验室专家	在辛普森家外发现的血手套是戈尔德曼的；在辛普森卧室发现血袜，血是妮科尔的	专家证人
5月24日	C. 亚毛奇	警察局DNA专家	DNA测试结果	事实证人
5月30—31日	C. 亚毛奇	警察局DNA专家	接受反质；被指责污染证据，阴谋陷害	事实证人
6月2日	萨什瓦基瓦伦	洛杉矶县验尸官	妮科尔和戈尔德曼如何被害	专家证人

(续表)

日期	证人姓名	证人身份	作证内容/证据	证人性质
6月6—13日	萨什瓦基瓦伦	洛杉矶县验尸官	妮科尔和戈尔德曼如何被害	专家证人
6月14日	萨什瓦基瓦伦	洛杉矶县验尸官	接受反质；承认不能确认凶手人数	专家证人
6月15—16日	R.鲁宾	手套设计师	检察方要求辛普森试戴血手套，手套似乎很紧。鲁宾作证湿手套可以缩小	专家证人
	威米奇	纽约布鲁明德尔百货商店女售货员	妮科尔于1990年1月买了两双特大号埃索特纳牌手套，血手套正是此牌	专家证人
6月19日	W.鲍得扎克	联邦调查局脚印专家	犯罪现场血脚印为12码的布鲁诺（马格利牌意大利皮鞋），在美国只卖了12双，辛普森有一双	专家证人
6月21日	电话公司职员		出示辛普森在谋杀案当天的电话记录；辛普森试戴一双新的特大号埃索特娜牌手套，正好	专家证人
6月26日	B.威尔	基因统计学家	DNA偶合抽样方法	专家证人
6月27—28日	S.布劳克班克	洛杉矶警察局毛发纤维专家	在血手套上、被害人身上、犯罪现场遗留帽子上的毛发是辛普森的	专家证人

(续表)

日期	证人姓名	证人身份	作证内容/证据	证人性质
6月29—30日	D. 迪得里克	联邦调查局证据专家	在犯罪现场发现的帽子上的辛普森的毛发；在辛宅发现的血手套上有妮科尔和戈尔德曼的毛发	专家证人
7月5日	D. 迪得里克	联邦调查局证据专家	接受反质	专家证人
7月7日			辩护方按惯例提出证据不足撤销案件的动议，遭伊藤法官拒绝	

证人一旦走上法庭，就必须接受控辩双方的交叉询问。控方的证人无疑是控方认为能够证实犯罪事实成立的证人，所以，一般情况下，辩方就会通过交叉询问，迫使证人显示证言的不可靠或不可信，反过来也一样。这就使证人的作证过程成为一场比受审还要痛苦的灾难。

希普先生自称是辛普森的老朋友。

希普先生在克里斯多夫·道尔顿检察员的直接询问下，漫不经心地告诉陪审团，自己与辛普森先生一直是好朋友。在1994年6月13日，听到辛普森太太的死讯后，他便赶往布伦特伍德辛普森先生的住处吊唁。据他说，在辛普森的卧室，他与这位前球星进行了一次重要的私人谈话。

"他开玩笑地说，'说真的，希普，我倒真梦见过杀她。'"希普告诉陪审员们说。道尔顿立刻问他梦见过几次。

"他只是说'梦见过'，用的可是复数。"希普答道。

第三章 事实和证据

这位明星证人继续毫不留情地揭露被告人的疑点。他说就在那一次卧室谈话时，辛普森告诉他，警察已经在他家和犯罪现场发现了许多东西，有手套，还有血迹之类。他说，辛普森向他打听，当局做完DNA检查需要多长时间。

"我就告诉他，这种检验大概总得用上几个月吧，虽然我自己也不清楚。"希普先生说。

接下来，希普又提及辛普森对辛普森夫妇发生在1989年新年的争端的看法。他介绍说，在1989年，他正在洛杉矶警察学院业余教授家庭虐待问题课程。于是，辛普森夫妇便去找他，并分别同他讨论了那一次事件。

希普说，辛普森告诉他，那次争端开始时，他和妮科尔正在做爱，而他所做的仅限于自卫，免受妮科尔的攻击。

"他们正在做爱，我想妮科尔不知为何想停下来，于是他们就吵起来了。"希普向大家说。他说，辛普森告诉他，妮科尔总是"追赶他，攻击他，而他却只能自卫"。

"他说，他只是推开她，来保护自己……"希普毫无表情地说下去。"他还说，他真的没有打过她。"

辩方律师道格拉斯的提问显得漫不经心，而且根本没有威胁。他提及希普的业余演员工作，问希普是否算得上个追星族，好借此炫耀一下他幼稚的演员生涯。

道格拉斯律师突然提高了声调："有时你会说谎，不是吗，希普先生？"

希普做梦也没想到对方会提出这样的问题。"从来不在法庭上说谎。"他慌张地说。

"你喝酒很多，不是吗？"律师问。

正义的诉求

"有时候是的，"希普回答，一点不知道对方那双高深莫测的眼睛里藏了些什么名堂。

"你会喝得酩酊大醉，不是吗？"

"是的，从前……我是的。"希普狼狈不堪地说。

道格拉斯冷酷地停了几秒钟，让他的对手充分沐浴在那种仿佛赤身裸体走过集市一般的窘态中。然后，他又继续把这种尖刻的提问继续下去。

"你和 O. J. 辛普森从未一起参加过橄榄球比赛吧？"

"从未参加过。"

"整整 26 年，在他是你所谓的朋友期间，是吗？"

"从未有过。"希普答道。他预感到要有一个更加致命的问题抽打到他的脸上，让他羞愧，让他难堪，让他恨不得钻到地下去才好。

"在你们互相认识的整个这段日子里，你和你太太就从没跟妮科尔以及 O. J. 辛普森有过双人约会，是吗？"

"你说的绝对正确。"希普说。

现在道格拉斯律师抬起脸，目光炯炯地盯住他的眼睛。"你并不真是这个人的朋友吧，是吗，先生？"他追问道。

尽管明知他此刻已被整个美国当成了笑柄，希普先生还是不能把这个恼人的问题回答下去。

"呜，我，当然是。"他勉强地说。"要是你希望我真正解释一下，我想你可以说我就像其他任何人，就像那些追随他的人……我一直认为他会做个真正的警察。我给他搞牌照，如此等等。"

所有人的目光全落在了被告人席上。O. J. 辛普森显然叫希普先生的证词弄得心烦意乱，他那种烦恼几乎清楚地写在了脸上。还是在希普走进法庭的时候，前橄榄球星轻轻转动脑袋，眯起眼睛，紧紧盯住他的朋友。现在，他皱起眉头，缓缓地摇了摇头。

"你与辛普森还是朋友吗？"道格拉斯问道。

"我还爱他，可我不知道……"希普答道："我是说，我坐在这儿……这可真够怪的……"

辩护律师道格拉斯的质询虽然把证人弄得极为难堪，但在他的目的不明的质问下，证人被逼出了一连串自然、真诚的表白。这些表白给人的结论就是：6月13日谈话的内容表明，辛普森正是此案的凶手，而希普自己不愿意明确说出这一点。因为进行那场谈话时妮科尔才刚刚被杀，而辛普森最关心的却是对犯罪现场发现的血迹作DNA检验需要多长时间。这种漫不经心、暗藏杀机的询问，实际上使自己的当事人面临极大的风险。可见，所谓"明星律师"的表现，并非无可挑剔。

1995年2月9日，起诉方传唤的证人名叫瑞克斯，这位警察在凶杀之夜第一个来到现场，并且对两具尸体进行了初步的鉴定工作。

他说，在1994年6月13日凌晨零点9分的时候，他被召到南邦迪街辛普森太太的住宅。有两个人拦住了他的巡逻车，并且把他引到辛普森太太的走道上。"他们说，院子里有位女士已经死啦。"他告诉陪审员们。

瑞克斯说，他便朝辛普森太太家走过去。"我们看到，一位白人女士身穿黑衣服，躺在走道上的一个水坑里，"他说，"她倒向左边，双手放在胸口。她的两脚叠在一起，伸到栅栏下面。"

他接着说，后来，他立刻发现罗纳德·L.戈尔德曼躺在两英尺开外的地方。他的一只眼睛依然睁着；于是，瑞克斯朝着他的瞳孔拧亮了电筒，还用手指碰了碰他的眼球，"这基本上可以确信，他已经死了"。

"我就打电话给巡逻组长,告诉他这里出了起双重谋杀案,"瑞克斯继续讲道,"我还告诉他,这事同 O. J. 辛普森有点关系"。

"你如何得出这样的结论?"克拉克女士问道。

"呜,因为,我们赶到的时候,刚到前门,就看到北墙上有幅石印画像。"瑞克斯说。他指的是一幅辛普森当橄榄球员时的照片,"还有,我去打电话时,见到有一封信,回信的地址写的就是 O. J. 辛普森。所以我想,这准是他的妻子或者女朋友"。

进行交互询问的,是辛普森的首席律师约翰尼·L. 科克兰。他的提问异常和气,仿佛全然是在恢复事实,而不是就对方的可靠性展开攻势。

瑞克斯承认,在使用辛普森太太电话机与总部联系时,他没有戴上手套,也没有拭去听筒上的指印。他也承认在报告里未提及这次电话,也未提及妮科尔室内辛普森的照片。他说,据他所知,电话机和房门把手上的指印并没有进行检验,现场警员没有戴手套,也没有脱掉鞋子。

"你是不是知道,把证据保留在正确的位置,不让它们移动,在犯罪现场是相当重要的?"科克兰问道。

这时,助理检察官连忙站起来,保护他的证人。"我认为即使若干证据有过移动,那也仅仅是搬动两具尸体的结果,纯属不可避免。"他说。

克拉克检察官力图引导瑞克斯说出在马克·福尔曼警探到达犯罪现场以前,已经有 5 名警员在那里了。"你看到在邦迪街现场有几只手套?"她问。

"一只。"瑞克斯答道。

1995 年 2 月 21 日,警探兰吉出庭作证,他是参加取证工作的第二名警探。对他进行质询的辩护律师是科克兰。

兰吉警探自称在过去的12年里,经他侦查的谋杀案足有50起之多。他讲话的口吻娓娓动听,一点不像他的那些同事一样咄咄逼人。这样的证人提供的证词,应是最容易被陪审员接受的。

兰吉先生的推断也像他的相貌一样令人产生信任感。经他分析,在那个凶杀之夜,妮科尔应是第一个牺牲者,因为她虽然死在自家门前的血泊之中,她的赤脚上面却没有沾上血迹。

"这向我显示,该被害者更像是流血之前遭到了攻击。"兰吉操着标准的警方报告用语解释道,"而且其跌倒也可发生在另一名被害者与凶手搏斗之前"。

科克兰向那讲话轻柔然而态度坚决的警探连续发问,极力追寻出辩方一直抱怨不止的许多侦查过程中出现的错误。他责问警探,保护带何以未能遮住两位死者的手,为什么辛普森太太的腿上以及室内冰激凌杯上的指纹都未被取下,为什么不去量一下室内那些燃烧的蜡烛,来确定它们的点燃时间。

科克兰律师迂回前进,不断迫使警探面对一个又一个离奇的错误。例如,验尸官没有检验辛普森太太后背上的血迹,也没有检验她胃里的物质,虽然这有助于确定她的死亡时间。

再比如,为什么足足过了3个星期,警方才允许法医取走辛普森太太房门上的血迹;而在这段时间里,却一直听任这些证据暴露在科克兰所谓的"满世界挤来的看客眼里"。

"分析辛普森太太后背上的血迹,是不是有助于确定这些凶手或者这个凶手是什么人?"他向证人问道。

"或许是的,也或许不是……"兰吉警探心烦意乱地答道,"不过,我是希望取到这些血迹的"。

科克兰律师批评兰吉警探，说他在凶杀之后未对辛普森太太进行强奸检查，询问的气氛才显得有些紧张。科克兰询问，在辛普森太太死前是否有另一个男性访客，而且两人发生了性关系，对这个问题，兰吉警探立刻痛加反对。

"我见到的唯一的一位男性访客就是另一位被害者。"他否认道。"根据我的观察和经验，在这种攻击者的心里，性欲总是最后一个念头。那往往是过分的屠杀，残酷而过分的屠杀。这里却没有强奸的证据，没有性袭击的证据。"

但是，辩方律师通过对这两个警探证人的质询，已经逐步暴露出了警方在保护、勘验现场中的诸多失误，这对控方来说是致命的，至少在美国是这样。这些弱点在对专家证人的询问过程中进一步暴露出来，而专家证人恰恰是控方把辛普森和犯罪现场联系在一起的唯一纽带。

1995年4月3日，辛普森案进入起诉方向陪审团提供实物证据阶段。

这一天出现的新面孔是助理检察官汉克·戈德伯格。这位32岁的起诉者年轻气盛，学识渊博，在就各种技术性问题进行直接询问时也显得得心应手。

给他作证的是华裔犯罪学家丹尼斯·方。这位洛杉矶警察局的专家只有34岁，也是位年轻气盛的技术才子。他曾经就教于长滩的加州大学，专攻犯罪学和化学；1984年10月加入洛杉矶警界，很快变成了这一领域首屈一指的权威人物。

犯罪学家详细讲述了他和助手安德丽·玛祖拉女士如何细心地收集保存样本。他不厌其烦地复述收集血样的过程：如何使用极小的布签、蒸馏水、控制样本以及用镊子夹起布签。陪审团将会看到这些布签,他保证说。

辩护律师队伍中对丹尼斯·方进行交叉询问的是舍克。他来自纽约,长了一副娃娃脸,让人丝毫想不到他已45岁。

4月4日,询问伊始,他便集中力量指责警方的助手安德丽·玛祖拉女士采集血样的方法。他在法庭上播放了一段录像,其中显示6月13日在犯罪现场,玛祖拉女士在将手套和帽子放入纸袋时,未曾更换她的乳胶手套。

"你没有告诉大陪审团,安德丽·玛祖拉是收取手套和帽子的人之一?"舍克律师问:"你没有告诉大陪审团安德丽·玛祖拉参与的全部事实?你对大陪审团的证词是否曾经宣过誓?"

证人很快承认了这三点。然而,他否认有意在这样一桩立场明确的案件中将责任推给新手。"这决定不是有意做出来的,"他分辩道,"不过是我解决问题的方式而已"。

于是,舍克先生像一位讲堂上的教授,给这位犯罪学家讲起了收集证据的原则。证据必须保存良好,防止污染和篡改;工作要迅速而不忙乱,笔记要记得精确。他问方先生是否同意他讲的每一条原则。

丹尼斯·方显得非常尴尬,讲话支吾搪塞。对一些问题,他嗫嚅道"没必要"或者"我不这样认为"——而在回答之前,他照例要停顿很长的时间。

舍克的交互询问则异常干净有力。他一针见血地质问,起诉方用来对付辛普森的那堆证据是否已经被这种收集过程中的过失破坏得一塌糊涂。

4月5日上午,舍克出庭,继续对犯罪学家丹尼斯·方进行交互询问。在这一天,他进一步抨击了警员和犯罪学家们收集和保存证据的态度和方法。

在警探兰吉上个月作证时,他曾经承认在6月13日上午7点半,命人从辛普森太太家取出一张毛毯盖住辛普森太太的尸体——用他的话说,目的在于防止窥淫癖者偷看。然而那时,验尸官和犯罪学家们还没有赶到现场——因而,在舍克的质问下,丹尼斯·方尽管态度强硬,也不能不哑口无声,承认这是"一个致命的错误"。

方先生承认了警方的其他严重失误:警察在很长时间以后才召集犯罪学家赶到犯罪现场;他们没有用黄色警戒带围起辛普森的野马车;兰吉警探命令把辛普森家发现的手套带到犯罪现场;还有一张纸——舍克所谓"足以追求凶手手印"的纸,却从犯罪现场失踪了。

舍克律师放映了另外一段录像,画面显示了一点棕色的物质,正位于那张盖住辛普森太太尸体的白毛毯边缘。

律师说,这块棕色的东西,正是尸体旁边发现的那只手套。无意之间,手套被移到毛毯的顶端,于是它沾上了毛发和纤维。

犯罪学家把画面仔细看了一下。的确,那里有一块黑色的斑点,他承认道。然而他说,根本分不清那是个三维的东西,还是仅仅只有两维。

于是,舍克又取出另一段录像,而且把它播放了一遍又一遍——他说,那上面显示的正是这位丹尼斯·方先生,他用手拿着犯罪现场发现的信封,而且不像他坚持的——也就是说,他根本没戴什么乳胶手套。

"瞧这儿!瞧这儿!"谢克律师得胜般地大叫,"你有何评论,方先生?"

丹尼斯·方被这个问题闹得火冒三丈。他嘟着嘴巴不愉快地说,他从来没有用手碰过那个信封——戈尔德曼曾经用它送来了布朗太太的眼镜,并且因此惨遭屠杀。"我闹不清这是什么东西。可知道它不是那个信封!"他愤愤地争辩道。

至于方先生对 DNA 的知识,也遭到了舍克律师的揶揄。"我倒挺想查一下你有的那点知识。"他尖刻地说。

到丹尼斯·方第五天站在舍克面前,接受他的交互询问时,不幸的犯罪学家哭丧着脸,几乎疲于应付了。他宣称,在 6 月 13 日那天,他亲手把一管辛普森的血样拿出被告人家,放到了警车上面。然而这一点,却显然同先前旺内特尔的说法矛盾——丹尼斯·方曾经被这位警探说成从他的手里得到了血样。

在舍克再次取出两段录像,一遍又一遍播个没完的时候,戏剧性的场面便出现了:在头一个镜头里,方先生在从房里走出来,手里拿了些纸包和一个背包;第二个是他的最后一个镜头——他的双手已经腾空了。

舍克律师兴高采烈地看着录像。不用说,正是这两个镜头之间,旺内特尔警探来到了现场。"你意识到你说了谎话,不是吗?"律师厉声追问道,"事实是它在那个背包里,"方先生马上答道:"这录像带让我想起来啦。"

到 4 月 18 日,丹尼斯·方终于完成了他长达 9 天的作证。在他走下证人席的时候,他那顽强尖刻的对手舍克两度向他致谢,然后是科克兰赶来同他握手,接下来又是罗伯特·L. 夏皮罗,最后连 O. J. 辛普森也要握住他的手,脸上堆满了热情的笑容。

警探和专家证人作证的失败使控方对辛普森的指控犹如千钧一发,岌岌可危了。当福尔曼被证实是个种族主义者时,这一丝毫发就被切断了。

辩护方的证人、证据表如下:

正义的诉求

日期	证人姓名	证人身份	作证内容/证据	证人性质
7月10日	A. 辛普森	辛普森的女儿	辛普森在凶杀案发生的当天表现正常	品格证人
	C. 辛普森·杜里欧	辛普森的妹妹	辛普森在凶杀案发生的当天表现正常	品格证人
	E. 辛普森	辛普森的母亲	辛普森在凶杀案发生的当天表现正常	品格证人
	C. 康奈尔	辛普森的朋友	辛普森在凶杀案发生的当天表现正常	品格证人
	M. 科林斯	室内装饰家	辛普森在凶杀案发生的当天表现正常	品格证人
7月11日	D. 曼德尔	过路人	10时30分经过妮科尔家门口未见异常	事实证人
	E. 阿伦森	过路人	10时30分经过妮科尔家门口未见异常	事实证人
	R. 海德斯塔	妮科尔邻居	10时40分听见妮科尔居所处有两个男人争辩	事实证人
7月12日	R. 海德斯塔	妮科尔邻居	在反质中称见到一辆白色野马车离开妮科尔家门口	事实证人
	航空小姐	辛普森去芝加哥航班的工作人员	辛普森举止正常，未注意到手上有伤口	事实证人
7月14日	R. 辉任加	医生	辛普森患有类风湿关节炎（暗示他不能够持刀杀人）；辛普森左手中指的伤口是被玻璃划伤，不是刀伤	专家证人

第三章　事实和证据

(续表)

日期	证人姓名	证人身份	作证内容/证据	证人性质
7月18日	R. 辉任加	医生	检察方放映了在凶杀前不久辛普森拍摄的电视广告，内有拳击镜头；他声称维生素治好了他的关节炎	专家证人
7月19日	J. 马瑞兹	拖车司机	在拖辛普森的野马车时，未见车内有血迹	事实证人
	R. 华尔士	健美训练员	在帮助辛普森拍摄电视广告时，为他的身体担忧	
7月24日	F. 里德尔斯	化学物质鉴定专家	在辛普森卧室发现的袜子上沾有妮科尔的血迹，但血内含有防凝固化学物质EDTA。在妮科尔家围墙门上发现的辛普森的血迹中也有EDTA。EDTA是警察技术人员用来保存血液标本的。指出上述血迹有可能是警察栽赃。但在反质中承认不能确定EDTA含量，人血液中自然存在小量EDTA	专家证人
7月25—26日	R. 马尔兹	联邦调查局专家	在袜子上和围墙上发现的血迹中EDTA含量极小	专家证人

(续表)

日期	证人姓名	证人身份	作证内容/证据	证人性质
7月27日	H. 麦克唐纳	血迹专家	袜子上的血迹似乎是涂上去的，不是溅上去的	专家证人
8月2—7日	J. 格尔德斯	免疫协会会长	洛杉矶警察局犯罪实验室有严重污染问题	专家证人
8月10—11日	M. 百顿	法病理学家	洛杉矶警察局在处理标本时有许多程序错误。在反质中承认接受了16.5万美元服务费	专家证人
8月17日	G. 阿圭拉	洛杉矶警察局指纹专家	犯罪现场未发现辛普森指纹	事实证人
8月18日	L. 雷戈尔	前奥伦治县警察犯罪实验室主任	犯罪现场的技术勘查低于最低标准	专家证人
8月22—25日	李昌钰	刑事鉴定专家	发现犯罪现场有其他脚印，但在反质中承认有可能是警察脚印；觉得在血液标本处理过程中有错误	专家证人
8月29日	L. 麦金尼	电视剧作家	从1985年到1994年，福尔曼警官在谈话中用"黑鬼"字眼达41次之多	专家证人
9月5日	K. 贝尔	房地产经纪人	福尔曼在1985年和1986年的种族歧视评论	品格证人
	N. 辛格	曾为福尔曼同事的女友	1987年福尔曼曾说："唯一的好黑鬼是死黑鬼。"	品格证人

第三章 事实和证据

(续表)

日期	证人姓名	证人身份	作证内容/证据	证人性质
9月5日	R. 何基	曾被福尔曼逮捕的黑人	被福尔曼骂为"黑鬼"	品格证人
	L. 麦金尼	电视剧作家	接受反质	品格证人
9月6日	M. 福尔曼	前洛杉矶警察局探员	在被问及3月9日至16日作证时是否说谎,援引宪法修正案第5条权利拒绝回答	事实证人
9月7日			伊藤法官裁决福尔曼可不作证,其先前证词因与他人证词相同,故不被排除	

辛普森聘请的两位法医学权威李昌钰和迈克尔·贝登先生一接手就赶往犯罪现场,对所有的物证和有关的犯罪位置进入现场勘查绘图、记录、摄影。这些原始记录固定了警方在侦查过程中的瑕疵,这小小的瑕疵污染了所有其他的坚实证据。"毒树之果,不能吞下"。当然李博士在法庭上的表现也极为精彩。

8月22日,这位著名的法医权威第一次出现在证人席上。他那和善的面容、聪颖的目光、柔和的话语、谦恭的态度,立刻赢得了陪审员的好感,使他们迅速把早已分散到福尔曼磁带上的注意力重新转移到法庭的证据上。

李博士在被告律师舍克的引导之下,深入浅出地向陪审团讲解了他的见解。他告诉陪审员们,在犯罪现场的路上,他发现第二种类型的血鞋印,同时,在妮科尔·布朗·辛普森和罗纳德·戈尔德曼的尸体旁边,他见到一张纸和一个信封。他强调说,那张纸是在血迹下面，而不是在血迹上面。

他指出，在辛普森太太家房外的走道上，在那个信封上，在附近发现的那张纸上，甚至在戈尔德曼血迹斑斑的蓝色工装裤上，都发现了一系列模糊的平行线。他认为，这些标记中的一个肯定是某人的鞋印——于是，舍克律师便由此出发，得出了第二个凶手参与作案的观点。"这是不是意味着，假设它们是鞋印，它们该来自另外一个人？"舍克道，"基于你对于犯罪现场的经验，你是不是见过一个凶手穿的却是两双鞋？"

"没有见过。"李博士答道。

李博士给陪审团介绍了他著名的血迹溅洒分析方法。他取出了最简单的一些工具——一只滴管，若干证券纸，几张卫生纸，他自己的手掌心和一瓶红墨水，就开始了他滴注、拍打、抹擦、揩拭和敲击的演示。他把几滴液体滴到一张纸上，再用手拍击那张纸——这便形成了"冲撞性溅洒"，他对陪审团说。

除此之外，李博士还告诉法庭，他认为辛普森卧室里那只短袜上的血迹是被揩拭上去的。他说，在他见到短袜时，"两只短袜已经一起放在一只信封里……这已遭到了污染"。

因此，他断定在警方处理关键性证据的过程中存在着"一些错误的地方"，他说。

"根据这些情况，我所能得出的唯一结论就是，有一些错误的地方。"他说。

陪审员们显然喜欢他，他们觉得这样一位名人肯站在与他们同样的位置上观察思考，心里油然而生一种亲切感。不用说，在潜意识中他们会觉得：像这样的大好人，他的说法十有八九是正确的。

德肖微茨在 2001 年接受《中国律师》杂志记者采访时，充分肯

定了这位华裔刑事技术专家在辛普森案件中的作用:

> 我现在给你解释一下在辛普森案中,陪审团判其无罪的理由。在这个案子中,陪审团判断的关键依据就是警察伪造了证据,那就是众所周知的袜子上的血迹。警察说那天晚上辛普森穿了一双黑色的、有血迹的袜子,上面有他和他太太的血迹。关键是袜子上的血迹中有一种化学成分叫EDTA,而人体内是不含这种成分的。警察将化学成分加入装有血的试管中,而倒试剂时袜子并不是穿在人的脚上。如果真是辛普森,血迹应滴在袜子的两面。他脱袜子时,血迹未干,互相接触就会碰到,但是有一面血迹已干,所以,不可能出现两面的血迹一样,而警察提供的证据却是一模一样的血迹。因此,陪审团认为警察不是发现了有血迹的袜子,而是制造了有血迹的袜子,最终他们改变了看法。我们的鉴定专家就是华人李昌钰,他是美国最有名的证据鉴定方面的权威。我们曾经一筹莫展,直到他找到了这个证据的突破口,于是,陪审团怀疑由警方提供的一切证据。如果可以伪造一个证据,为什么不可能伪造全部证据呢?所以,我以为,陪审团的决定是明智的。所以判辛普森无罪是因为证据有问题。作为律师,我们就是抓住了这些有问题的证据,从而取得了决定性的胜利。

2 无本之木

——公诉方出示的全部证据中,唯一能够把杜培武与犯罪现场的物证联系起来的"证据",只有杜培武的有罪供述。

——在公诉方的证据中,有两项证据能够确定属于伪证。

——证据,作为确认法律事实的唯一依据,在杜培武案件中已经成为了纯粹的化妆品。

《中华人民共和国刑事诉讼法》第42条规定:"证明案件真实情况的一切事实,都是证据。证据有下列七种:(一)物证、书证;(二)证人证言;(三)被害人陈述;(四)犯罪嫌疑人、被告人供述和辩解;(五)鉴定结论;(六)勘验、检查笔录;(七)视听资料。以上证据必须经过查证属实,才能作为定案的根据。"

杜培武案公诉方出示的证据列表如下:

证据名称	证人	内容
破案报告	昆明市公安局刑侦支队	对全案侦查过程和案件事实、结论的书面证言
现场勘查笔录(98)刑技字第100号	昆明市公安局刑侦支队技术处及五华公安分局刑侦大队技术科	对1998年4月22日10时58分停在圆通北路40号门前的云OA0455号昌河牌微型车的勘查记录

(续表)

证据名称	证人	内容
枪弹痕迹检验鉴定书（98）刑技字Q-13号	昆明市公安局刑侦支队技术处3名警官	证明射死两被害人的枪支系路南县公安局发出的1605825号七·七式手枪
证明	路南县公安局	证实上述手枪是路南县公安局配发给王某某使用的
第4、9次讯问笔录和《我杀害王某、王某某的经过》	杜培武	杜培武本人承认的犯罪过程
射击残留物鉴定书（98）公刑鉴字第307号	昆明市公安局刑侦支队技术处和云南省公安厅技术总处高级工程师	证实杜培武的一件制服衬衣袖口处有射击残留物
警犬技术鉴定书公安部昆犬字第（98）壹号	公安部昆明警犬基地	证实"现场提取的汽车油门踏板上的足迹土和离合器踏板上的尘土，感染气味与嫌疑人杜培武的袜子感染气味同一"
警犬鉴别情况证明	南京市公安局刑警支队六大队	两只警犬进行二次鉴别，一只有反应，一只无反应
扫描电子显微镜分析报告	昆明冶金研究所	杜培武衣袋中的一张100元面值的人民币上附着的泥土和现场刹车踏板上的泥土类同
情况说明等	昆明市强制戒毒所及该所4名警官	证实杜培武于1997年10月8日和11日两次参加该所组织的实弹射击
王某某借车经过	路南县公安局治安大队警官	王某某于1998年4月20日向其借用云OA0455号微型车，该车即作案现场车辆
关于王某、王某某、杜培武有通讯信息的情况摘要	昆明市公安局刑侦支队	3人之间4月17—20日电话、传呼的通讯情况，证实杜培武4月18日21时起就一直打电话和传呼与王某联系

(续表)

证据名称	证人	内容
精斑检验鉴定书	昆明市公安局五华分局刑侦技术科	证实"二王"死前有过性行为
现场指认录像带及笔录	杜培武及刑侦警官	证实杜培武指认现场
CPS 多道心理测试鉴定报告书（即测谎仪）	昆明市中级人民法院司法技术鉴定中心	认为可以肯定杀死"二王"系杜培武所为，但注明"以上结论仅供参考"，法庭未将其确认为正式证据

在公诉方出示的全部证据中，唯一能够把杜培武与犯罪现场的物证联系起来的"证据"，只有杜培武的有罪供述。可见，杜培武的供述成为公诉方指控的主要、核心的证据，而恰恰是这些证据，都是通过刑讯逼供取得的。在杜培武的第四次询问笔录中可以明显地看到逼供、诱供的痕迹。在这次讯问笔录中，讯问案件事实的只有一个问题。在杜培武陈述案情的长达 10 页的笔录中，讯问人没有任何发问的记录。显然，这不可能是讯问过程的真实记录。但是，为什么对这些提问都不予记录呢？因为这些问题明显地表明了诱供、逼供的行为，因而被故意隐瞒了。但是，在杜培武的陈述中有 6 处对细节的"补充"或更正，因为没有这些补充或更正，他的供述就与现场物证不能吻合。鉴于我们现在已经知道杜培武当时对现场一无所知，所以可以判定，这些更正和补充只能是出于讯问人的提示或指供。虽然我国《刑事诉讼法》第 46 条明确规定："……只有被告人供述，没有其他证据的，不能认定被告人有罪和处以刑罚……"但在如杜培武案一类的案件中，在法官实际上把有罪供述作为定罪量刑的主要依据，侦查人员和检察人员把务必取得被告人有罪供述变成一般实际执行的诉讼规则的情况下，刑讯逼供就有了必然的需求。

在公诉方的证据中,有两项证据能够确定属于伪证:

首先是尸体检验报告。这份被称为《现场勘查笔录》的文件,根本没有鉴定人或勘验人的签名。至今,没有人能判定这份作为证据在法庭上出示的文件究竟出自何人之手。而根据有关规定,别说没有勘验人签名的《现场勘查笔录》不能作为证据,就是有一个人签名的笔录,也不能成为证据。根据对杀害"二王"的真正凶手杨天勇一案的指控证实,因为凶手枪击王某某后,对王某实施了猥亵行为,因此,在王某尸体的胸部和阴部都有黏附的血迹。这个事实如果反映在杜培武案的尸检报告中,必然会排除杜培武作案的可能。因为心理学常识告诉我们,夫妻之间对彼此的性器官已经非常熟悉,这些器官对于配偶而言已经毫无神秘感,也就没有了诱惑性。如果是丈夫杀害妻子,不可能再去抚摸妻子的性器官。所以,这个重要证据就被故意隐瞒了。

其次是警犬技术鉴定书。在现场勘查笔录中,只有刹车踏板上发现有泥土附着的记载,而警犬的嗅源却来自油门和离合器踏板。据此可以断定,警犬的嗅源是虚假的。

此外,由于被告人杜培武的有罪供述是刑讯逼供的结果,因此,由此产生的所谓现场指认笔录及其录像都是虚假的证据材料。

顺便指出,在我国刑事诉讼实践中,一些无法归类,或者说在《刑事诉讼法》中根本没有存在地位的东西,往往被作为定罪的证据。比如侦查人员所写的《破案报告》(侦查终结报告)、以单位名义出具的证据材料,等等。在杜培武一案中,也出现了这一类所谓的"证据"。我国《刑事诉讼法》也没有规定可以对被告人进行"测谎仪"测试,然而——在杜培武一案中,人们议论最多的一项证据是CPS多道心理测试结果。CPS多道心理测试,即通常所说的"测谎仪"测试。测试结果能否成为证据，在我国现行的任何法律中都没有规定，在刑事诉讼理论中也尚无定论。美国是"测谎仪"的发源地，美国的法院虽然已经不再拒绝将测谎结论作为证据，但在接受这项证据时却有严格的要求：一是测谎仪的使用必须要征得被测人的同意，甚至要有书面同意被测试的协议；二是对测谎专业人员有严格的专业资格要求。如果不具备这些条件，测谎结论是不能被法庭接受的。在我国，根据当时报纸的报道，对杜培武使用测谎仪在云南省的刑事诉讼中尚属首例，在全国也无公开的先例。所以，测谎技术无论是技术本身或相关的规章规定都是不成熟的，这恐怕是法院在判决书中没有将此列为证据的主要原因。

但是，这项测试结论毕竟在法庭上由公诉人作为有罪证据出示了。并且在此之前，它已经给侦查人员刑讯逼供鼓足了勇气，引发了杜培武在水深火热中的"招供"。测试鉴定报告书的"鉴定理由"中记载："但案件侦查过程中仍有诸多疑点，且无直接证据。"所以要求进行测试。这就是说，对杜培武进行 CPS 多道心理测试的逻辑依据是：测谎仪的测试结论，能使"诸多疑点"得到排除，也能够代替不存在的"直接证据"。依此逻辑，当测谎仪的测试结论被排除于证据之外时，"诸多疑点"必然未被排除，"直接证据"也仍然为"无"，那么，法院就应当以证据不足对杜培武作出无罪宣告。然而，恰恰相反，法庭正是在这样的前提下判决杜培武有罪，并判处其死刑的。

还值得注意的是，该项鉴定的机构是"昆明市中级人民法院司法技术鉴定中心"。鉴定机构隶属于审判法院，本身就失去了鉴定人的客观中立的立场。这恐怕也是法院在判决书中没有列出这项"证据"的原因之一。

从杜培武案件的判决书中，我们可以看到一个突出的特点，即在该案的侦查过程中所包含的科学技术含量可能是我国刑事侦查史上最高的之一。判决书列举的到庭刑事侦查技术人员共 11 人之多，他们相当于辛普森案件中的"专家证人"。这些分别隶属于云南省公安厅、昆明市公安局的刑事技术工程师和高级工程师几乎代表了云南省刑事技术的综合最高水平。他们所涉及的技术领域包括现场勘查技术、尸体解剖技术、DNA 基因鉴定技术、弹道鉴定技术、射击残留物的放射性元素鉴定技术和警犬鉴别技术等，还有如扫描电子显微镜泥土分析和 CPS 多道心理测试的技术专家没有到庭。这些现代化的刑事侦查技术和这些高水平的技术人员对控方指控的支持，至少在当时起到了证明对杜培武的指控和判决是有充分科学依据的作用。但是，我们对照辩护律师的辩护词、对照案件中的证据来源情况，就不难看出，这些技术鉴定本身虽然不能说是错误的，但由于得到的鉴定依据是不真实的，或者证据的来源存在问题，或者与案件的基本事实缺乏必然联系，这些漂亮的科学技术成果实际上并不能支持对杜培武的指控。话说回来，这些专家在自己的权限和职责范围内的确已经尽职尽责，因为他们只能根据委托人提供的检材进行鉴定，没有义务查问检材的合法途径和真实程度。相反，假如在杜培武一案中，如果他们作出相反的鉴定结论，却反而是不可思议的怪事了。

可见，在杜培武案件中，公诉方出示的证据即使在当时也根本达不到"证据充分"的标准，可是，一审法院就根据这些有"诸多疑点"，而且"无直接证据"的证据，判定杜培武有罪，并判处死刑。辩护人对此提出的质证和辩护意见完全被置之不理。

辩护人根据起诉书指控的事实和杜培武的陈述，调查取得了这样一些证据：

1. 杜培武为参加党校函授本科学习所办的入学考试的准考证。准考证证实 4 月 26 日 9 时开始第一场考试。对于案件事实来说，它只能证明杜培武 4 月 21 日在戒毒所复习的目的，但对刘胡乐律师而言，他通过这份准考证却看到了一个勤奋好学的人民警察，坚定了他为杜培武作无罪辩护的信念。

2. 对杜培武的父亲和他家的保姆的调查笔录。两份调查笔录都一致证实杜培武夫妇感情融洽，无任何显著矛盾。

3. 延安医院放射科徐医生的证言。由于他和杜培武夫妇二人都是朋友，所以，王某做人工流产就是通过他找医生做的。他证实做人流的当天，杜培武对王某关怀备至的事实。

辩护人提供的证据已经证明杜培武的作案动机纯属虚构，而且，在法庭质证时，没有人对这些证据的合法性提出异议，但在判决书中，公然认定"辩护人未能向法庭提供证实其观点的证据，也未能提供证实被告人杜培武无罪的证据"。证据，作为确认法律事实的唯一依据，在杜培武案件中已经成为纯粹的化妆品。这不仅反映了在本案中司法官员证据意识的低下，而且在一定程度上折射出在我国司法实务中对犯罪嫌疑人、被告人人身权利乃至作为人来说最可宝贵的生命权的漠视。

3 事实的真实再现

——所谓"以事实为依据"的含义，实际上就是"以证据为依据"。

——在"宁可冤枉一千，决不放过一个"的价值观指导下的"有罪推定"，无疑是一种野蛮、虚弱的司法原则。

——杜培武案的典型性就在于集中体现了执法者对有罪推定的思维惯性是不受任何法律规定约束的。

——中国的警官之所以不能出庭，就是因为他们拒绝将自己的侦查活动接受法律的检验和公众的监督。

"实事求是"是一句已经被现代中国人用滥了的成语。"以事实为依据"也是一条人人皆知的"社会主义法制原则"。但是，究竟何为"实事"，何为"事实"呢？在刑事诉讼中，无论有多么先进的技术手段，犯罪经过绝不可能在法庭上重演。要判断犯罪经过，必须靠证据的描述。这种被证据描述的事实经常是与实际发生的事实有一定的差异，所以这种被证据描述出来的事实就被法律界人士称为"证据真实"，或者"法律真实"。可见，所谓"以事实为依据"的含义，实际上就是"以证据为依据"。由于这种证据重现的事实具有不可避免的局限性，就一定会有诉讼参与人的主观推断。

"无罪推定"原则是现代刑事诉讼所公认的原则。其基本含义是：在法院作出有罪判决前，任何被告人都应当被推定为无罪；被告人是否有罪，必须靠真实、客观、合法、有效的证据证明。其延伸的含义是：第一，任何人在被判决确定为有罪之前，应被视为无罪的人，享有与之相适应的诉讼权利。第二，只有经合法、正当程序并由法院（法官）作出有罪判决后，才能对公民定罪。第三，只有经充分、有效证明后，才能确定公民是否有罪；嫌疑人、被告人不承担自我证明有罪的义务。如果证据不能完全重现犯罪事实，根据不同的价值取向，就会有两种不同的判断结果：一种就如辛普森的辩护人之一的德肖微茨所说的"美国对陪审团的要求就是，如果陪审团认为被告人大概是有罪的，那就必须判他无罪"。这就是"无罪推定"。另一种就如杜培武案的一审判决所说的辩护人"未能提供证实被告人杜培武无罪的证据",所以便判定有罪。这就是"有罪推定"。尽管无论在美国还是在中国,对"无罪推定"原则还有各种否定的认识,但是在"宁可冤枉一千,决不放过一个"的价值观指导下的"有罪推定",无疑是一种野蛮、虚弱的司法原则。

前苏联的法律教科书这样批判美国的"程序公正":"为了刻意表现对嫌疑人人权的保护,不惜以受害人的权利、社会公众的权利甚至道义可能被牺牲为代价。"美国的一位法学家丹尼尔则说:"从社会责任和良知来讲,俄国人的批评无疑一针见血地扯下了我们倍加珍惜的法制民主的温情面纱。在这块面纱下,在寻找罪犯的法庭上上演着一幕幕虚伪的诉讼游戏,正义和真实被偷换成从表面上看似无可挑剔的公正。"对美国这种"被神化的人权至上主义"的批评无疑能够适应我国许多人的胃口。可以肯定地说,那不是我们所追求的。

而"有罪推定"是以嫌疑人不能证明自己无罪,就推定其有罪的逻辑建立起来的诉讼原则。根据有罪推定原则,掌握国家专政权力的人只要认为任何一个公民有罪,实际上就可以给其定罪。因为一个人一旦被怀疑有罪就失去了人身自由,基本没有可能再对自己没有做过的行为举出可以否定的证据。所以,"有罪推定"的本质是国家权力至高无上,公民个人权利可以肆意践踏的文化价值取向。无疑这种价值取向是专制的产物,是对现代民主法治追求公正的一种反动。

中国是一个有着几千年封建专制统治历史的国家,所谓"君要臣死,臣不得不死"的"传统"可谓源远流长。但中国历史上有许多被老百姓推崇的"清官"。重证据、不使用"有罪推定",就是清官的一个重要标准。新中国建立以后,在所谓"极左"路线的指导下,国家在同敌对势力和各种犯罪行为的斗争中,延续了"有罪推定"的定罪原则。十年动乱期间,在个人崇拜基础上建立起来的专制体制,更把"有罪推定"的定罪原则推向极致。一个人被几个人指认为"破鞋",她就必须证明自己不破,而这是根本无法证明的,所以,她就会被"革命群众"认定为"破鞋",正式的帽子叫做"坏分子",在地、富、反、坏、右中排行老四,还居于"右派分子"之前。

1979年中国制定了第一部《刑事诉讼法》,对于证据的作用作了这样的规定:"对一切案件的判处都要重证据,重调查研究,不轻信口供。只有被告人供述,没有其他证据的,不能认定被告人有罪和处以刑罚;没有被告人供述,证据充分确实的,可以认定被告人有罪和处以刑罚。"有一位公诉人曾经在法庭上这样解释这个条款:"这既不是有罪推定,也不是无罪推定。定罪量刑怎么能推定?"这种解释似乎言之成理,但他没有看到,在这个条款中虽然没有否定口供的证据效力,却已经把客观证据置于口供的效力之上。可是,公诉人和法官在法庭审理过程中一般只引用或强调该条款的最后半句:"没有被告人供述,证据充分确实的,可以认定被告人有罪和处以刑罚",并把它当作"抗拒从严"的注释。

1996年对《刑事诉讼法》进行了修订,除保留了上述条款外,增加了这样一个条款:"未经人民法院依法判决,对任何人都不得确定有罪。"还规定:"证据不足,不能认定被告人有罪的,应当作出证据不足、指控的犯罪不能成立的无罪判决。"这就基本上明确了"无罪推定"原则。这部自1997年1月1日起施行的修订案标志着我国刑事诉讼制度划时代的进步,虽然它是用否定句表述无罪推定思想的,与采用肯定句表述这一思想相比尚有距离。诉讼法学界专家学者普遍认为,无罪推定原则必然要求确立"疑罪从无"原则,即对"证据不足,不能认定被告人有罪的,应当作出证据不足、指控的犯罪不能成立的无罪判决"。然而，诉讼法学界至今还有人无视诉讼法的这一明文规定，主张所谓"实事求是"的原则是我国诉讼法的基本原则；司法实务界对"疑罪从无"原则更是态度暧昧。更有甚者，1998 年 4 月 22 日立案侦查，1998 年 12 月 17 日开庭审理的杜培武案的一审判决坚持了"有罪推定"原则，二审判决也只是含糊其辞地适用了没有法律依据但有理论依据的"疑罪从轻"原则。所以，杜培武案的典型性就在于集中体现了执法者对有罪推定的思维惯性是不受任何法律规定约束的，也证明了立法的进步和执法的进步之间存在着何等漫长的距离。杜培武案被纠正后，虽然对刑讯逼供的责任人追究了责任，但对伪证者和违法适用"有罪推定"从而导致冤案者，不仅没有追究任何责任，甚至没有任何如对刑讯逼供那样严厉的公开批评，这不能不使人看到这个顽症的根深蒂固。

在这里，笔者认为有必要对"疑罪从无"和"疑罪从轻"的内涵及其关系谈谈自己的认识。"疑罪从无"，前提是认定犯罪嫌疑人、被告人实施了危害行为的证据不足。既然连人家是否实施了所指控的犯罪所必需的犯罪构成客观方面的要素——危害行为——都尚有疑问，当然不能认定其行为构成犯罪，当然应当做无罪处理。"疑罪从轻"则不同，它应该被理解、也只能被理解为证据已经证明犯罪嫌疑人、被告人实施了危害行为，但在某些细节问题上不能清楚还原客观真实的原貌，例如，是否达到刑事立案起点（即追究刑事责任的标准）存在疑问；共同犯罪成员之间的地位、作用不明；刑法上的因果关系不能得出清晰的结论等。这些细节因素，总体上不影响追究刑事责任，但可能影响定罪（罪名选择）和量刑轻重，因此，应当对被告人作出从轻处理，包括定罪时选择较轻罪名，量刑时从宽处罚。比如，某甲多次入室盗窃民宅，在现场留下了脚印、指纹和其他证据，但无人报案，事后事主也不能说明被盗物品是什么，价值几何，此时，虽然不能认定其行为构成盗窃罪，但司法机关完全可以选择非法侵入住宅罪这一较轻的罪名认定其构成犯罪。

严格说来，现行法律既没有明确肯定"疑罪从无"是一项法律原则，也没有肯定"疑罪从轻"是允许采用的原则，但在不同地区的一些法院的实践中，"疑罪从无"并非罕见判例，"疑罪从轻"更是普遍的做法。我国一些学者盲目鼓吹"疑罪从无"原则，全面否定"疑罪从轻"的做法，理论依据之一是"与国际接轨"。然而，国外法治发达国家并不采用一刀切的做法，也有"疑罪从轻"的判例。1986年，德国高等法院审理了一件奇案：有两个青年农民，闲极无聊，就从山上往山下推石头玩儿。两人各自推了一块大石头滚下山坡，正巧一位农民从山下走过，其中一块石头把他砸死了。警察赶到现场，没有发现石头上有指纹之类的痕迹，无法确定到底是谁把这个人砸死的，于是就把推石头的这两人全抓了。这个案例公布后，立即引起很大的反响。一般老百姓议论的是：明明只有一个人推下来的石头把人砸死，另一个人推下来的石头什么都没砸着，凭什么也要承担刑事责任呢？受过专业法律训练的人议论的是：刑法上的因果关系也就是某种危害行为合乎逻辑地造成某种危害结果的这种有A（行为）才有B（结果），无A就无B的关系，是行为人承担刑事责任的前提。现在谁都不能确定到底是谁的行为造成无辜者死亡的结果，警察就要指控这两人都构成犯罪，其中必有一人冤枉，那么，司法的正义何在？

原案的处理经过是：检察官把这两人以过失共同致人死亡罪名一起起诉到法院，辩护律师主张"疑罪从无"，要求法官宣告被告人无罪。但聪明的法官最后认定他们都有罪，理由是：第一，如果因为警方和检察官说不清是谁的行为造成死亡结果就放走两人的话，无辜者岂不白死？司法的正义又在哪里？第二，两位被告人均已成年并具有完全刑事责任能力，都应当并且能够意识到自己的行为是有重大危险的行为，客观上都实施了这种危险行为，因此，都应承担刑事责任。第三，既然在因果关系的认定上存在证据不足的情况，对被告人都适用基准刑显然过重，因此，需要对两位被告人都作出从轻处罚。

实际上从这个判例中我们至少可以归纳出几点新的结论：

第一，刑法上的因果关系，在共同犯罪案件中可以存在一定的模糊性，我们把它称为相对的模糊性。这种模糊的因果关系当然以相对清楚的原因为前提——无辜者就是死在共同被告人滚石的过失行为原因之下，这一点无疑是清楚的。模糊的是：究竟是谁实施的行为直接造成被害人死亡？这个原因不清楚。进一步说，这种模糊的因果关系的特点是它的二层结构：第一层原因是个整体的原因，所有实施者的个别行为都是这个整体原因的组成部分；第二层原因是作为整体原因的因素即每个实施者的行为原因，系统论上叫做子系统。

第二，刑法应当增加共同过失犯罪的规定，不然难以合理解决类似案件。说开了，就是不适应社会实践的需要。

第三，刑法上实际可以存在一定的连带责任，只不过这种连带责任的分配不是非此即彼，而是共同分担，不至于一个被告人死了或者跑了，就全部由另一人承担，并且分担责任就意味着每个人承担的只是法律原本规定的责任的一部分，好比切蛋糕，每个人分得一块而不是全部。这种责任原则叫做"部分实施，全部责任"。

顺便说明，我国司法机关在处理群殴致人死亡的案件时，往往煞费苦心去琢磨究竟是谁的行为直接导致了被害人的死亡，对仅仅打了被害人四肢或者其他非致命部位的行为人做无罪处理。这种做法就是不懂"部分实施，全部责任"原则的结果。

具体到杜培武案件来说，杜培武究竟有没有实施杀人行为都还存在疑问，显然不应按照"疑罪从轻"原则认定其行为构成故意杀人罪但选择较轻的死缓刑来处理，而应当按照"疑罪从无"原则宣告其无罪。

需要反思的是，既然我们强调了证据是确认犯罪事实的唯一依据，在刑事诉讼中的举证责任是否应当对等呢？这是从"有罪推定"和"无罪推定"之争中引出来的一个问题。控方负有对有罪指控的举证责任，辩方负有对无罪或罪轻的举证责任，所以举证责任应当对等。这种观点似乎是公平合理的。《刑事诉讼法》在确定了无罪推定原则的同时，也作了这样的规定："辩护人的责任是根据事实和法律，提出证明犯罪嫌疑人、被告人无罪、罪轻或者减轻、免除其刑事责任的材料和意见，维护犯罪嫌疑人、被告人的合法权益。"这条规定经常被公诉人或法官作为要求辩护人提供被告人无罪证据的法律依据。但是，这种貌似公平的观点恰恰是最不公正的，也是对《刑事诉讼法》的片面理解。

我国《刑事诉讼法》规定，侦查机关有义务全面收集关于犯罪嫌疑人、被告人有罪或无罪、罪轻或罪重的证据。公安部1998年4月20日通过的《公安机关办理刑事案件程序规定》第51条重申："公安机关必须依照法定程序，收集能够证实犯罪嫌疑人有罪或者无罪、犯罪情节轻重的各种证据……"最高人民检察院1997年1月15日通过的《人民检察院刑事诉讼规则》第250条、最高人民法院1998年6月29日通过的《关于执行〈中华人民共和国刑事诉讼法〉若干问题的解释》第52条均反映了全面审查证据的原则要求。因此，我国《刑事诉讼法》虽然没有明确规定"不得要求被告人自证其罪"的内容，也没有规定"被告人必须自证其无罪"的内容，相反，其全部条文对举证责任的规定内容足以概括为三句话：在自诉案件中，举证责任由自诉人承担；在公诉案件中，举证责任由公诉人承担；被告人无须承担举证责任。被告人不仅无须承担举证责任，相反，有权进行无罪辩解。不过，这一辩解权受到明显的限制。我国《刑事诉讼法》第37条第1款规定："辩护律师经证人或者其他有关单位和个人同意，可以向他们收集与本案有关的材料，也可以申请人民检察院、人民法院收集、调取证据，或者申请人民法院通知证人出庭作证。"同时第45条第1款规定："人民法院、人民检察院和公安机关有权向有关单位和个人收集、调取证据。有关单位和个人应当如实提供证据。"一个是需经"同意"和"申请"，一个是"应当如实提供证据"，在取证权力（利）上，双方就处于不平等地位。没有平等的权力，却要承担对等的责任，这难道是公平的吗？至于要求身陷囹圄的被告人举出自己无罪的证据，这同要求他捞出水中的月亮有什么区别？更何况，即使在刑事诉讼中使用民事诉讼中"谁主张，谁举证"的原则，控方也应当对自己指控被告人有罪的主张首先承担举证责任，如举证不力，不能充分证明犯罪事实的存在，就应当承担败诉——被告人无罪——的后果。

读者稍作留意便不难发现，本章中辛普森案和杜培武案的叙述长度简直不成比例。这是两案的诉讼过程不同所决定的。在美国刑事诉讼的法庭审理过程中，并不单独设立法庭辩论阶段，仅在陪审团合议前，给控、辩双方一个总结陈词的机会，他们大量的时间就是用在对每一项证据、每一个证人的反复审查上了。为了打垮对方的证人，使这个证人提供的证据或证言不被陪审团相信，公诉人和辩护律师都像猎狗对待猎物一样，毫不留情，甚至极其残忍地"折磨"每一个证人。由于被告人有沉默权，他在法庭上则完全可以一言不发。我国的一些媒体在介绍沉默权时说，那是一项被告人在侦查阶段享有的权利。这是不准确的。在美国，沉默权首先表现为宪法原则。美国联邦宪法第五修正案规定："任何人不得被强迫在任何刑事诉讼中作为反对他自己的证人。"其次，沉默权表现为刑事诉讼原则。美国《联邦刑事诉讼规则》第5条规定："治安法官应告知被告人，不要求被告人作陈述。被告人如果自愿陈述，那么所作的任何陈述可以用来作为不利于被告人的证据。"该法第58条规定，法庭应告知被告人"保持沉默的权利，以及被告人所作的任何陈述可以被用作不利于被告人的证据"。所以，证人在法庭上更像被审判的被告人。在辛普森案件中，每一个证人都有过这种不幸的遭遇，其中，以身为警官的福尔曼遭遇最惨。在我国，《刑事诉讼法》明确规定"被告人必须如实供述"。这个规定实际上包含了两个意思：如果你没有实施犯罪行为，你就有义务说清楚没有实施的理由；如果你实施了犯罪行为，你就有义务说清楚你是如何实施的。这就是说，被告人必须自己证明自己的无辜或有罪。因此，被告人在我国是没有什么沉默权的，相反，所具有的只是说明的义务。如果不履行这项义务，遭受刑讯逼供也就不足为奇了，"抗拒从严"当然也就是必然的后果。

因此，美国刑事诉讼中这种证人和被告人的"错位"，在我们中国人的眼里无疑是不公平的，甚至是荒谬的。作为证人来到法庭上，无非是因为亲历或了解了一些与案件有关的事实，凭什么要在法庭上被反复盘问，甚至不得不将自己的历史、隐私在法庭上公之于众呢？如果中国的法庭也像这样成为证人的炼狱的话，那是不会有人愿意承担证人义务的。但是，绝大多数美国公民，特别是美国的警察，他们并不认为这是不公平的，相反，他们认为这是天经地义的事。因为他们出于对法律本身的高度信任，认为自己只要真正站在一个证人应有的客观公正的立场，就不怕任何刻薄、恶毒的问题。辛普森的"好友"希普先生正是以这种心态来面对辩护律师的攻击的。从这个角度看，在他与辩护律师的交锋中，他是得分的一方。我们和这些美国证人的不同心态，正是两种不同的价值观念的表现，说到底，是对法律的信任度不同所引起的。

办案警察到法庭作证，这是美国警察的一项重要的工作内容，也是美国警察办案公开、接受社会公众和法律监督的一项有效机制。经办警官到法庭接受控辩双方的盘问、质询，表示他必须对他在侦查过程中的每一个行为的合法性负责。辩方律师的攻击，无非是要寻找出经办警官在侦查过程中的违法行为，而这种攻击性的问题只在法庭上进行。因此，经办警察作证的过程，就是对自己侦查行为接受最苛刻的检验的过程。在辛普森案中，福尔曼就是一个经不起这种检验的代表。但是，正如此案的公诉人克拉克女士所说：福尔曼作为一个种族主义者和说谎的证人"并不意味着我们不该合理确信，不去证明被告人的罪行"。正因为警察负有这样的义务，他们在执法时就不能不考虑到这一点，正如有一双无形的眼睛在时刻监视着他们的行为。

我们要求我们的人民警察要"依法执法"，但刑事案件的侦查过程却理所当然地自始至终处于对社会公众绝对保密的状态，即使是犯罪嫌疑人合法聘请的律师也不能了解到警察在办案过程中是否有违法行为。即便律师在事后了解到警察有刑讯逼供、制造伪证等违法行为，并且有在法庭上提出的勇气，但由于律师不能了解到实施违法行为的具体个人，更不能向法庭提供证据，这些违法行为就逃避了法庭的审查，通过违法行为取得的"证据"自然就能够成为定罪的证据。就笔者目力所及，经办警察在庭审中出庭作证的例子是极为罕见的。但是，警方以单位名义出具的各种证据在每个刑事案件中都是控方证据的主要内容,如"抓获经过"、"现场勘查笔录"、"结案报告",等等,即使面对被告人或辩护人刑讯逼供的指控,也由公安局出具一个没有刑讯逼供的自我"证明",便可一笔抹杀。笔者在办案中曾经要求法庭传唤一位经办警官到庭质证,因为他的一份书面证言和以刑侦队名义出具的"情况说明"相互矛盾。这位警官向法庭承诺,愿意到庭质证。作为辩护人的笔者,深为这位警官的勇气、正气和光明磊落的胸怀所折服。但是,开庭前,主办法官告诉我,由于"领导不同意",证人不能到庭质证了。据说,领导认为:"警察怎么可以到法庭上去被律师审问?"所以,中国的警官之所以不能出庭,就是因为他们拒绝将自己的侦查活动接受法律的检验和公众的监督。

至 2010 年《关于办理死刑案件审查判断证据若干问题的规定》和《关于办理刑事案件排除非法证据若干问题的规定》两个司法解释之前,我国没有任何法律、法规明确规定侦查人员应当或可以出庭作证。这两个司法解释的出台,无疑也吸收了包括杜培武案在内的许多冤案的教训。不过严格地说,司法解释仅仅是最高司法机关制定的规范性文件,既不是法律,也不是法规。理论界对此也还存在两种不同的认识。一种观点认为,侦查人员应当作为检控方的证人出庭作证;另一种观点则认为,侦查人员是司法工作人员,不是诉讼参与人,不应出庭作证。理由是我国《刑事诉讼法》第 28 条规定,侦查人员担任过本案证人的,应当自行回避,当事人及其法定代理人也有权要求他们回避。因此,侦查人员不能作为证人出庭作证。其实,后一种理解是一种误解。

首先,《刑事诉讼法》第 28 条规定的回避事由,是指对于不是以侦查人员身份了解的案情,为了避免先入为主,而要求他予以回避。其实质是在同一侦查程序中,侦查人员不能同时担负两种职责、扮演两种角色。由于诉讼程序阶段不同，侦查人员在法庭审理阶段出庭作证，是在其侦查工作已经完成的情况下进行，不仅不可能冲击其侦查工作的进行，相反，侦查人员一旦意识到自己在侦查阶段所做的一切，都有可能在法庭上接受控辩双方的质询时，对自己作证后果的担忧，反而会促进其认真依法行事。

其次，我国《刑事诉讼法》界定的证人是"知道案件真实情况的人"。案件的真实情况，当然包括程序和实体两方面的情况。在程序方面，侦查人员是如何收集证据的，对犯罪嫌疑人有无违法取证行为等；在实体方面，现场情况如何，存在哪些证据等，这些都只有侦查人员最为清楚。因此，专家认为，侦查人员应当在以下情况下出庭作证：(1) 侦查人员在现场目击犯罪事实的发生，或者当场抓获犯罪人的情况。司法实践中经常当证据使用的"抓获经过"等证据材料，实际上就是证人证言。(2) 对于自己参与的勘验、检查、搜查、扣押等其他诉讼活动的合法性，应当出庭作证。实践中经常使用的"赃物起获经过"等证据材料，从本质上讲也属于证人证言。事实上，最高人民检察院制定的《人民检察院刑事诉讼规则》第258条、第343条对侦查人员出庭作证问题已有明确规定。前者的内容是："人民检察院对物证、书证、视听资料、勘验、检查笔录存在疑问的，可以要求侦查人员提供物证、书证、视听资料、勘验、检查笔录获取、制作的有关情况……"后者的内容是："公诉人对于搜查、勘验、检查等侦查活动……见证人出庭陈述有关情况的，可以建议合议庭通知其出庭。"然而，这些专家学者的见解、司法解释的规定，至少在警察那里是行不通的。警方往往会借口"保护侦查人员"而拒绝让侦查人员出庭作证；警察自己则担心出庭作证会给自己带来麻烦。警察尚且如此，一般公民对出席法庭作证就更加具有一种恐惧心理。其一，中国的证人倒不是惧怕法庭上的究问和尴尬,他们惧怕的是,一旦所作证言不符合公诉人的要求,就很有可能被追究"包庇"或"伪证"的刑事责任,从证人马上沦落为被告人。其二,他们担心遭到被告人及其亲友的报复。这不能不说是中国公民对法律本身的一种不信任。但我们能够就此责怪百姓吗?君不见,新闻媒体不是早就报道过这样的新闻吗?——法庭审理刚刚结束,警察就在法官眼皮底下抓走了证人,理由是"伪证"。君不见,媒体时有报道:××案件的证人被××罪犯的亲属挖去双眼;××证人住宅玻璃被不明身份者砸烂……为此,许多学者呼吁建立证人保护制度,以消除证人的后顾之忧,确保诉讼顺利进行。试想,当法律本身已经不被社会公众信任时,我们还奢谈什么"社会主义的民主和法制"呢?

《刑事诉讼法》第47条规定:"证人证言必须在法庭上经过公诉人、被害人和被告人、辩护人双方询问、质证,听取各方证人的证言并且经过查实以后,才能作为定案的根据……"尽管如此,由于上述原因,在中国的刑事诉讼中,绝大多数证人都不到庭接受质询。所以,举证、质证的过程就变得非常简单。能力较强的法官,会让公诉人按照证明的问题将证据分类,每一部分举证完毕后,就让被告人和辩护人发表质证意见。即便如此,法庭也会对质证意见加以严格的限制。只要双方稍有争议,法官就会要求把争议问题留到法庭辩论时再说。如果法官的能力较差,就会让公诉人把证据一股脑儿全部出示,然后再叫被告人和辩护人发表质证意见。由于被告人和辩护人根本无法记清公诉人举证的顺序和内容,质证意见也就只能含糊其辞了。至于法庭的认证,即法庭对每项证据是否应当采纳的明确态度,诉讼参与人只能在判决书上看到,法官在法庭上是绝对不会表示任何意见的。所以,中国刑事诉讼的法庭调查阶段除了对被告人的讯问之外,就只有证据的罗列了。控辩双方的交锋只会在法庭辩论中展开。这种程序上的时间分配反映了轻视证据、重视观点的价值取向。而所谓"重视观点"一般也只是重视公诉方的观点,对于辩护律师的观点则常常连认真的批驳都不愿意进行。这对于"以事实为依据"的法治原则,无疑是一种本末倒置。这里所说的与《刑事诉讼法》相违背,而又"常常"出现的情况,在杜培武案件中都有典型的体现。

美国是一个刑事侦查科学技术高度发达的国家,其总体水平远远高于中国。在辛普森案件中,控、辩双方的专家证人都起到了极为重要的作用。在杜培武案件中,刑事侦查科学技术的运用也十分突出。但在这两个案件中,现代科学技术运用的结果都得到了一个最终错误的结论(在辛普森案中,有的专家得出了"两个人作案"的结论;有的认为是一个人作案。显然,其中必有一个是错误的)。这是值得深思的一个现象。

任何一项刑事科学技术的运用,首先必须保证检验或鉴定材料的真实性和可靠性。在辛普森案件中,由于现场取得血样的过程被证明,这些血样不具备真实性和可靠性,因此,DNA检验的结论最终不能被陪审团接受。在杜培武案件中,由于汽车油门和离合器踏板上的泥土并无现场记录,所以,经过泥土成分鉴定而得出的杜培武驾驶过这辆车的结论也就被辩护律师驳斥得体无完肤,而且最终已被证明不是事实。这些问题都不是出在技术或技术人员本身,而在于提供检材的鉴定委托人。由于委托人在鉴定结论得出之前就已经有了对结论的要求,鉴定或检验过程只不过是为了粉饰自己未必正确的主观推断,因此,刑事科学技术运用的目的本身就违背了实事求是的科学精神。

在人类的科学技术还不能完全重现已经发生过的事件之前,任何刑事科学技术只能描述整个事件中的某个环节。如辛普森案件中尸体的伤口只能说明死者是被利器杀害，并不能证明是谁，用什么样的利器杀了死者。同样，在杜培武案件中，尸检报告和弹痕鉴定能说明死者是被死者之一所佩枪支杀害，不能证明杜培武是怎样得到并使用了这把枪杀死了受害人。所以，任何刑事科学技术都有自己的局限性，并不能代替侦查人员、公诉人、法官和辩护人实事求是、逻辑严密的科学思维。

所以，在人类科学技术日益发达的今天，人们更需要具备科学的精神，以主观武断和先入为主的态度对待科学技术和科技成果，这只能是对先进科学技术的侮辱。

我们提倡"实事求是"，问题不在于这个目标，恰恰在于实现这个目标的过程。正如我们都在追求公正，而分歧正好出在追求公正的途径和方式上。没有客观证据作为基础，所求之"是"就必然是无本之木。

第四章

陪审团和法官

> 法律公正唯一的保证就是法官个人的品质……作为个人可以担当的最伟大的一项职责,法官要求具有远远高于普通人的精神和道德品质。
>
> ——尤金·厄里奇

> 让我们面对这样一种令人悲伤的现实:很多——太多太多——时候,美国法院的法官都被无能之辈占据着——这些人头脑简单,才智平庸,在法律专业方面更是愚不可及。
>
> ——塞缪尔·I. 罗森曼
>
> (原为法官,后历任罗斯福与杜鲁门总统顾问,此话讲于1964年10月,罗森曼当时任纽约市律师协会主席)

> 在一切刑事诉讼中,被告人应享有犯罪行为地的公正陪审团予以迅速而公开的审判。
>
> ——美国宪法第六修正案

人民法院依照法律规定独立行使审判权，不受行政机关、社会团体和个人的干涉。

——《中华人民共和国人民法院组织法》第 4 条

法官必须忠实执行宪法和法律，全心全意为人民服务。

——《中华人民共和国法官法》第 3 条

1 天地良心

——美国宪法第六修正案保证了被告人受公平陪审团审判的权利。

——12人中，8人为黑人，2人为中南美裔人，1人为印第安人，只有1人为白人，而且是最年轻的女性，22岁。

——陪审员必须履行两项职责：其一，根据所提供的直接证据或情状证据决定事实；其二，根据法律和事实决定裁决。

——由于他们都是法律的"外行"，所以，裁决都是凭"天地良心"作出的。辛普森案的陪审团完美地履行了自己的义务。

——当法院书记官罗伯特森女士读到"本审判团裁决奥伦多·詹姆士·辛普森无罪！"时，寂静的美国沸腾了。

美国宪法第六修正案保证了被告人受公平陪审团审判的权利。它规定："所有的刑事起诉，被指控者应当享有迅速和公开的审判，由罪行发生的州和地区内公正的陪审团作出裁决。"这一规定没有区分重罪和轻罪或严重和轻微的罪行，而且联邦最高法院已规定享有陪审团审判的权利是"基本的权利"，必须在联邦和州的审判中得到承认。当然，最高法院也认为，对于最高监禁刑期为6个月以下的案件来说，"迅速和廉价的非陪审团审判"的益处超过轻微罪行被拒绝享有陪审团审判权利对被告人造成的不利。陪审团在美国不是司法的象征而是民主的象征。审判与他们相同的人的普通男女被认为是象征着他们与政府分享民主理想的形式。充当陪审员的前提条件是他（她）必须公正、客观，没有在审判以前就对被告产生了有罪或无罪的成见。由于陪审团对案情有独立审查权，不受包括法官在内的任何人的干涉，法官也只能依照陪审团的裁决作出判决。如果陪审团裁决被告人无罪，被告人就会被当庭释放。即使在以后发现了新的证据能证明被告人无罪，被告人也不会再上法庭，因为美国法律规定，"任何人不得以同一犯罪行为而两次遭受生命或身体危险"。这样，就使挑选陪审团成为控、辩双方的"兵家必争之地"。

传统上，美国的审判陪审团也被称为小陪审团，由12名陪审员组成。另外有一些人可能被挑选担任候补陪审员，以备被选定的陪审员生病或其他原因而不能在审判期间服务时替换。然而，为减少陪审团的费用和减轻对公众造成的不便，美国的一些州已经允许陪审团由6人组成，从1970年起，联邦最高法院已经同意组成少于12人的陪审团。1979年，联邦最高法院规定，如果州选择运用6人陪审团，裁决必须经全体陪审员一致同意，即使大多数陪审员赞成甚至有5人赞成的裁决都不能被接受。对于由12人陪审团进行的裁决来说，联邦最高法院支持12名陪审员中绝大多数人投票宣告有罪作出的有罪裁决。不过，美国的一项研究也发现，要求作出一致同意的裁决的陪审团在审查证据和法律时更彻底、更安全。对于陪审团的组成，联邦最高法院在1979年最明确地作出了"代表性区域"的要求，即每个小陪审团不需要是社区的代表，只需是陪审员召集名单中的人员，或从中挑选陪审员的这群人（也被称为候补陪审员或陪审员名单），必须是有关方面的社区代表（请注意："社区代表"和"有关方面的社区代表"不是一回事。用我们的话来说，前者是社区居民委员会的人，后者是生活在一个特定社区的不同行业、不同群体的人）。另一项有关陪审团的宪法规定是陪审团必须公正。尽管最高法院从来没有明确定义公正的含义，但对认定偏见，对陪审员有一些基础性规定。一般来说，最高法院认为，在考虑证据时不能搁置偏见而存有实际偏见的陪审员应该被撤免陪审员的服务。认为被告人必须提出三项主张以表明触犯代表性区域的要求：（1）被宣称排除的一群人是社区内"有特色的"一群人；（2）在挑选陪审员的召集名单中，这群人的代表性就这些人在社区的数目而论是不公平和不合理的；（3）这种受排挤是由于陪审员挑选程序一贯排斥这群人。

辛普森案的法院书记员从洛杉矶市纳税人、选举人、车辆驾驶人的总名单内随机选出第一批陪审团候选人共900名。其种族比率大致与市民人口种族分布比率相同：37.9%为白人，28.1%为黑人，17%为中南美洲人，17%为亚裔和印第安人。法院向这900人发出长达75页、302个问题的问卷调查。问卷内容是由伊藤法官和检察官、律师共同商定的，涉及面非常广泛：

"你如何看待陪审员写下他/她在案件中的经验？"一个问题这样问道。

另一些问题涉及 O. J. 辛普森在 6 月 12 日之前的声望：他们是否见过辛普森先生其人，在影片《裸体 21/2》中，在电视中，在橄榄球比赛中，在体育节目中？当听说一条狗把邻居引到两具尸体旁边，他们的看法有了什么改变？

"当你听说 O. J. 辛普森是本案的一名嫌疑犯时，你的第一个反应如何？"另外一个问题问道："你是否认为，如果所提出的证据与你对 O. J. 辛普森的看法不符，对这些证据你会很难接受？"

候选人还被要求说出对本案有关人员的看法。这其中包括卖刀给辛普森的罗斯·卡马乔、开车送辛普森去机场的帕克、辛普森家的房客凯林。候选人是否推崇南加州大学橄榄球队或野牛比尔队？他们是否收看"星期一橄榄球之夜"？

第 154 号问题涉及了 1989 年新年之夜辛普森家的事件："你是否曾因你的配偶打电话给警察？"

"考虑到 O. J. 辛普森在橄榄球方面的成绩，"第 147 号问题问道："这在你心中是否与他会杀人的想法不符？为什么如此？为什么不如此？"

而第 151 号问题则询问候选人们，是否看过辛普森先生在白色福特野马车里的那场著名的追逐游戏。问题 151A 问他们看了多久；问题 151B 则希望知道他们观看时的想法。第 152 号问题询问他们是否实地观看诸如此类的追逐。

问卷中的一些问题，肯定会给律师们提供明确的危险信号。比如候选人被问及他们是否是家庭暴力的受害者，以及是否认为种族间通婚不合适。除此之外，问题就比较复杂。专家们指出，候选人的许多因素，包括他们用的笔，回答问题的语气等，都应成为选择陪审员的重要因素。

双方将根据这些问题的答案及现场的提问，判断每一个陪审员候选人是否会对自己这方有利；如果对己方不利，有什么理由可以将其排除，而又能够不轻易使用有限的无理由否决权。

报界分析辛普森的理想陪审团应当符合下列条件：

（1）男人比女人好，特别是黑种男人；

（2）年纪大的较好；

（3）性格上明察善辩的比谦恭礼让的好；

（4）身居高位的比普通平民好；

（5）橄榄球迷比不喜欢橄榄球的人好。

304人符合陪审员标准，被邀请前往法院面试。从10月12日到11月3日，律师和检察官双方经过21天的反复拉锯，拒绝了无数被认为对己不利的面试人。在这个过程中，每方有10次无理由否决权，控方否决了8名黑人和2名白人，辩方则否决了5名白人，1名黑人，1名南美裔人，2名美洲印第安人和1名混血种人。最后终于选出了12人陪审团和8位候补陪审员。12人的情况如下：

（1）黑人妇女，50岁。她是个叫卖贩，自称最初听到辛普森被指控时，感到"震惊，懊丧"。她说，由于"基于后天努力"的成就，她尊重辛普森先生。

（2）黑人妇女，25岁。她是一名飞行值班员，偶尔在电视上演出。

（3）男子，52岁，兼有美洲印第安人及爱尔兰血统。他是个水陆两用车领班，自称父母间的暴力"给我很深的印象"。他说，辛普森"是我的英雄"。

（4）南美裔男子，32岁。他是个货车司机，曾谈及辛普森说："如果他干了这事，我无法理解原因。这等于自寻死路呀。"

（5）黑人妇女，37 岁。她是个邮递员，自称当听说辛普森被控犯罪时，她"怀疑为什么"他会这样干。

（6）黑人男子，48 岁。他是赫尔茨租车行的雇员，辛普森曾为该车做过广告。他说，当听说辛普森是嫌疑犯时，他"只是无法相信"。

（7）黑人妇女，38 岁。她是一个受雇的采访员，自称避免谈及此案。

（8）黑人妇女，38 岁。她是个环保问题专家，父亲曾是警察，而她则想成为律师。

（9）黑人妇女，52 岁。她是一个店员，曾在电视上看过 6 月 17 日辛普森和警察在南加州公路上的追逐。

（10）南美裔妇女，38 岁。她是个信件投递员，自称曾遭受过男友的虐待。

（11）白人妇女，22 岁。她是一个保险申请核查员，自称母亲曾遭到父亲殴打，而她还是婴儿时父亲便离开了家。

（12）黑人男子，46 岁。他是个急件递送员，自称如果辛普森犯了此项罪，他会"非常吃惊"。

12 人中，8 人为黑人，2 人为中南美裔人，1 人为印第安人，只有 1 人为白人，而且是最年轻的女性，只有 22 岁。12 人中，8 位女性，4 位男性，文化层次、职业大多为未受过高等教育的普通职员、工人。从陪审团组成的成分看，因黑人占绝大多数，内行分析家纷纷指出检方取胜的难度增加了许多。当陪审团宣誓就职后，被集中在一家旅馆内，直到审判结束，不得与外界有任何联系。

因为陪审团成员均为法律外行，审案法官必须向他们解释法律术语、刑事诉讼程序、州刑法有关条文。这一程序被称为法官指示（也称为陪审团指示）。陪审团指示在控辩双方结束他们的最后陈述时进行，控辩双方都有机会向法官提议他们希望法官给予陪审团的指示内容。

审理辛普森案的法官伊藤向陪审团指出，陪审员必须履行两项职责：第一，根据所提供的直接证据或情状证据决定事实。第二，根据法律和事实决定裁决。陪审员不得因被告人被指控犯罪而猜想他有罪。伊藤进一步解释了直接证据与情状证据之间的区别。直接证据是不需要任何推论就能证明事实的证据，如犯罪直接目击者证词；情状证据是可以通过推论导致事实结论的证据，如留在犯罪现场的指纹、脚印等。

仅凭直接证据就可得出被告人有罪的裁决，如凭情状证据定罪：第一，它们必须要与整个推理过程吻合；第二，犯罪不可能有其他解释。确认事实的标准是证据的"无可置疑"原则，比如一条证据可以有两种解释：一种指向有罪；一种指向无罪，则不可采取有罪解释。伊藤还向陪审员详尽指示怎样确立证据的可信度。接着，他警告，被告人的承认犯罪不能作为定罪证据，承认犯罪必须要与其他证据一起来考虑。他多处强调，被告人在被最后证明有罪之前只能被认定是无罪的。证明有罪的责任在检方，检察官证明有罪的证据必须是"无可置疑"的，不允许陪审员进行任何个人侦查来决定事实，事实只能从控辩双方提供的证据中辨认。

伊藤接着说明被告人被指控谋杀罪，违反了《加利福尼亚州刑法典》第187节。他详细解释了谋杀的定义及一级谋杀与二级谋杀的区别：前者是有意识、有预谋的恶意杀人；后者是有意识的恶意杀人，但预谋不能被证明。

伊藤最后宣布陪审员纪律：不得通过法庭以外任何渠道获得与本

案有关的任何事实、消息、意见；不得与任何人讨论证据与事实，只能在最后评议时与其他陪审员一起讨论；不得离开指定住所；不得带走记录笔记，如陪审员记录或回忆有出入，以庭审记录为准；等等。

辛普森案的陪审团虽然文化层次都不高，但在短暂的法官指示中，都能够对伊藤强调的要点完全理解，并付诸实践了。由于他们都是法律的"外行"，所以，裁决都是凭"天地良心"作出的。应当说，辛普森案的陪审团完美地履行了自己的义务。在冗长的审判过程中，他们不仅没有任何违反纪律的现象，而且，完全理解并掌握了证据的"无可置疑"原则和无罪推定原则。最重要的是，他们没有使自己成为"死结陪审团"，或者说是"悬挂陪审团"。因为陪审团裁决有罪或无罪，各州的法律规定不一致，有的（比如洛杉矶市所在的加利福尼亚州）规定必须12人一致同意，只要有一人坚持不同意见，其他11人也不能以"少数服从多数"达成裁决。出现这种情况，陪审团将被解散，庭审过程无效。如果公诉人再提出起诉，必须要有新的证据。有的规定必须以大多数陪审员的裁决为依据。如果陪审团不能达到规定的全体一致或大多数同意，陪审员则传递给法官他们不能作出裁决的信息。一般情况下，法官会力劝他们继续努力作出裁决，而不对他们施加太多压力。如果陪审员尽了真诚的努力，但仍然不能调和意见分歧，法官则宣布未决判决。悬而未决的陪审团导致未决判决后，被告方可能要求法官宣告被告人无罪。如果这项动议被拒绝，检察官可能要求重新审判案件，或认为不值得再为该案烦恼而要求撤回指控。

1995年10月2日，在辛普森案陪审团退席之后，检察官、刑事司法专家还有全美国亿万电视观众都在猜测，在整个庭审过程中不发一言、面无表情的陪审团一定会有一个长达数日甚至数周的审议讨论过程。黑人陪审员将坚持辛普森无罪，而白人陪审员将坚持有罪，最后很可能僵持不下，变成"死结陪审团"。但是，出乎所有人的意料，陪审团4个小时就完成了审议和裁决。机警的伊藤法官深知此案影响巨大，黑人与白人立场截然不同，不论何种结果，都可能导致民众冲突甚至暴乱。所以，他借口律师未全部在场，决定第二天——10月3日宣布裁决。

10月3日上午10时，美国的电视和广播都直播法庭宣布裁决过程。当法院书记官罗伯特森女士读到"本审判团裁决奥伦多·詹姆士·辛普森无罪"时，寂静的美国沸腾了。有报道说，几乎所有的黑人都在同一瞬间欢呼起来，而白人们则无比愤怒。他们普遍感觉，在如此铁证如山的情况下，辩护方居然能以种族主义为武器使辛普森无罪，这是美国司法制度的失败。而且，持这种观点的不仅是白人，在其他种族和少数民族中，文化层次较高、社会责任感较强的人也持同样观点。也有报道说，美国公众显得出人意料的平静，美国新闻媒体同期以"你觉得辛普森是受到了公正的审判了吗？"为题进行的一项民意测验表明，绝大多数美国人，不论他是黑人还是白人，不论他觉得辛普森有罪还是无罪，都回答说："是的，我认为他受到了公正的审判。"王达人律师曾向一位华裔美国律师询问过对此案的看法，可能是为了迎合客人，他说："辛普森案标志着美国刑法的破产。"当王达人律师表示不能完全赞同他的观点，并认为在辛普森案中体现了美国式的程序公正时，他感到大惑不解。他不理解何以一个中国律师对美国的一个案件会有如此较为详尽的了解和客观的评价，并且断言："中国只有政府律师。"王达人律师只好回答说："那是因为你们美国人的傲慢与偏见。"

2　法官的悲哀

——昆明市中级人民法院的3位法官最终作出了对杜培武的死刑判决。

——在诉讼中辩护人未能向法庭提供充分证据证明其辩护观点的成立，该辩护意见本院不予采纳。

——公诉机关指控被告人杜培武犯有故意杀人罪的证据内容客观真实，证据充分，采证程序合法有效，其指控事实清楚，罪名成立，本院予以确认。

——组成合议庭的法官只不过是按照"协调"、"决定"的意图，走个过场而已。因此，杜培武案件的一审经办法官无一受到任何责任的追究。

——解决难题的方法是一种妥协，只好采取"疑罪从轻"的原则，将死刑改为死缓。

——由此，足以看出二审法官在法律和权力之间的困难处境。这不能不说是中国法官的悲哀。

和所有的刑事案件一样，杜培武案在昆明市人民检察院将起诉书和主要证据送到昆明市中级人民法院以后，第一刑事审判庭的3位法官组成了合议庭进行审判。其中，1名法官担任审判长，另2名担任审判员。这3位法官最终作出了对杜培武的死刑判决。为了使读者对于我国判决书的格式和行文规律有所了解，现将杜培武案的一审判决书全文引录：

云南省昆明市中级人民法院
刑事判决书

（1998）昆刑初字第394号

公诉机关：云南省昆明市人民检察院

被告人：杜培武，男，1967年5月17日出生，汉族，山东省莘县人，系昆明市公安局戒毒所民警，住昆明市××小区×组团×栋×单元×楼×号。1998年7月2日因涉嫌故意杀人被昆明市公安局刑事拘留，同年8月3日经昆明市人民检察院批准逮捕。现押于昆明市公安局第一看守所。

辩护人：刘胡乐、杨松，震序律师事务所律师。

鉴定人：何某某，公安部昆明警犬基地刑事技术工程师。

鉴定人：路某，云南省公安厅技术总处刑事技术高级工程师。

鉴定人：谢某，云南省公安厅技术总处刑事技术助理工程师。

鉴定人：刘某某、李某某，昆明市公安局刑侦支队技术处刑事技术高级工程师。

鉴定人：柳某某、戴某某、史某、李某某、王某某，昆明市公安局刑侦支队技术处刑事工程师。

鉴定人：胡某某，昆明市公安局刑侦支队警犬大队刑事技术工程师。

云南省昆明市人民检察院于1998年10月20日以被告人杜培武犯有故意杀人罪向本院提起公诉。本院受理后依法组成合议庭，依照《中华人民共和国刑事诉讼法》第152条之规定，于1998年12月17日开庭公开对本案进行审理。昆明市人民检察院代理检察员游某某出庭支持公诉，鉴定人何某某、路某、谢某、刘某某、李某某、柳某某、戴某某、史某、李某某、王某某、胡某某出庭作鉴定，被告人杜培武及其辩护人刘胡乐、杨松到庭参加诉讼。本案经合议庭评议，审判委员会讨论并作出决定，现已审理终结。

公诉机关指控：被告人杜培武因怀疑其妻王某与王某某有不正当性关系，而对二人怀恨在心。1998年4月20日晚20时许，被告人杜培武与王某、王某某相约见面后，杜培武骗得王某某随身携带的"七·七"式手枪，用此枪先后将王某某、王某枪杀于王某某从路南驾驶到昆明的云OA0455昌河微型车中后排座位上。作案后杜培武将昌河微型车及二被害人尸体抛置于本市圆通北路40号思远科技有限公司门外人行道上，并将作案时使用的手枪及二人随身携带的移动电话、传呼机等物品丢弃。

公诉机关向法庭就指控的这一事实出示了下列证据：

1. 公安机关刑事科学技术鉴定结论

（1）对云OA0455号昌河牌微型面包车内现场勘查，对被害人王某某、王某尸体检验报告及死亡时间推断，对车内血痕与二被害人血型鉴定，枪弹痕迹鉴定证实：被害人王某某、王某于1998年4月20日晚20时许，在云OA0455号昌河牌微型面包车内被他人持被害人王某某生前配发的枪号为"1605825"七·七式手枪近距离击中左胸部，致开放性血气胸合并心、肺脏器破裂当场死亡，后二人尸体连同该车被抛弃在本市圆通北路40号思远科技有限公司门前人行道上的事实。

（2）云OA0455号昌河牌微型车驾驶室离合器、油门踏板上遗留的足迹土气味及被告人杜培武所穿袜子气味经警犬气味鉴别（多头多次）均为同一，证实：被告人杜培武曾经驾驶过该车的事实。

（3）对云OA0455号昌河牌微型车驾驶室刹车踏板上，踏板下胶皮垫上提取泥土与被告人杜培武所穿警式衬衣衣领左端、右上衣口袋黏附泥土痕迹，在其所穿警式外衣口袋内提取一张面额百元的人民币上黏附的泥土痕迹，以及在本市北郊云南省公安学校射击场上提取的泥土经鉴定均为同一类泥土证实：被告人杜培武曾将云南省公安学校射击场上泥土带入云OA0455号昌河牌微型车内并黏附在自己的衣服及人民币上的事实。

2. 证人证言

（1）市公安局戒毒所干警、职工李某、赵某某、黄某某均证实：被告人杜培武于1998年4月20日晚18时至19时之间在本单位，以及当晚21时后在本单位的事实，证实被告人杜培武案发当晚有作案的时间。

（2）王某之兄王某某证实：被告人杜培武在案发的次日寻找王某过程中的反常表现的事实。

（3）被告人杜培武在公安机关的亲笔供词，证实被告人杜培武在公安机关供述的实施杀害王某某、王某的行为。其供词以及对作案现场指认的声像资料与本案证据证明的指控事实相互吻合一致。

被告人杜培武及其辩护人对公诉机关出示的证据表示异议，被告人杜培武当庭辩称："案发当晚未曾见，也未曾驾驶云 OA0455 号昌河牌微型汽车，更未实施杀害二被害人的行为。"其辩护人提出："本案指控的有罪证据自相矛盾，且相关物证是违反《中华人民共和国刑事诉讼法》有关规定所提取的，被告人杜培武在公安机关的有罪供述是在刑讯中产生的假供述，因此，公诉机关出示的证据不能作为认定本案指控事实的证据，本案事实不清，证据不足，被告人杜培武无罪"的辩护意见。但辩护人未能向法庭提供证实其观点的证据，也未能提供证实被告人杜培武无罪的证据。

公诉机关针对辩护人的观点提出："本案是由多个间接证据形成的锁链证实本案指控事实，不能就其中某一个证据记录的疏漏孤立地加以评述，从而否定整个证据体系的证明效力，被告人杜培武的亲笔供词与所出示的证据证明的案件事实、情节吻合一致，其供述有相应的证据证实，应作为认定本案事实的直接证据。"

本院认为：本案控、辩双方争执的焦点及指控证据取得是否有违反《中华人民共和国刑事诉讼法》的有关规定。在诉讼中辩护人未能向法庭提供充分证据证明其辩护观点的成立，仅就指控证据材料的部分内容加以分析评述，而否定相关证据的整体证明效力，并推出本案指控事实不清，证据不足，被告人杜培武无罪的结论，纯系主观、片面认识的推论，无充分证据予以支持，该辩护意见本院不予采纳。公诉机关指控被告人杜培武犯有故意杀人罪的证据内容客观真实，证据充分，采证程序合法有效，其指控事实清楚，罪名成立，本院予以确认。被告人杜培武当庭"未实施杀人行为"的辩解纯属狡辩，应予以驳斥。

被告人杜培武无视国家法律，持枪报复杀人，非法剥夺他人生命，其行为确已构成故意杀人罪，且造成二人死亡的严重后果，作案后伪造杀人现场、毁灭罪证，企图逃避法律制裁，其犯罪情节特别恶劣，社会危害极大，依法应予以从严惩处。本院为保护公民的人身权利不受侵犯，维护社会治安秩序，严厉打击严重刑事犯罪活动，根据《中华人民共和国刑法》第232条、第57条之规定，判决如下：

一、被告人杜培武犯故意杀人罪，判处死刑，剥夺政治权利终身。

二、如不服本判决，可在接到判决书的第二日起10日内，通过本院或者直接向云南省高级人民法院提出上诉，书面上诉的应交上诉状正本一份，副本一份。

审　判　长：朱某某
代理审判员：晏　某
代理审判员：张某某
一九九九年二月五日
书　记　员：王　某

在杜培武案件被证实是冤案时，如果追究这3位法官的责任，那也是不公正的。因为，法官独立审判，在我国宪法和刑事诉讼法中都是不允许的。就如判决书所述，案件是"经合议庭评议，审判委员会讨论并作出决定"，才有了最终判决的。而且，就此案的影响程度而言，审判委员会也不是最终的决策者。最高人民检察院的《人民检察院错案责任追究条例》（试行）中规定，对"经其他有关部门协调、决定"的错案"不追究检察官责任"。法院与检察院一样，对如杜培武这样的重大案件必然也有"其他有关部门"的"协调"，甚至"决定"。组成合议庭的法官只不过是按照"协调"、"决定"的意图，走个过场而已。别说是法官独立办案，就是司法独立或者说法院独立办案，实际上还常常做不到。因此，杜培武案件的一审经办法官无一被追究法律责任。基于制度运转的现实，笔者也不认为应当追究他们的责任。

杜培武对一审判决不服，向云南省高级人民法院提起上诉。二审上诉案件的一般审理规律是"书面审理"，二审法院不再开庭，控方不再向二审法院提供任何意见，只有辩护律师向二审法院提出书面辩护意见。只有检察机关抗诉提起的二审案件，法院才必须开庭审理。在本案中，二审法院根据一审法院上交的一审书面材料，结合辩护律师的意见和对杜培武本人的讯问，作出二审判决。由于在一审判决中证据的漏洞、逻辑的混乱、理由的牵强都是显而易见的，因此，杜培武案属于"疑案"应当是无可争议的。根据当时已经实施的《刑事诉讼法》修正案"疑罪从无"的原则，应当作出无罪判决。可是，正因为一审判决是"经其他有关部门协调、决定"的，所以，二审法官的确遇到了一个大难题。解决难题的方法是一种妥协，既不能无罪放人，又不能定罪杀人，只好采取"疑罪从轻"的"原则"，将死刑改为死缓。如此一来，判决书当然就更加显示了自相矛盾的心态，使其成为一篇拙劣的作文。但恰恰是这篇看起来拙劣的作文，把杜培武从阎王殿门口拉了回来。因此，除了感谢，我们还能说什么呢？

云南省高级人民法院
刑事判决书

（1999）云高刑一终字第295号

原公诉机关：昆明市人民检察院。

上诉人（原审被告人）：杜培武，男，1967年5月17日生，汉族，山东省莘县人，原系昆明市公安局戒毒所民警，住昆明市××小区×组团×幢×单元×楼×号。1998年7月2日因本案被刑事拘留，同年8月3日被逮捕。现押于昆明市第一看守所。

辩护人刘胡乐、杨松，震序律师事务所律师。

昆明市中级人民法院审理昆明市人民检察院指控被告人杜培武犯故意杀人罪一案，于1999年2月5日作出（1998）昆刑初字第394号刑事判决。被告人杜培武不服提出上诉。本院依法组成合议庭，经过阅卷，讯问被告人，听取了辩护人的意见，认为本案基本事实清楚，决定不开庭审理。现已审理终结。

原审判决认定：被告人杜培武因怀疑其妻王某与王某某有不正当两性关系，怀恨在心、伺机报复。1998年4月20日晚19时许，被告人杜培武与王某、王某某相约见面后，同驾一辆昌河牌微型汽车到玉龙湾玩。当晚20时许，杜培武骗得王某某随身携带的"七·七"式手枪，用此枪先后将王某某、王某枪杀于王某某从路南驾驶到昆明的云OA0455昌河牌微型车中排座位上。作案后将昌河（汽车）及二被害人尸体抛置于本市圆通北路40号思远科技有限公司门外人行道上，并将作案时使用的手枪及二被害人随身携带的移动电话、传呼机等物品丢弃。上述犯罪事实，公诉机关在一审庭审中出示了如下证据：从云OA0455牌号昌河车离合器油门踏板上提取遗留的足迹土气味，经警犬鉴别与杜培武所穿袜子气味同一，证明杜驾驶过该车；从该车刹车踏板上、下及胶皮垫上提取的泥土，经鉴定与杜培武所穿警式衬衣领左端，右上衣袋，以及口袋内提取一张100元票面人民币上黏附的泥土和公安学校射击场上的泥土均为同一，证实杜曾驾该车到过公安学校射击场；在被告人杜培武的警式衬衣右手袖口处检出军用枪支射击后附着的火药残留物质，证实杜曾穿此衬衣使用过枪支射击的事实；被告人杜培武在公安机关讯问中曾作过亲笔供述，并对现场作过指认，其供述与指认与其他证据相互吻合；经枪弹痕迹鉴定，"二王"均系王某某佩带的"七·七"式手枪击中左胸部，致开放性血气胸合并心、肺脏器破裂死亡；对公诉机关的上列证据，原审经庭审质证，确认公诉机关指控的证据客观、真实，证据充分，合法有效。原审据此依照《中华人民共和国刑法》第232条、第57条的规定，以故意杀人罪判处被告人杜培武死刑，剥夺政治权利终身。宣判后，被告人杜培武以其没有杀人，也不知其妻与王某某有不正当关系，原有罪供述是在被刑讯逼供下说的假供等为由提出上诉。其辩护人也以本案无证据证实杜培武知道其妻与王某某有奸情，杀人动机不清，本案有关证据来源不清，取证违法；有关鉴定系案发数月后才做,死者均死于被害人王某某枪下,而预谋用王的枪作案难度较大;杜培武当日值班,有人证实在4月20日晚19点40分,晚21点后均在所内见过杜,杜无作案时间等为由,为杜进行二审辩护。

经审理查明:上诉人杜培武上述犯罪事实,检察机关所出示的证据经一审庭审质证,虽上诉人及辩护人均提出异议,但未能提供证实其观点的相关证据,仅凭分析和对某些证据记录的疏漏问题,而怀疑有关证物的鉴定结论,否定本案证据体系能相互印证的证明效力的辩解和辩护是不能成立的。本案基本犯罪事实清楚,证据确实合法有效,应予以确认。

本院认为:上诉人杜培武无视国家法律,持枪报复杀人,非法剥夺他人生命,其行为已构成故意杀人罪,应依法惩处。其否认杀人的上诉理由和其辩护人对杜所作的无罪辩护意见因无具体的证据加以证明,该上诉请求和辩护意见本院不予采纳。但根据本案的具体情节和辩护人所提其他辩护意见有采纳之处,本院认为在量刑时应予注意,据此,依照《中华人民共和国刑事诉讼法》第189条第(3)项的规定,判决如下:

一、撤销昆明市中级人民法院(1998)昆刑初字第394号刑事判决对被告人杜培武的量刑部分,维持该判决的定罪部分。

二、上诉人(原审被告人)杜培武犯故意杀人罪,判处死刑,缓期二年执行,剥夺政治权利终身。

本判决为终审判决。

审　判　长：金　某
审　判　员：何　某
代理审判员：杨某某
一九九九年十一月二十日
书　记　员：晏某某

　　《中华人民共和国刑事诉讼法》第189条第（3）项规定的内容是："原判决事实不清楚或者证据不足的，可以在查清事实后改判；也可以裁定撤销原判，发回原审人民法院重新审判。"由此，足以看出二审法官是认为一审判决事实不清、证据不足的。就应当根据《刑事诉讼法》第162条第（3）项规定的"证据不足，不能认定被告人有罪的，应当作出证据不足、指控的犯罪不能成立的无罪判决"进行改判。可是，主办法官们遇到了在法律和权力之间的困难处境。这不能不说是中国法官的悲哀。

　　写到这里，我们的心情是沉重的。法治，一个产生于公元前230年的春秋战国这样的人治背景下的口号，随着中国封建社会人治的加剧而逐渐消失在风中。共和制，原本是应当反对人治的民主制度。因为共和的本义就是人民主权，就是实行宪政或者说实行法律的统治。但是，人民共和国的成立，也没有顾得上将法治唤回人间。作为法治标志之一的律师制度，刚刚建立于1954年，不到两年又消亡了。1959年，世界发生了一件大事，就是国际法学家大会在印度新德里的召开。这次大会通过了《德里宣言》——这是人类第一个以法治为主题的宣言。宣言认为，法治，是全人类共同的追求目标；法治的标志是实行民主宪政、法律至上、司法独立和保障律师执业自由。从此，世界开始了法治建设的新时代。然而,中国却与历史提供的机遇失之交臂。20年过去了,韩国、新加坡等封建色彩和半殖民地色彩浓厚的亚洲国家已经实现了法治,我们才开始法治的最低层次即法制——法律制度——的恢复性建设。这期间,一场持续了整整10年的大动乱、大劫难几乎毁灭了中华民族的传统文化、善良习俗、伦理道德,甚至几乎毁灭了中国人的人性!其影响至今不绝。缺少耻辱感、尊严感、安全感、正义感、责任感、信任感,轻视生命的价值,漠视他人的权利,缺乏对国家、对社会的忠诚,缺乏起码的同情心,等等,已经严重阻碍着中国的法治建设。又是20年过去了,好在"依法治国,建设社会主义法治国家"已经成为宪法确立的治国方略,中国人民已经看到法治的曙光撕开了苍穹的天幕,已经感到法治的春风正拂面而来。尽管路还长远,还需要更多的有识之士继续鼓与呼,还需要几代人作出不懈的努力,我们没有理由丧气。因为历史的车轮注定是向前的。正如江河入海一般,青山遮不住,毕竟东流去!

3　独立审判权

——辛普森案的结果似乎丧失了社会正义——让一个多数公民认为有罪的人逃脱了法律的惩处,但并不能说这是一次不公正的审判。

——应当说,辛普森案件丧失社会正义的裁决结果,的确暴露了美国刑事诉讼制度程序过于复杂的缺陷。

——陪审团的独立裁决权有效地遏制了法官的偏颇,法院的独立审判权通过陪审团制度与一般公民对司法的监督权利联系在了一起，这对我国遏制司法腐败应当也是具有借鉴意义的。

——人民法院的独立审判权就是一个现代法制国家法律至上的集中体现。邓小平就说过："确认党没有超乎人民群众之上的权力。"因此，即使是党的领导也必然是，而且只能是在法律规范之内实现的。

哲学家培根有一句名言："一次不公正的裁判，其恶果甚至超过十次犯罪。因为犯罪虽是无视法律——好比污染了水流，而不公正的审判则毁坏法律——好比污染了水源。"辛普森案的结果似乎丧失了社会正义——让一个多数人认为有罪的人逃脱了法律的惩处，但并不能说这是一次不公正的审判。正如德肖微茨所说："美国对陪审团的要求就是，如果陪审团认为被告人大概是有罪的，那就必须判他无罪，因为判断其有罪的依据要比推测其无罪的依据要求高。"这个"无罪推定"原则在我国《刑事诉讼法》中同样有基本明确的规定，这就表明，对辛普森案件的审判没有违背诉讼程序的法律规定，所以，应当说这个审判是公正的。如果我们换一个角度来看，杜培武涉嫌杀人一案，在辛普森案陪审团的眼中，肯定是无罪的；而辛普森案在中国的司法官员眼中，则一定是有罪的，甚至辛普森将难逃一死。这绝不是说，美国的司法制度就一定比中国的司法制度好，中国的司法制度就一定比美国或别的什么国家的司法制度差。评价一个国家司法制度的优劣，必须联系这个国家的历史、文化、政治、经济制度和价值观念进行，任何简单的对比，都将得出似是而非的结论，那是没有意义的。

美国是在从洛克到罗尔斯正义论的理论引导中寻求社会正义的。

这种理论认为，正义，主要是分配正义，在程序上表现为每个人的机会均等；在实体上表现为"给予每个人应当得到的东西"。罗尔斯在其名著《正义论》中，把正义分为三种：第一种是"不完全的程序正义"，指的是虽然在程序之外存在着衡量正义的客观标准，但是能够完全满足这种标准的结果得以实现的程序并不存在；第二种是"完全的程序正义"，是指在程序之外存在着决定结果是否合乎正义的某种标准，同时也存在着保障正义结果实现的情形。比如分蛋糕时，如果让切蛋糕的人后拿蛋糕，可能每个人得到的蛋糕就是一样大的；第三种是"纯粹的程序正义"，是指不存在任何关于正义结果的判断标准，只存在一定的程序规则的情形。罗尔斯认为，刑事诉讼就是第一种正义，"事实真相"或者说"客观真实"就是诉讼程序之外的结果；无论怎样设计程序，无辜的人被认定有罪、有罪的人逃脱法网的结果总是难免的。这样，实际上"完全的程序正义"是不可求的。第一种正义观导致了第三种正义观的立法化。这种正义观的实质，是把诉讼当作一个过程——一个类似于足球比赛的过程看待，诉讼程序被视为比赛规则；法官被视为裁判；比赛的结果是否公正，取决于比赛的游戏规则是否公平合理。因此，美国人认为，程序具有独立的价值，这就是保证诉讼的安全和正当。在正当程序下，每个被告人可能获得的实体审理结果在机会上是一样的，即要错都错，要对都对。也就是说，只要程序设计完成了，被告人就有得到社会正义的处理的可能，至于结果，并不是最重要的；只要诉讼程序依法完成了，这种可能性就变成了现实性。这种正义观也被称为分配正义或程序正义。

中国的正义观说来复杂。"己所不欲，勿施于人"是古代《道德经》主张的正义；"不论大夫平民，一断于刑"，是战国时代以商鞅为代表的法学家主张的正义;"实事求是",则是自毛泽东以来党的领导集体一贯主张的正义,也是我国法律制度力求实现的正义。这种正义观要求"不放过一个坏人,也不冤枉一个好人"。体现在司法制度上,就有轻视程序而注重实体的倾向。程序并不具有独立的价值,而是追求实体结果的手段。只有结果才是最重要的。这种正义观也被称为实质的正义或者结果的正义。

在辛普森案件中,辩护方在对陪审团的利用方面的效果是显而易见的。应当说,陪审团的裁决,充分体现了美国司法制度所追求的程序正义。不过,我们也要看到,辛普森案件的裁决结果,的确暴露了美国刑事诉讼制度程序过于复杂的缺陷。

首先,在挑选陪审团成员的过程中,控辩双方不仅有"无理由否决权",而且还可以通过范围极其广泛的发问,找到候选人不符合陪审员条件的弱点而予以否决。最后组成的陪审团无疑是控辩双方斗争、妥协的结果。在辛普森案件中,黑人和文化水平较低的人占绝大多数的陪审团,从其组成之日就已经告诉人们:这是辩方的陪审团。人们有充分的理由相信,这个陪审团将被辩方律师操纵。

其次,在辛普森案件中,如DNA检验等高科技含量的证据起到了极为重要的关键作用。由于陪审团成员大多数文化水平较低,对这些证据的重要意义根本就不能很好理解,这就使本来无可置疑的证据变成有疑可置了。所以,陪审团的裁决实际上是凭他们的"天地良心",与法律本身并无关系。

再次,一旦成为陪审员就等于被软禁起来,失去了大部分人身自由。虽然有津贴可拿,但绝大多数人是难以承受这种长期监禁的生活的。于是,不仅有人半途退出,让候补陪审员去替补,更有人为了早日解脱,并不坚持己见,随意放弃原则,附和他人并不一定正确的意见。

由于陪审团制度的这些缺陷，使公平竞争产生的陪审团实际上不一定能作出公正的裁决。有一部美国小说，就描写了一个专门要当陪审员，以使陪审团成为"死结"为乐事的人的故事。控辩双方都为这个经验丰富、削尖脑袋要钻进陪审团的候选人而忐忑不安，双方都不遗余力地要弄清他的真正目的。这个有趣的故事正是对美国陪审团制度的弊端的批判。

但是，从本章第1节中伊藤法官对陪审团的"法官指示"中可以看出，辛普森案的陪审团并没有违背美国刑事诉讼最基本的"疑罪从无"和"无罪推定"原则，这是由美国一般国民的法律文化价值取向——公民个人权利至高无上——所决定的。在美国，少年成人取得公民资格或移民取得美国国籍都要通过宪法考试，所以，美国的宪法内容，特别是公民的宪法权利是为每一个公民所熟知的。这是美国陪审团制度得以存在的基础。一般公民可以也无须熟知法律的具体规定，这些浩如烟海的内容由律师及从律师中产生的法官、检察官去掌握。但一般公民对宪法权利的熟知使他们能够把握判断法律是非的基本原则，因而能够胜任陪审团的义务。由此可见，所谓"普法"，最根本的是在公民中普及宪法知识、树立忠于宪法的法制观念。这对我国的普法教育、公民法制教育应当是有启迪意义的。公民能够成为陪审员，这本身就是一项公民的重要民主权利。陪审团的独立裁决权有效地遏制了法官的偏颇，法院的独立审判权通过陪审团制度与一般公民对司法的监督权利联系在了一起，这对我国遏制司法腐败应当也是具有借鉴意义的。当然，如前所述，在一般公民还没有足够的宪法知识和法制意识时，陪审团制度是没有存在的土壤的。我国的人民陪审员制度之所以一直没有发挥应有的作用，恐怕症结正在于此。

那么，为什么许多美国公民凭"天地良心"认为辛普森有罪，而陪审团凭"天地良心"却裁决辛普森无罪呢？我们认为，其制度上的原因是美国的刑事诉讼制度在程序上的设计过于复杂，甚至近于苛刻。通过本书客观的介绍，相信读者已经注意到，不是陪审团本身让辛普森赢了这场官司，而是美国刑事诉讼制度对证据来源、取证方式、方法、鉴定过程和鉴定结论、尸体处置和解剖等方面的苛刻要求让辛普森赢了这场官司。之所以说它苛刻，从辛普森案的诉讼过程就可以看出，这些过于细致、复杂的要求，别说一般的警察、法医、鉴定人员弄不清楚，就连资深的警探、著名的专家也可能疏忽。而这些常人可以理解的疏忽，究竟对证据的真实性、合法性有多大的冲击，实在大有疑问。辛普森从被警察追逐到无罪释放，没有任何人动过他一个指头或骂过他一句。这在我国实在是难以想象的。尽管我们也在追求司法人员文明办案，但文明离我们实在太遥远了，实在可以说"与国情不符"。如果我们也像美国那样规定一个复杂而繁琐的正当程序，固然杜培武们可能都不会遭受噩运，但辛普森们会一个个喜笑颜开——除非他们付不起律师费！

我们决不否定程序正义的价值，更无意于否定实质正义的价值。正当程序无疑是必须的，但对程序细枝末节的追求，一方面将使纳税人为此付出高昂的司法成本；另一方面将抑制人们对实质正义的追求。相反，对实质正义的孜孜以求，将以牺牲程序正义为代价。而脱离了程序正义的保障，必然在一定程度上牺牲实质正义。因此，只有找到程序正义和实质正义的最佳结合点，程序优先、兼顾实质，才是理想的选择。

辛普森一案还给了我们另一个重要的启示，那就是：司法正义必须由独立的司法审判加以保障；司法必须中立，必须远离行政力量的干预。国家机关权力运行的现实告诉我们,强大的行政权力最容易受到政治力量、财团势力、地方治安压力等因素的影响甚至左右。行政干预司法,必然破坏一个国家法律的统一实施,必然导致司法不公。试想一下,假如洛杉矶市政府或者联邦政府对陪审团或者法官施加压力,而这种压力的施加又没有良好的制度来保证陪审员和法官可以抗衡的话,辛普森现在会在什么地方呢?"在监狱里。"这恐怕是大多数读者容易得出的结论。

那么,是不是我国法律不主张司法独立呢?当然不是。

《中华人民共和国人民法院组织法》第4条规定:"人民法院依照法律规定独立行使审判权,不受行政机关、社会团体和个人的干涉。"这是对人民法院独立行使审判权的明文规定,这项规定明文排斥了国家公权和其他权力对审判权的干预。《中华人民共和国人民法院组织法》第9条又规定:"人民法院审判案件,实行合议制。人民法院审判第一审案件,由审判员组成合议庭或者由审判员和人民陪审员组成合议庭进行……"可见,人民法院的独立审判权是由合议庭具体履行的。关于审判委员会,《中华人民共和国人民法院组织法》第10条第1款规定:"各级人民法院设立审判委员会,实行民主集中制。审判委员会的任务是总结审判经验,讨论重大的或者疑难的案件和其他有关审判工作的问题。"这些规定确定了人民法院审判工作的操作程序:先由院长或审判庭的庭长指定审判员或代理审判员组成合议庭审理某个案件,开庭审理完毕后,合议庭提出判决意见向庭长汇报,如庭长认为属于重大疑难案件或意见不一致时,便向审判委员会汇报,由审判委员会讨论决定判决结果。审判长根据审判委员会讨论的结果起草判决书,起草后,还要经院长签字批准才能打印、宣判。杜培武案毫无疑问属于重大疑难案件,因此,必然经过了以上全部过程。即使抛开外部（国家公权）对法院审判活动的干预，在这个法院的内部程序中可以明显地看出审理和判决是被隔离的。审理是由合议庭来进行的，只有他们才完全了解法庭审理的情况，而最终的判决却是由审判委员会作出的，他们作出判决的根据只能是合议庭审判长的简略汇报。所以说，合议庭的法官不具有独立审判权是无过的，至少在杜培武案中这是确凿无疑的。因此，杜培武案被纠正以后，没有法官要对这个冤案承担任何责任。

山东省高级人民法院院长尹忠显在《完善合议制度 实现司法的公正与效力》一文中说："规范和完善合议制度的基本目标是：确保合议庭审理权和裁判权的统一，完善合议庭工作运行机制，保证合议庭成员平等参与、共同决策、独立审判，减少、阻隔内外干预，建立运转顺畅、功能健全的合议庭工作机制，确保司法公正高效。"这位院长的见解无疑是完全正确的。我国诉讼法学界的专家学者也都持这样的观点。当审理权和裁判权被合议庭和审判委员会分割以后，开庭审理就成为徒有其名的戏剧表演。审判长对审判委员会的汇报，不可能重现法庭审理的全过程，而法庭审理过程中的每一个程序和细节都应当是作出判决的依据。如果对这些程序和细节都可以忽略不计，在粗略了解案情的情况下就可以作出判决的话，法律还要规定开庭审理干什么呢？当开庭审理流于形式时，审判的公开原则就遭到了践踏。没有公开性就容易导致暗箱操作，还奢谈什么司法公正呢？因此，还合议庭完整、独立的审判权是实现人民法院独立审判权的唯一途径。

事实上，在美国、英国等普通法系国家以及大陆法系所有法治国家，司法独立就是法官独立。法官办案，绝对没有任何人可以指手画脚。当然，在这些国家，法官独立，既有法官的个人品行、道德标准和业务素质保证其一般不会徇私枉法、收受贿赂，优厚的报酬、待遇也足以保证他们没有必要这么做；公开的法庭审理进行的是阳光操作而不是暗箱操作，又保障了他们不敢这样做。目前我国没有建立这样的制度的物质条件和道德环境，因此，法官独立办案，在我国是不现实的。但法院独立办案，难道就应该是镜中花、水中月吗？

在杜培武案中，外部对法院审判的干预也是十分明显的。从庭审中法官要杜培武出示没有杀人的证据到判决中苛责辩护人没有举出杜培武无罪证据的态度，以及法庭对刑讯逼供事实的漠视，都表明了在开庭前法院就已经有了杜培武有罪的肯定结论，而这个结论也肯定不仅仅是出于合议庭3位法官的先入之见。外部，尤其是国家公权对审判的干预无疑侵犯了人民法院的独立审判权。

在一个力行法治的国家，人民法院独立审判权就是一个现代法制国家法律至上的集中体现。邓小平就说过："确认党没有超乎人民群众之上的权力。"因此，即使是党的领导也必然是，而且只能是在法律规范之内实现的。因为我国的法律是人民的代表们制定的，它集中体现了所有人民的根本利益。党的意志或国家权力的意志不可能只有在违反法律的情况下才能实现。相反，违反法律的意见或决定，必然亵渎法律，必然严重损害党和国家在人民群众中的威信，必然从根本上动摇国家政权，这应当是一个不言自明的常识。杜培武案件的恶劣后果决不仅仅在于对杜培武的伤害，更在于其已经严重毁坏了法律本身，在于其"污染了水源"。消除这种"污染"的唯一途径只有将前车之鉴当作后事之师，讳疾忌医只会充分表现自己的愚蠢。

1998年《视点》杂志刊登了记者汪玉霞对著名法学家贺卫方的采访录，其中的一段讲话是十分中肯的：

在社会利益重组过程中，是否有廉洁、公正、中立的司法体系和高素质的司法阶层可以说是关于社会命运的大问题。我觉得国家走到今天这一步，从上到下关注这个问题不是偶然的。几十年的经验教训使大家都意识到，靠激烈的革命来解决社会存在的问题，希望并不大，而且往往是动荡过后一切依然故我，新的秩序未建立起来，旧的秩序也被破坏了。但同时社会又必须变化，在稳健过程中求得良好的变化，此时核心还是司法制度，从一定程度上讲，司法制度的改革也是中国政治改革的突破口。政治体制改革在中国是一个比较敏感而又事关重大的事情，上层也有太多担心，以为一放开就会乱，这也可以理解。但可以找一个很好的突破口，这个突破口就是司法制度改革，司法独立，司法走向正义。这样，司法就能对社会的冤情有一个较合理的解决。这时，公民、老百姓就能树立起对这个国家的信心。

法学家蒋德海先生在1998年《探索与争鸣》第17期（《司法独立不"姓资"》）上也论述道：对于我国当前司法体制的弊病，许多文章和书籍都有深入的研究，概括起来，大约有：司法机制缺乏科学性、司法地位缺乏独立性和司法活动缺乏公正性。而司法体制的科学性和司法公正性的问题，也与司法独立有密切联系。

我国宪法虽然规定司法审判独立，但由于没有制度上和经济上的保障，独立审判目前还不可能。而司法没有独立的地位，也就无法形成确保司法公正必需的抗干扰机制，由此造成地方保护主义和部门保护主义等体制性弊病。在我国，法院没有独立的人事权和经济权，法院的法官入门、出门并不完全由法院决定。安排复转军人是法院的义务，接受领导"打招呼"的人员是法院"应有"的态度。法官晋升行政性职务由法院之外的组织人事机关决定。法官本来依法是由人民代表大会常务委员会任免的,但组织、人事机关调动法官却不必取得人大常委会的同意。法院本来是国家的司法机关而不是地方自己的审判机构,但法院的办公经费由地方政府负担。如果不为地方利益尽力,甚至不为地方保护主义尽力,法院的经费可能就难以为继。从道理上说,司法机关的经费来源应当由各级权力机关拨付,才能摆脱行政机关的牵制。近年我国在司法制度上推行了不少改革,由于没有从司法独立角度入手,许多改革都不得不放弃。最典型的是以引入"对抗制"为特点的司法体制改革,在经过一年多的理论鼓噪和司法试点后便归于沉寂。新的刑事诉讼法颁布后,人们并未看到多少激烈精彩的庭审场面,相反,一些当初竭力主张改革庭审制度的司法机关又回到了审前移送全部案卷的老路上。对抗制是普通法系国家以当事人为中心的一种制度,它的前提是"对抗",而"对抗"就有输赢,对抗制下的司法要能够保证对抗的结果就是司法审判的结果,而不允许任何对抗以外的行为进行干扰。这就要求司法保障"对抗"的有效性。如果司法没有独立性,"对抗"也就名存实亡了。

我国现行司法体制来源于苏联,理论上的根源是无产阶级专政。无产阶级专政理论是马克思主义创始人根据当时社会实践和奋斗任务提出的。在阶级对立十分尖锐的条件下,无产阶级专政是绝对必须的。我国的人民民主专政是无产阶级专政理论的发展,是马克思主义理论在中国革命实践中的运用。但在我国剥削阶级已经消灭的情况下,我国人民民主专政的基本内容已经发生了根本的变化。工农联盟为基础的团结全社会各阶层人民共同建设社会主义的共同体成了我国社会最基本的主体。"专政"的内容已不再适合我国现行国情。此时再强调"不受任何法律约束的"专政,显然与社会主义法治相悖,也与当代法治国家的世界潮流不相适应。为此,已有不少学者提出我国已面临从专政向宪政的过渡。这显然是理性的认识。

孟德斯鸠说:"如果司法与立法、行政不分离,则无自由可言。"因为与立法、行政相比,"司法几乎没有什么权力"。正因为没有权力,所以更需要独立。只有司法独立,才能"免受其他两方面的侵犯"。值得一提的是,我国近期愈演愈烈的地方保护主义在大陆法系和普通法系国家并无存在的余地,或者说大陆法系和普通法系国家的司法弊端主要不是地方保护主义。这在很大程度上要归功于司法独立的推行。比如美国,早在20世纪就确立了司法人员的独立地位。美国、英国、法国等国的法官都是终身职务。这在一定程度上保证了司法活动的独立性和公正性,不要说地方领导,就是总统也不能干预司法独立。

任何一个法治国家的司法独立都不是绝对的,司法独立不能不受到一个国家历史和文化的影响。社会主义法治的司法独立本身就区别于西方国家法治,即社会主义国家的司法独立应该更公正、更有效。社会主义宪政下的司法独立必须具有自己的特点。事实上,即使在发达法治国家,司法独立获得的有限自治仍然受到各种因素的影响。希尔斯曼在《美国是如何治理的》一书中概括了以下几方面:法律界、国会、新闻界、大专院校、特殊的利益集团、法院朋友和各种协会,美国还有一种说法,"最高法院跟着选举走",等等。在我国,党的领导是一种政治领导,无论是立法还是行政、司法都必须忠实地执行党的政策。在这个条件下,司法独立的目的和执行党的政策是完全一致的。

试想,如果在杜培武案件中,并无"对抗"之外的权力的干扰,这个冤案也是绝对可以避免的。

审判独立应当不仅只限于排斥来自法院外部权力或其他力量的干扰，还应当包括排斥法院内部领导权力意志的干扰。《中华人民共和国法官法》第3条规定："法官必须忠实执行宪法和法律，全心全意为人民服务。"这就要求法官只忠实于法律，而不是忠实于领导、长官的意志，更不是只忠实于一己私利。中央电视台《焦点访谈》节目曾经披露过一桩根本没有原告而判被告人败诉的民事案件，当然这是一桩荒唐的假案。当记者询问主办法官为何要作出这桩荒唐的判决时，法官说：这是庭长让这么办的。记者问：你明知这是违法的，在法律和庭长之间，你应当服从谁呢？法官说：服从领导。这个例子应当说非常典型地表现了法院内部的行政级别等级制度对法官独立审判权的制约。

1987年8月，联合国经济与社会理事会通过了《世界司法独立宣言》（草案）。其中第2条规定："每个法官均应自由地根据其对事实的评价和对法律的理解，在不采来自任何方面或由于任何原因的直接或间接的限制、影响、诱导、压力、威胁或干涉的情况下，对案件秉公裁决；此乃他们应有之职责。"第3条规定："在作出裁决的过程中，法官应对其司法界的同行和上级保持独立。司法系统的任何等级组织，以及等级和级别方面的任何差异，都不影响法官自由地宣布其判决的权力。"1993年9月14日在科伦坡举行的第五届亚太地区首席大法官会议也通过了内容类似的《审判独立原则声明》（草案）。可见，司法独立、审判独立是人类现代法制追求司法公正的大势所趋。

综上所述，司法独立，是指司法机关程序上的独立和司法权力运行上的独立，而不是司法机关政治上的独立。独立，不是摆脱政党的领导，而仅仅是指不受司法机关以外的任何单位、团体和个人的干预和左右，包括不受媒体所代表的"民意"的左右。进一步说，在我国，由于《宪法》、《人民法院组织法》和《刑事诉讼法》都规定，任何判决都是以法院的名义而不是以法官个人名义作出的，因此，司法独立不是指法官独立而是指法院独立。司法独立不是洪水猛兽，面对司法独立的舆论与主张，大可不必慌张错乱，更无必要上升为政治问题。

第五章

司法公正与社会正义

美国刑事司法制度的核心是腐败的——它依赖的是所有当事人普遍的不诚实态度;它是不公平的——它歧视穷人,歧视未受教育的人和少数民族成员。但它并非彻头彻尾的谬误——监狱里关的人犯极少有无辜的冤鬼。

——艾伦·德肖微茨《最好的辩护》

我认为司法部门的第一个决定对我们这个国家及其政治制度的稳定起着至关重要的作用。

——乔治·华盛顿

当前,我国法制建设中的一个突出问题是,法律的权威还没有真正树立起来,一些法律没有得到有效的实施,有法不依,执法不严,违法不究的现象还比较普遍和严重地存在。

——李鹏在九届全国人大常委会第一次会议上的讲话

错误比疑惑更容易孕育真理。

——弗朗西斯·培根

1 正义的代价

——在辛普森案中两名死者——戈尔德曼和妮科尔的遗属在辛普森被宣告无罪后,提起了对辛普森的民事诉讼,并且委托辛普森刑事案件中的检察官作为原告的诉讼代理人。

——以白人陪审员为主的陪审团在审议了6天之后,裁定辛普森负有责任,从而判处其承担巨额的民事赔偿。

——让一些确实有罪的人不受惩罚是我们为自由而付出的小小代价。

——社会正义通过另一条司法途径得以实现。

辛普森案宣判以后,洛杉矶当晚就发生了骚乱,对此案观点截然相反的两派公众发生的争执导致了暴力,政府为此出动了防暴警察。

这个案件并未结束。

在辛普森案中两名死者——戈尔德曼和妮科尔的遗属在辛普森被宣告无罪后,提起了对辛普森的民事诉讼,并且委托辛普森刑事案件中的检察官作为原告的诉讼代理人。美国报刊这样报道了这件事:

在美国黑人橄榄球明星辛普森被判谋杀罪不成立而获释的16个月后,民事陪审团却在指责他残暴杀害前妻及其男友,下令给予死者家属850万美元的损害赔偿金。

陪审团一致认为,辛普森必须为1994年其前妻妮科尔及其男友罗纳德·戈尔德曼的被害负责,并指责他以"恶毒"和"高压"手段行凶施虐。

以白人陪审员为主的陪审团在审议了6天之后,裁定辛普森负有责任。

两名死者的家属闻判后大喜。他们在刑事庭判辛普森无罪获释后,提起这起民事诉讼,并且坚持辛普森必须受到法律制裁。

宣判结束后,辛普森在庭外数百名民众的倒彩声中离开法庭,并在警员护送下,登上雪佛莱牌黑色轿车离去。

由于戈尔德曼的家属是提出非法致死民事赔偿诉讼的当事人,因此,大部分赔偿金将拨归他们所有,作为补偿他们丧失家人的抚恤金。

妮科尔家属提出"幸存者索赔",而这种索赔在首轮审讯中无法获得。不过,妮科尔的家属可以享有惩罚性的损害赔偿,陪审团要求辛普森支付2500万美元的惩罚性赔偿费。

根据《时代周刊》调查辛普森资产的结果显示,他4年前约值1100万美元的资产,如今已因诉讼费用耗损殆尽,剩余的300万美元中的大部分,则已归入无法触动的养老和退休金。

民事诉讼的如此结果在美国也不是常见的现象,所以,引起的社会轰动决不亚于刑事案件的无罪判决。对辛普森案的刑事判决和民事判决如此截然不同,难免让人不能不怀疑司法判决的客观公正性。美国的司法界人士和法学学者们开始对司法程序的公正和社会正义的实现进行了认真的探讨和反思。一篇评论这样说:

人们将永远记住这戏剧性的 16 个月，记住妮科尔和戈尔德曼那不幸的遭遇，记住美国社会那许许多多噩梦般的肮脏和不法，直到消弭了种族对立，建立了公平正义，直到铲除了所有残暴罪行的那一天。

美国的一位法学家丹尼尔专门著书《诉讼游戏》，抨击美国的司法程序。他引用苏联的法律教科书对美国"程序公正"的批判："为了刻意表现对嫌疑人人权的保护，不惜以受害人的权利、社会公众的权利甚至道义可能被牺牲为代价。"丹尼尔评价说："从社会责任和良知来讲，俄国人的批评无疑一针见血地扯下了我们倍加珍惜的法制民主的温情面纱。在这面纱下，寻找罪犯的法庭上上演着一幕幕虚伪的诉讼游戏，正义和真实被偷换成从表面上看无可挑剔的公正。"他提出了一个尖锐的质疑："究竟什么是司法的最高道德：是正义还是公正？谁应该为美国的高犯罪率负责？是警察、法官等权力者的无能，还是被神化的人权至上主义？"

而德肖微茨则用完全不同的眼光看待程序公正和社会正义之间的关系，他在《最好的辩护》一书中说："尽管这个刑法制度是腐败而不公正的，但它仍能作出大致公平合理不偏不倚的判决，我们仍然享有这些自由的原因应归功于这个制度主张对立双方进行论争的法定程序——每个被告人都可以向政府提出异议。我在书中说明，为什么我坚信为这些有罪而为人唾弃的人辩护，甚至让一些确实有罪的人不受惩罚是我们为自由而付出的小小代价。想想看，如果美国的制度变成有罪的人、众所不齿的人，或至少是在有权有势的人看来是这样的人都被剥夺受辩护的权利，你又作何感想？"

无论怎样评价辛普森案的刑事诉讼过程和无罪判决，在刑事诉讼中代表政府指控辛普森而败下阵来的检察官却在代理受害人作为原告的民事诉讼中得以一雪前耻。被害人遗属对民事诉讼的胜利客观上已经为被害人作出了补偿（或者说司法救济），也对社会正义的实现作出了补偿。用报刊报道的话说，就是"有效地推翻了1995年对他的无罪判决"。社会正义通过另一条司法途径得以实现。[1]

2 生死一线

——2000年6月17日至18日，杨天勇、杨明才、滕典东相继被抓获。在杨天勇的保险柜中查获了王某某的手枪、王某的传呼机等物证，杨天勇等3人也一致供认杀害"二王"的犯罪事实。

——7月6日，云南省高级人民法院作出再审刑事判决：宣告原审上诉人（原审被告人）杜培武无罪。

——2000年7月11日，杜培武的辩护律师被通知到云南省第一监狱，参加杜培武案的再审宣判。当刘胡乐律师站到监禁杜培武的铁门外时，杜培武愣住了。铁门打开之后，杜培武扑进刘律师怀里号啕大哭，刘律师也不禁热泪盈眶。

---

[1] 辛普森被指控于2007年9月13日在拉斯韦加斯一家旅馆绑架和抢劫两名体育纪念品销售者。检察官对辛普森提出12项指控，其中包括两项持致命性武器抢劫、两项持致命性武器实施人身伤害、绑架、图谋抢劫和持枪抢劫等6项重罪指控。2008年10月3日，克拉克县地区法院的陪审团作出裁决，认定前橄榄球明星O. J. 辛普森所受12项指控全部成立。法庭于12月5日作出宣判，判处美国前橄榄球明星辛普森33年徒刑。根据拉斯加斯克拉克县地区法院的判决，辛普森因绑架罪获刑15年，因持有致命武器罪获刑6年，因袭击伤害罪获刑12年。61岁的辛普森将在监狱服刑至少9年后才能获得假释。

——我们不能因为公安机关办了一件错案就对无数公安民警付出的辛勤劳动视而不见，就将国家赋予公安机关并已成功侦破了许多刑事案件的侦查手段随意否决。

2000年6月14日上午10时左右，一个名叫柴国利的嫌疑人和他的女友到一家典当行去出售"4·20"抢劫杀人案中被害人的移动电话机和充电器等物品，被昆明市公安局刑侦人员抓获。6月17日上午，柴国利开始供认。他供认了以杨天勇为首的7人抢劫杀人团伙多次抢劫杀人的罪行，其中还供认1998年4月杀害王某某、王某，并抢劫王某某佩枪的罪行是这个团伙中的杨天勇、杨明才、滕典东3人所为。从17日至18日，杨天勇、杨明才、滕典东相继被抓获。在杨天勇的保险柜中查获了王某某的手枪、王某的传呼机等物证，杨天勇等3人也一致供认杀害"二王"的犯罪事实。

侦破"4·20"案件的负责人恰恰也是当年侦查杜培武案的负责人宁某。6月19日，宁某向昆明市公安局领导作了汇报，昆明市公安局组织了"错案调查小组"。6月21日，包括宁某在内的小组成员到云南省第一监狱找杜培武谈话，了解入狱后的申诉情况。据杜培武说，当天在谈话过程中杜培武和宁某发生了争吵，宁某还警告杜培武："你别忘了，你还是死缓犯。"

7月4日，云南省高级人民法院作出（2000）云高刑监字第17号《再审决定书》，称：由于发现原审判决认定事实确有错误的新证据，决定：本案由本院另行组成合议庭进行再审。

7月6日，云南省高级人民法院作出再审刑事判决：

云南省高级人民法院
刑事判决书

（2000）云高刑再字第9号

原公诉机关昆明市人民检察院

原审上诉人（原审被告人）杜培武，男，1967年5月17日生，汉族，山东省莘县人，原系昆明市公安局戒毒所民警，住昆明市××小区×组团×幢×单元×楼×号。1998年7月2日因本案被刑事拘留，同年8月3日被逮捕，现在云南省第一监狱服刑。

昆明市人民检察院指控被告人杜培武犯故意杀人罪一案，昆明市中级人民法院于1999年2月5日作出（1998）昆刑初字第394号刑事判决，本院于1999年10月20日作出（1999）云高刑一终字第295号刑事判决。上述判决发生法律效力后，由于发现了原审判决认定事实确有错误的新的证据，经提交本院审判委员会讨论，本院于2000年7月4日作出（2000）云高刑监字第17号再审决定，对本案提起再审。本院依法另行组成合议庭审理了本案，现已审理终结。

原审判决认定，被告人杜培武因怀疑其妻王某与王某某有不正当两性关系，伺机报复。1998年4月20日19时许，被告人杜培武约"二王"见面后，同乘一辆昌河牌微型车到玉龙湾玩。途中杜培武骗得王某某随身携带的"七·七"式手枪，用此枪先后将王某某、王某枪杀于云OA0455牌照的昌河牌微型车中排座位上，后连车带尸体又抛置于昆明市圆通北路40号思远科技有限公司门前人行道上。上述事实有公诉机关在一审庭审中出示的如下证据证实：有从云OA0455牌照昌河微型车离合器、油门踏板上提取遗留足迹泥土气味，经警犬鉴别与杜培武所穿袜子气味同一，证明杜驾驶过该车；从该车刹车踏板上、下以及胶皮垫下提取的泥土，经鉴定与杜培武所穿警式衬衣领左端，右上衣口袋和外衣口袋内提取的100元票面人民币上黏附的泥土以及公安学校射击场上的泥土均为同一，证实杜曾驾驶该车到过公安学校射击场；在被告人杜培武的警式衬衣右手袖口处检出军用枪支射击后附着的火药残留物质，证实杜曾穿此衬衣使用过枪支射击的事实；被告人杜培武在公安机关的讯问中供认犯罪，且有亲笔所写供词，并对现场进行过指认。昆明市中级人民法院一审认为被告人杜培武犯故意杀人罪的证据充分、真实，杜培武的行为构成故意杀人罪，且造成二人死亡的严重后果，犯罪情节特别恶劣，依照《中华人民共和国刑法》第232条、第57条的规定，以故意杀人罪，判处被告人杜培武死刑，剥夺政治权利终身。宣判后，被告人杜培武以其没有杀人，也不知其妻王某与王某某有不正当关系，原有罪供述是在被刑讯逼供下作的假供述为由，提出上诉。其辩护人也以本案无证据证实杜培武知道二人有奸情，杀人动机不清，有关证据来源不清，取证违法，杜无作案时间等为由，进行二审辩护。本院二审审理认为，被告人杜培武及其辩护人所提辩护意见不够充分，但鉴于本案的具体情节和辩护人所提辩护意见有采纳之处，在量刑时应予注意。据此，依照《中华人民共和国刑事诉讼法》第189条第（3）项的规定，以故意杀人罪改判被告人杜培武死刑，缓期二年执行，剥夺政治权利终身。

经再审查明：被害人王某、王某某于1998年4月20日19时许被枪杀于昌河牌微型车内的事实，已有公安机关提供并经本院查证属实的新的证据证明非杜培武所为。原审判决认定杜培武犯罪的证据已不能成立。

本院认为，根据本院现已掌握的新的证据，证明杜培武显属无辜，本院原改判判决仍属错误，应当依法予以纠正。据此，依照《中华人民共和国刑事诉讼法》第205条、第206条、第162条第（2）项和《最高人民法院关于执行〈中华人民共和国刑事诉讼法〉若干问题的解释》第304条、第312条第（4）项的规定，判决如下：

一、撤销本院（1999）云高刑一终字第295号刑事判决和昆明市中级人民法院（1998）昆刑初字第394号刑事判决书。

二、宣告原审上诉人（原审被告人）杜培武无罪。

本判决为终审判决。

审判长：田　某

审判员：肖某某

审判员：张某某

二〇〇〇年七月六日

书记员：赵　某

2000年7月11日，杜培武的辩护律师被通知到云南省第一监狱，参加杜培武案的再审宣判。当刘胡乐律师站到监禁杜培武的铁门外时，杜培武愣住了。铁门打开之后，杜培武扑进刘律师怀里号啕大哭，刘律师也不禁热泪盈眶。

2000年11月17日上午9时，杨天勇抢劫、杀人团伙案在昆明市体育馆公开宣判，杜培武作为受害人的家属参加了对杨天勇案的诉讼，也参加了对杨天勇等人的宣判。他对记者说：

我一直盯着杨天勇等人的脸色观察，尽管杨天勇装出一副无所谓的神情，其实内心非常害怕，宣判会不到1小时他的脸色渐渐变绿了，其他人也一样。如果再让他撑上1小时，这些人肯定瘫倒在地。我说这些话是有切身感受的，1999年3月1日，我被宣布判处死刑后，心情和他们一样。面对死亡，我设计几种"临刑表情"，后来感到都不妥。如果我微笑面对，"若无其事"，人们会骂我死不悔改，其实内心虚弱；如果面无表情，他人会说我凶残狠毒；如果显得恐惧，别人又要说我是孬种。杨天勇以"微笑"面对死亡，是他为自己临刑表情作的定位，其实内心深处十分恐惧。

杜培武冤案被纠正（中国人习惯叫"平反"）后，发生了3起诉讼案件：

（1）杜培武请求云南省高级人民法院国家赔偿案。根据《中华人民共和国国家赔偿法》的规定，刑事赔偿由最后作出错误司法决定的机关承担赔偿责任。云南省高级人民法院的二审判决虽然留住了杜培武的性命，致使杜培武至今心存感激，但是依照《中华人民共和国国家赔偿法》还只能由云南省高级人民法院承担，这可能是立法者没有预见到的一种尴尬。

此案以杜培武获得了国家赔偿为结果。那是一笔少得不能再少，与他蒙受的折磨和苦难绝对不成正比的赔偿。不过，这是依法的。因为《中华人民共和国国家赔偿法》本身并没有规定精神损害的赔偿内容。

(2) 对两位刑讯逼供指挥、组织者的刑事诉讼，以判处缓刑结案。

(3) 杜培武及其子杜鸿睿诉《知音》杂志及作者"亦冰"名誉侵权案。当杜培武刑事案件正在二审的过程中，"亦冰"撰文的《放纵家怨情仇，终酿警界血案》在1999年11期《知音》杂志上发表。该文的主要内容是对杜培武与王某感情经历的描述，并且杜撰了杜培武怀疑杜鸿睿是否自己亲子的情节。原告在诉状和庭审中一再强调，凡是由一审判决和《破案报告》提到的内容，均不由被告承担任何责任，被告人必须对自己杜撰的内容承担民事责任。昆明市五华区法院于2001年8月28日作出判决，确认二被告的行为构成对二原告的名誉侵权，判令二被告对二原告公开赔礼道歉，并赔偿精神损失3万元。被告人"亦冰"于2001年9月25日向昆明市中级人民法院提起上诉。她在上诉状中说："我们不能因为公安机关办了一件错案就对无数公安民警付出的辛勤劳动视而不见，就将国家赋予公安机关并已成功侦破了许多刑事案件的侦查手段随意否决。"这是在杜培武冤案被纠正后，为此冤案进行公开辩解的第一篇文字。更使人不得其解的是，该案由于"亦冰"上诉，一审判决不能生效。而据经办法官说，武汉的法院拒绝代为向《知音》杂志送达上诉状，所以迟迟未能进入二审程序。

直至2002年7月3日，该案二审开庭。同在昆明市内的两级法院，从上诉到开庭延续了9个月，这种"效率"其实并不罕见。杜培武已经不堪忍受已经开始愈合的创伤被再次揭开的伤痛，他没有参加开庭。庭后，他委托律师在一审判决的基础上作出让步，以调解结束了这个案件。

3 追求公正和正义

——究竟什么是司法的最高道德:是正义还是公正?谁应该为美国的高犯罪率负责?是警察、法官等权力者的无能,还是被神化的人权至上主义?

——没有司法公正,必然不可能实现社会正义。

——而更为荒谬的是,这个制度之所以没有效率,不是由于美国人的蠢笨,没有办法管理好这架机器,而是因为人们故意不想让它有效地运转!

——我只希望"杜培武冤案"永远成为历史,如果达到这样的目的,我个人所遭受的苦难还是有价值的,毕竟在国家的民主法制建设过程中也需要有人作出牺牲。

——杜培武案件的教训就在于对现行程序法有法不依,执法不严,违法不究。

——一个维护正义的社会,依靠公正的法律的支撑;保证法律的公正,依赖于执法者对人的权利的尊重和对法律的崇敬。

戈尔德曼的父亲在辛普森被判无罪后发表了一次无比激愤的讲话:"1994年6月13日是我一生中最可怕的噩梦降临的一天,今天是第二个噩梦。今天并不是检察官输掉了这场官司,今天失败的是这个国家,正义和公道没有得到伸张。"美国法学家丹尼尔在肯定了苏联教科书对美国式的"司法公正"的批判之后,提出了一个尖锐的质疑:"究竟什么是司法的最高道德:是正义还是公正?谁应该为美国的高犯罪率负责?是警察、法官等权力者的无能,还是被神化的人权至上主义?"

应当说,公正和正义有所不同,司法公正与司法正义不是同一个概念。尽管在英语中,它们都被用同一个单词 Justice 来表示,但推敲起来,两者是有区别的。公正,指办事不偏不倚,讲究公道、讲究平等,通俗地讲,即"一碗水端平"。在中国古人创造的"法"字中,偏旁"水"字,就代表"法"这种行为规范以及司法这种法的实践应当平直如水。这就是中国传承久远的古老的公正观。正义,指行事正,道义明。公正是正义的首要含义;道义是正义的基本要求;司法公正,要求法律面前人人平等。比如,如果小官员贪污、受贿100万元就枪毙,而大官员贪污、受贿500万元只判15年徒刑,这就是司法不公。司法正义,要求"不放过一个坏人,也决不冤枉一个好人",即在维护社会秩序和保障公民基本人权之间寻求平衡。"不放过坏人",就是要维护社会秩序不受破坏,假如受到破坏则能尽快得到恢复;"不冤枉好人",就是要切实保障涉嫌犯罪的每一个公民的基本人权,保证其不因蒙冤而丧失人身自由,丧失合法的财富,丧失正常的生活。正义是维护秩序和保障人权的统一。这种统一,决定了我们应当放弃"不放过一个坏人"的梦想但应捍卫"不冤枉一个好人"的底线。从这个角度说,司法公正,主要表现在程序上,其次表现在实体上;司法正义,则主要表现在实体上。从这个意义上讲,司法不公是我国司法的普遍现象,而司法正义,所实现的程序当然与其息息相关。社会地位、财富状况、教育程度甚至生活地域不同,司法的过程和结果大不相同,已是司空见惯的事实。比如,1998年云南昆明和湖北宜昌同时发生了两起案件。前者是:一个银行的男性出纳拿了储户交存的60万元现金去赌博，在10天内输了45万元。案发后，司法机关在几天内追回了大部分赃款，为独子的性命担忧的父母东挪西凑，不仅补足了余款，而且多交了6 000元"利息"。后者是：一个移民局的女性出纳，在不到1个月内，拿了100多万元的移民款去赌博，输得一干二净，司法机关没有能够追回赃款。两名被告人都没有任何法定的从轻情节，都被认定为贪污罪，然而，前者被法院判处死刑，后者被法院判处无期徒刑。这是怎样的"公正"，又是怎样的"正义"啊!？有谁敢说，和后者相比，前者的服刑或者更准确地说，法院让他服刑是正义的呢？

如果说"司法的最高道德"或者说司法追求的目标是什么，答案应当是社会正义。至于司法公正，是实现社会正义所必需的手段。没有司法公正，必然不可能实现社会正义。所谓"黑暗的公正"是指用违法甚至是犯罪的手段去追求"社会正义"，这从社会总体上，或者从社会长远发展的角度看是完全行不通的。在笔者少年时曾听说过这样一个故事：

有一位战斗英雄回家探亲，发现家中的父母妻儿全部饿死了。活着的乡亲告诉他，由于干部虚报产量，公粮定额越来越高。他的父亲为了不给战斗英雄的儿子丢脸，把家里的粮食全部交了公粮，因此发生了全家饿死的惨剧。当然，村里饿死的人还很多，决不仅他们一家。这位战斗英雄愤怒了，他闯进大队干部家中，把两家共11口人全部枪杀后自杀了。

这个行为在这位战斗英雄看来无非也是一种"黑暗的公正"吧。如果每个人都具有执法的权力，都可以自行去"维护"自己认为的"社会正义"，这个社会还会有正义吗？戈尔德曼的父亲再激愤，他也没有去对辛普森实施报复，没有用自己的行为去追求他认定的"社会正义"。这表明他不是一个只知道"以牙还牙，以眼还眼"实施对等报复的野蛮人。他最终通过民事诉讼确认了辛普森的罪行，表明他是一个懂得尊重法律程序的文明人，尽管他对这种程序已经伤透了心。

我国《刑事诉讼法》第2条规定："中华人民共和国刑事诉讼法的任务，是保证准确、及时地查明犯罪事实，正确应用法律，惩罚犯罪分子，保障无罪的人不受刑事追究，教育公民自觉遵守法律，积极同犯罪行为作斗争，以维护社会主义法制，保护公民的人身权利、财产权利、民主权利和其他权利，保障社会主义建设事业的顺利进行。"这就是说，诉讼程序的法律规定（法学名词叫"程序法"）追求的主要是程序正义，而规范人们具体行为的法律（法学名词叫"实体法"）则追求实体正义，实体正义需要通过程序正义的保障才能得到安全有效的实现。

但是，程序正义和实体正义是一对矛盾的统一体。在辛普森案件中，虽然程序法得到了严格的遵守，应当说是实现了美国标准的程序正义。但是，由于他们过分强调程序公正，以致妨碍了对事实真相的探寻，妨碍了对实质正义的追求，因此，实体正义不可避免地会作出某种程度的牺牲。正如德肖微茨所说："让一些确实有罪的人不受惩罚是我们为自由而付出的小小代价。"不过，对戈尔德曼的父亲来说，他决不认为这样的代价是"小小"的；美国犯罪率居高不下，"荣获""犯罪者天堂"的"美誉"，也证明这个代价决非"小小"！

刘卫政和司徒颖怡是两位美国犯罪学华人博士，他们所著的《疏漏的天网》中有对美国刑事司法制度非常准确的阐述：

从警察依靠现代化的科技手段，在罪案发生几分钟之内即可得到犯罪人的全部犯罪资料，并在全国范围内进行通缉这一事实可以看到，美国警察执法的效率在全世界都是第一流的。但我们又从大量被起诉的犯罪嫌疑人大摇大摆地走出法院大门，而只有不到10%被逮捕的犯罪嫌疑人最终被判刑入狱这一观察中认识到，美国的刑事司法制度又无疑是一个没有效率的制度。而更为荒谬的是，这个制度之所以没有效率，不是由于美国人的蠢笨，没有办法管理好这架机器，而是因为人们故意不想让它有效地运转！

美国人根深蒂固地认为，个人价值是绝对的，国家的价值是相对的。代表国家的政府存在的目的是为每个个人服务。每个个人都是一个完整的价值单位或完整的社会机器，而不是国家或社会这个大机器上的一颗螺丝钉。美国人绝对不能认同为了国家和民族的利益可以牺牲个人的价值，恰恰相反，只有将个体生命和个人幸福视为至高无上的国家，人民才会去捍卫它。老百姓的个人利益高于国家的利益，这是美国立国精神和社会的基本价值，体现在美国宪法及宪法权利法案内容之中，而刑事司法制度正是这种社会利益向个人权利妥协的真实写照。

美国人因为囿于自己传统文化的局限，显然疏忽了一个重要的问题：公正的司法程序不仅应当保护犯罪嫌疑人的权利，同样也应当保护被害人的权利，甚至警察、法官、律师、检察官，他们也是这个国家的公民，尽管是在公务活动中，他们的个人权利同样应当得到保障。只有各个参与诉讼的个人权利都得到保障，这样的司法程序才是公正的，也唯有如此，社会正义才能在这样公正的程序中得以实现。所以，笔者坚持不能赞同"美国的司法制度比中国先进"的论点。

杜培武对他的冤案是这样看的：

我只希望"杜培武冤案"永远成为历史，如果达到这样的目的，我个人所遭受的苦难还是有价值的，毕竟在国家的民主法制建设过程中也需要有人作出牺牲。

这正好是一种与美国人截然相反的价值观念。可是，当这种令人尊敬的价值观被一些人滥用，把杜培武的灾难理所当然地当作"交学费"时，这就是在践踏法律，践踏司法公正，践踏社会正义。

对第二次世界大战中纳粹战犯的审判，应当可以说是一次司法公正与社会正义相统一的范例。当时的同盟国苏联认为，这些战犯恶贯满盈、天人共愤、死有余辜，最多花两个星期走个形式，统统枪毙了事。可是英、美、法三国则认为，这些人只是战犯嫌疑人，是不是战犯？是什么程度的战犯？都应当经过审判才能确定，三国不仅主张要给被告人自我辩护的权利，而且还要为他们出钱请他们自己选定的律师为他们辩护。在三国多数票的支持下，纽伦堡战犯审判法庭用了近一年的时间进行审判，判决22名被指控的主犯中的2人无罪。中国记者萧乾指出："倘若采取枪毙了事的办法，使战后欧洲遍地是冤魂以及屈死者的后人到处徘徊，中欧能有今天的安定吗？"我国对江青、林彪反革命集团的审判不能不说是接受了前人的经验、教训的明智之举，为打开大门，迎向世界的中国树立了公正、正义的良好国际形象。

在《尚书》中，中国有句古语"大刑用甲兵"，即最重的刑罚就是"兴师问罪"，举兵讨伐。当然，在《尚书》所涉及的时代，中国尚处于原始社会。法律也好，刑罚也好，都还没有产生。所谓的"罪"，是指道德观念上的犯罪，大抵相当于我们今天在犯罪学意义上所讲的犯罪；所谓的"刑"，与"兵"是一个意思，指部落战争。黄帝听说东南蛮夷杀人放火、无恶不作，便借口替天行道，打着"天赐五刑"、"天讨有罪"的旗号，召集、联合一些部落加以征讨，其五刑之首就是"兵"。由于历史上"刑"和"兵"的概念混同，所以"兵不厌诈"在今天似乎就可以转化为"刑不厌诈"，"兵贵神速"也可以转化为"刑贵神速"。于是，在重大案件发生后，公检法就被要求限期破案，从重、从严、从快地完成刑事司法程序。公检法三个互相监督、制约的机关变成了密切配合、协调一致的"海陆空三军"，一切违反程序法规定的行为都在"兵—刑不厌诈"的借口下被忽略不计了。形成杜培武冤案的症结不是正在于此吗？中国还有一句富有哲理的成语："欲速则不达"。限期破案，从快判决杜培武的结果是放过了杀害"二王"的真正凶犯，杨天勇等罪犯在客观上被放纵了，他们的犯罪行为延续了两年之久。按照"亦冰"的说法，为对杜培武冤案罗织"证据"的"公安民警付出的辛勤劳动"究竟是功还是过呢？如果把这些"辛勤劳动"付在追查真正的凶犯上，即使没有在限期内破案，至少可能不被拖延两年之久，至少不会造成对公检法三家都是奇耻大辱的杜培武冤案。可见，违反规律，人为地搞什么"限期破案"，明显是外行领导内行的表现。

纵观杜培武冤案的全过程，我们可以看到：非法羁押、刑讯逼供、违法取证、提前介入、有罪推定、疑罪从轻，等等，都是被我国现行程序法律禁止的。可见，杜培武案件的教训就在于对现行程序法有法不依，执法不严，违法不究。李鹏同志说，这种现象"还比较普遍和严重地存在"。看来是符合实际的。

追求公平和正义，是人类共同的美好理想。一个维护正义的社会，依靠公正的法律的支撑；保证法律的公正，依赖于执法者对人的权利的尊重和对法律的崇敬。世界会有这一天吗？笔者不敢斗胆预言。中国会有这一天吗？笔者充满信心。

第六章

劫后余生

在杜培武案被改判后,云南地方的新闻媒体和外地的、级别更高些的新闻媒体的反映各有不同。此中原因想来众所周知,也不是本书所要探讨的问题。但是,为了这本书能够尽可能完整地反映杜培武案件的全过程,记录各个方面对此案的真实、原始的反应,我们把当时关于此案的各种相关的报道都采集在此,作为资料性的附录,以供读者更真切、全面地了解社会各方面对这样一个冤案的反应。

杜培武案的特点在于所有参与此案的人都与杜培武往日无怨,近日无仇,绝大部分人甚至与其素不相识。相识者也恰恰是他曾经的同学、校友和同事。每一个参与办案的人,都没有要让杜培武蒙冤的个人动机,他们都是在"履行公务",而且没有丝毫公报私仇的因素掺杂其中。所以有人宿命地认为杜培武是"20世纪世上最倒霉的男人"。所以在十多年后仍然有人认为"穷人不需要律师"而甘当阿Q。有多少人想过,如果你也碰到了这种事呢?你突然因为莫名其妙的原因被警察带走了,在刑讯逼供下按照警察的要求承认你杀了人,然后就被判了死刑。而且恰恰不是因为你得罪了什么人,也没有贪赃枉法，公报私仇，完全是一种偶然的因素就可以造成这种噩梦，你还会觉得你生活得平安、幸福吗？我们希望彻底铲除能产生这种噩梦的一切根源。

冤：民警险成当代窦娥
奇：执法部门如此办案
——云南昆明公安局干警杜培武冤案录[1]

案发

1998年4月20日晚，昆明市公安局民警王某（女）与昆明市石林县公安局民警王某某（男）被人枪杀，王某及王某某（以下称"二王"）尸体被作案人从作案第一现场移置于昆明市圆通北路40号思远科技有限公司门前人行道上一辆牌号为"云OA0455"的警车内（该车系王某某当天所驾车辆）。

案发后，警方以昆明市公安局戒毒所民警、王某丈夫杜培武因对"二王"有不正当两性关系怀恨在心，涉嫌骗取王某某配用手枪（枪号1605825七·七式）将"二王"杀害为由，于案发后将杜拘押，1998年7月2日，杜培武被刑事拘留，同年8月3日被批准逮捕。1999年2月5日昆明市中级人民法院（1998）昆刑初字第394号刑事判决书判处"被告人杜培武犯故意杀人罪，判处死刑，剥夺政治权利终身"。

一审宣判后，杜培武及其辩护律师刘胡乐、杨松以事实不清，适

---

[1] 2000年8月17日，《工人日报》发表陈昌云记者采写的报道。

用法律不当，定性不准，证据不足，诉讼程序严重违法以及办案人员有刑讯逼供行为为由，向云南省高级人民法院提出上诉，要求改判杜培武无罪。云南省高级人民法院以"根据本案的具体情节和辩护人所提供其辩护意见有采纳之处"为由，于1999年10月20日以（1999）云高刑一终字第295号刑事判决书改判杜培武"犯故意杀人罪，判处死刑，缓期两年执行，剥夺政治权利终身"。

随后，杜培武被投入关押重刑犯的云南省第一监狱服刑。

据知情人介绍，从昆明市中级人民法院1999年2月5日一审判处杜培武死刑到同年10月20日云南省高级人民法院改判其死缓刑的8个月间，杜培武一听到看守所铁门"哐当"作响就吓得心惊肉跳——他以为每一次铁门响声都可能是押他上刑场的最后时刻。

公安侦查

"二王"被杀属重大案件：第一，被杀者是两名公安民警；第二，凶器是王某某配枪；第三，连杀两人；第四，弃尸警用车中。案件引发了云南省、昆明市党政领导及公检法的高度重视，基于可以理解的原因，如此恶性特大杀人案势必受到来自各方面的关注。

据一些资料显示，办案人员对杜培武与"二王"被害一案的关系是如此推断的：因为杜培武知道"二王"有不正当的两性关系——所以怀恨在心——结果是杜培武要杀害并且伺机杀害"二王"。

应该说，这种推理与怀疑并非没有道理，但需要指出的是，这个推理逻辑疏漏处甚多。首先，假如"二王"关系真有异于常人之处，这显系隐情，具有较大隐蔽性，杜培武是否知道值得怀疑。若对"二王"之情浑然不知，如何会"怀恨在心"（根据本人的一再辩解、申诉，事实上他的确不知"二王"隐情)？其次，就算知道"二王"隐情，是否就一定"怀恨"？若恨，是两人都恨，还是只恨一人？再次，就算"怀恨在心"而且对二人恨之入骨，是否必然采取杀人的办法来解决问题？因为恨的结局并非是必然仇杀。最后，就算是用杀人的方式解决问题，杜培武身为民警难道不知道二人死后由于他与王某的特殊关系其嫌疑最大的道理？难道不知道军用枪支杀害两名民警会引起警方穷追不舍的侦破？从警近十年的杜培武竟然一点反侦破的常识和能力也没有，岂不奇怪？

这些问题无一不反映办案中的某些疏漏。

但是，这些明显的疏漏都被忽略不计了。

于是，冤案发生了。

据了解，在侦破所谓"杜培武杀人案"中，警方动用了新中国成立以来云南省最为先进的刑侦科技手段，从警犬、测谎仪、拉曼测试（射击残留物检测），到泥土矿物质含量微量元素测定分析。至于传统的、常规侦破手段就更不用说了。除去上述刑侦手段外，一些部门使用了刑讯逼供手段（从杜培武手腕上凹陷形伤痕和他被打烂的衣服及他写的《刑讯逼供控告书》中可见）。在人的意志无法忍受的生理、心理痛苦等巨大压力之下，杜培武只好承认自己杀人犯罪，并"供述"了一整套骗枪杀人的"情节"，交代杀人凶器——王某某佩枪被他丢弃于昆明银河酒家（距抛尸现场约1000米左右）门前垃圾桶内（此事据律师调查，案发时银河酒家门前根本没有垃圾桶），但直到杜培武被两审法院判处死刑，公安部门也没有找到这支杀人的手枪。

检察院公诉

昆明市中级人民法院（1998）昆刑初字第394号刑事判决书写道：公诉机关人民检察院向法院就杜培武故意杀害"二王"这一事实出示了下列证据：

公安机关刑事科学技术鉴定结论：

（1）对云OA0455号昌河牌微型面包车内现场勘查，对被害人王某某、王某尸体检验及死亡时间推断，车内血痕与二被害人血型鉴定、枪弹痕迹鉴定证实，被害人王某某、王某于1998年4月20日晚20时许，在云OA0455号昌河牌微型面包车内，被他人持被害人王某某生前配发的枪号为"1605825"七·七式手枪近距离击中左胸部，致开放性血气胸合并心、肺脏器破裂当场死亡，后二人尸体连同该车被抛弃在本市圆通北路40号思远科技有限公司门前人行道上的事实。

（2）云OA0455号昌河牌微型面包车驾驶室离合器、油门踏板上遗留的足迹泥土气味及杜培武所穿袜子气味经警犬气味鉴别（多只多次）均为同一，证实杜培武驾驶过该车。

（3）对云OA0455号昌河牌微型面包车驾驶室刹车踏板上、踏板下胶皮垫上提取泥土与杜培武所穿警式衬衣衣领左端、右上衣袋黏附泥土痕迹，其所穿警式外衣口袋内提取一张面额百元人民币上黏附的泥土痕迹以及在本市区北郊云南省公安学校射击场上提取的泥土痕迹鉴定均为同一类泥土，证实，杜培武曾将云南省公安学校射击场泥土带入云OA0455号昌河牌微型车内并黏附在自己的衣服及人民币上的事实。

（4）在被告人杜培武所穿警式衬衣右手袖口处检出军用枪支射击后附着火药残留物质，证实被告人杜培武曾经穿着此衬衣使用军用枪支射击的事实。

律师辩护

对上述"铁证"，杜培武的辩护律师认为：指控杜培武犯故意杀人罪的取证程序严重违法。

首先，"刑讯逼供后果严重"。杜培武一开庭就向法院陈述了在公安侦查过程中遭受刑讯逼供的情况，并将手上、脚上及腿上的伤痕事实让合议庭法官及诉讼参与人过目验证,足以证实他遭刑讯逼供的客观存在,杜本人也向辩护人及驻监检察官提供了《刑讯逼供控告书》。律师依据有关法律请求法庭确认杜在侦查阶段所作的供述无效。

其次,律师根据公安机关《现场勘验笔录》及现场照片并没有"刹车踏板"和"油门踏板"附着足迹遗留泥土的记载,认为在案发几个月后才作出的《补充现场勘查笔录》严重违反取证的法律程序,违背了客观公正原则,认为所谓"刹车踏板"、"油门踏板"上足迹附着泥土系虚构的证据,不足采信。

最后,本案没有证据证明被告人杜培武具备故意杀人的主观动机,由此,从犯罪构成要件角度分析本案,指控杜培武犯有故意杀人罪缺乏主观要件,不能成立。

律师认为从时间、案发地、气味鉴定、作案工具、射击残留物等方面看,在客观方面没有证据能够证明杜培武实施了故意杀人行为。

法院判决

对于律师这些质疑以及请求法院认真审理排除疑点的辩护,一审法院认为是"纯属主观、片面认识的推论,无充分证据予以支持"而明白表示:"本院不予采纳。"反之,庭审中,对公诉机关的所谓"铁证"指控则认为"证据内容客观真实,证据充分,采证程序合法有效,其指控事实清楚,罪名成立,本院予以确认"。同时判决书还严厉指出:"被告人杜培武当庭'未实施杀人行为'(的说法),纯属狡辩,应予驳斥。"

1999年2月5日,法庭作出了以故意杀人罪判处杜培武死刑、剥夺政治权利终身的判决。至此,杜培武在公、检、法三家的合力"加工"下,完成了由一位无辜公民、民警,变成死刑犯的过程。

一个执法者消失,一个"持枪杀人犯"诞生了。

一审判决宣布后，杜培武的辩护律师不顾来自各方的可怕压力，坚持代杜培武向云南省高级人民法院上诉，为杜培武作无罪辩护。律师指出，一审以故意杀人罪判处杜培武死刑纯属事实不清、证据不足、定性不准、适用法律不当、诉讼程序严重违法。并坚持认为一审法院没有任何证据证明被告人杜培武具备杀人主观动机，一审法院在客观方面没有任何证据能够证明被告人杜培武实施了故意杀人的行为。

1999年10月20日，云南省高级人民法院作出终审判决，判决书重复一审法院的判决书用语，一方面说"本案基本犯罪事实清楚，证据合法有效，应予以确认"，另一方面说"但根据本案的具体情节和辩护律师所提其他辩护意见有采纳之处，本院在量刑时应予以注意"。由于这39个字，杜培武由死刑（立）改为死缓，无辜的生命保住了，但他仍被定为罪恶滔天的故意杀人重刑罪犯，从1998年4月底到2000年7月初，杜培武在监狱中度过了整整26个月的时光。

谁是真凶

2000年6月，昆明警方破获了一个杀人劫车特大犯罪团伙，该团伙自1999年以来，抢劫盗窃杀人作案23起，共盗抢车辆20辆，杀害19人。犯罪嫌疑人供称杀害"二王"系他们所为，并交代了杀人经过。

这伙犯罪嫌疑人供称，他们在昆明市滇池湖畔的海埂某地抢劫"二王"，并用抢劫的王某某的手枪将"二王"枪杀，然后将尸体连同王某某所驾车辆（云OA0455号车）移动到圆通北路40号思远科技有限公司门前人行道上。

据了解，当时参加"杜培武杀人案"侦破的一些民警刚好参与此案侦破工作，在得到这些犯罪嫌疑人抢劫杀害"二王"的供述后急忙向上级报告,于是戏剧性的场面出现了……

改判无罪

2000年7月10日,云南省公安部门以"通稿"形式向媒体公布破获这个特大杀人抢劫犯罪团伙的情况。继之,于次日即7月11日,中共云南省政法委员会又以"通稿"的形式向社会宣布:杜培武故意杀人案因有"新的证据"证实"非杜培武所为,杜培武显系无辜",而由省高级人民法院以(2000)云高刑再字第9号刑事判决书宣告杜培武无罪,当庭释放。

走出监狱铁门的杜培武看到前往接他出狱的辩护律师时恸哭不止。事后,律师说:这是他一生中最伤感的时刻。

反思

据记者了解:直到现在,有关部门及当时"督办"该案的人员并未公开对"杜培武冤案"有什么说法,只是昆明市公安局局长代表市公安局及局党委向杜培武道歉,承认"我们错了"。区区4个字,包含着一条生命的生死之别;短短一句话,包含了该案执法部门违法甚至犯罪的行为。阎王殿里走了一遭的杜培武,生命就值4个字吗?!

云南律师王达人谈到该案时认为:"杜培武冤案"不存在谁故意整谁的问题,问题在于公安部门罗织编造证据去推断。我们明明有新的《刑事诉讼法》,如果公、检、法三家都严格依照《刑事诉讼法》办案,悲剧完全可以避免。省法院二审对杜培武的改判,反映了它的矛盾心态,其实它已认识到本案事实不清,证据不足,应当将杜培武一案再认真审理,但它又不能依法这样做,这里涉及法院的独立审判问题,法院做不了主,无法实施法律赋予它的权力。

还有一个问题,我国法律规定诉讼参与人如果作伪证会受到法律制裁，但公诉机关提供伪证怎样处置则无法可依。另外，法院违反《刑事诉讼法》作出的判决又应承担什么责任，现行法律没有规定。除了《国家赔偿法》对受害人进行赔偿，公诉机关、审判机关办了错案无法追究负责人的法律责任，因此，一些办案人员就认为其权力不受监督，无所顾忌。

在杜培武一案判决书的最后部分有这样一句话："杜培武无视国家法律，非法剥夺他人生命，其行为构成故意杀人罪，应依法严惩……"

纵观此冤案，对云南省该案的办案人员是否也应使用"无视国家法律，非法剥夺他人生命，其行为构成××罪，应依法严惩"呢？！

被冤者出狱了，但执法者仍高坐执法台上……

劫后余生说噩梦
——杜培武访谈录[1]

记者旁白

杜培武冤案在当今中国实属罕见。它的产生、发展、酿成，实质上是在整个刑事诉讼中，侦查、起诉、审判部门少数人丧失执法者应有的法治观念，以"法律"和"国家执法机关"的名义，公然蔑视和践踏宪法及法律的结果。我们今天的成文法律已相当健全，各种监督机制也较为完善，执法者的文化素质、业务素质也有很大的提高，从理论上讲，不应该发生杜培武冤狱一类的悲剧，但问题在于它仍然发

---

[1] 2000年9月14日，《工人日报》再次发表陈昌云记者采写的报道。

生了，这说明在当前的执法环境中，"执法违法"的现象还客观存在着。

时至今日，除在杜培武刚出狱不久昆明市一些机关及个人"礼节性"地到杜家看望和表示歉意外，故意和肆意制造冤案的责任者未听说被有关法律和党纪、政纪追究。由于冤案给杜培武精神及肉体留下严重伤害，在他本人要求下，已住入医院一个多月，有关方面相当"镇静"，和当初抓他、判他的"急迫"与"热情"相比，判若霄壤。

虽然，杜培武于今年3月7日被开除的公职已于7月10日恢复，党籍也恢复了，工资及福利待遇也从今年7月恢复发放，但杜培武仍一片茫然，他不知道从1998年4月22日至今年7月11日被诬陷坐牢期间算什么，也不知道将来怎么办。马克思在《摘自"德法年鉴"的书信》一文结尾时说："人类要洗清自己的罪过，就只有说出这些罪过的真相。"这里借用这句话，就是我们再次更全面、更深入、更准确披露这起冤案的目的。这篇《访谈录》系记者近日与杜培武本人的多次谈话记录，并经杜培武本人过目认可。

1. 我是怎样入狱的

妻子被杀时我在哪儿？

记者：请你从头至尾把你在这个案件中亲身经历的过程谈一下。

杜培武：我想都不敢想，我一想头就疼，有些问题你看我给你们的控告材料，我不敢回忆那些情节，太可怕了！

1998年4月20日上午7时20分，我从居住地昆明市新迎小区乘我单位戒毒所的车子到戒毒所上班，从住地到戒毒所约20多公里。8时30分到戒毒所。

因当时我正准备报考中央党校法律本科班，所以全天都在办公室复习准备考试。

晚上6时下班后，我在食堂吃饭，本单位的同事范乃键、高玉才均在。7点多我到办公室继续复习功课，当晚因办公室所在地要放录像，我嫌吵，就从办公室拿了资料到我宿舍复习，出办公室所在地强戒部门口时我还碰见民警李颖。我回到宿舍约8时左右。复习到9时多我从宿舍出来，拿杯子到食堂取牛奶，碰到康复部的黄建忠，我们聊了一会儿。之后我到大门口打了一个电话回家，然后回到宿舍，到21日早上7点多钟我从宿舍出来。这是我20日整天的活动情况。

20日晚9点多，我在单位大门口打电话回家问保姆我爱人王某是否在家，得到的答复是没有回家。我又给她打了两个传呼，也没有回音。打传呼不回的现象在我们夫妻生活中从未有过，我感到诧异。后来我又打了电话、传呼找她，还是没有音讯。

21日上午，我打电话到她单位（昆明市公安局通讯处），单位领导说未看见她上班，我又问是否请过假，领导表示：没请假。这一现象从未发生过，我感到很紧张，便开始寻找妻子。我把此事向单位领导作了汇报，又把情况告诉了王某在昆明市检察院工作的哥哥王晓军。我和王晓军约好上午9点在市检察院碰头，一块寻找王某。我当时考虑很多，比如是不是车祸啦、意外事故啦，为此我打过电话到所有交警队查询有无交通事故，还通过市公安局情报资料处查询四区八县是否出现不明尸体的情况。下午，王某单位领导、戒毒所领导都来到新迎小区我的家，一起帮助寻找，并向"110"报了案。这天我在家里六神无主，不知道该怎么办，整天处在惶恐与焦虑中。22日上午，王某仍无音信，一股不祥的预感袭来，我的心抽紧了。

我成了犯罪嫌疑人

22日下午2时左右，戒毒所的一位领导到家来问我是否吃饭了，没有吃就到外边吃点儿。我和他一块下楼上了一辆汽车，当车开到云南省交警培训中心大门口时，车突然停了，从车门两侧上来几个身份不明的人把我按住，全身上下搜查，我非常紧张。搜完后一边一个人卡住我关上车门，车子沿高速公路开到严家地市公安局刑侦支队四楼，把我交给了后来才知道的"4·22专案组"。

专案组的人把我带到他们办公室，反复讯问我4月20日的活动，我多次反复讲那天的活动情况，办案人员3天3夜不许我睡觉，让我交代问题。第4天，他们让我休息了三四个小时，接下来又讯问我20日的情况、我朋友的情况、我以前所有的情况，等等，讯问从4月22日下午持续到5月2日，连续10天。在这个过程中，我多次向办案民警索要有关法律手续，因为扣押我10天10夜，没有办任何法律手续，我觉得是违法的，在我多次要求下，他们被迫开了一张《传唤证》让我签字。我是学法律出身的，我说，一张传唤证，最多只能留滞我12个小时，你们已经关押我10天10夜了，又没有办其他法律手续，凭什么还要扣押我？一个办案人员说："想扣你，就扣你，要什么法律手续？"我说，如果这样我就要请律师。办案警察说："我们不同意，你请个屁！"在此期间，他们告诉我王某、王某某被杀的事。办案警察还说："人就是你杀的，你是嫉妒，你是报复杀人。"

5月2日，他们把我押回原单位——昆明市公安局强制戒毒所变相关押，不准与外界接触，不准离开关押房间，每天24小时有许多警察轮班看着我。在戒毒所期间，办案人员又对我反复讯问，并提取我的指纹。对他们的讯问，我都如实做了回答。这里有个情节，在6月中旬左右，刑侦支队的某领导到戒毒所对我说："杜培武你听着，我们已经查了，就是你干的。"我说："我没干，希望你们认真调查。"他说："是不是你干的，你都要背着，我们为了查你的案子已经两个多月没休息了，我们怎么交差。"我说："我没干，为什么要我背着？

你们这不是搞冤案吗?"

我是这样"杀害"妻子的

1998年6月30日上午,一个办案负责人和两个民警将我从戒毒所带到昆明市中级人民法院,用测谎器对我进行测谎。测试人员出了几组题目,由市中院一男一女两名工作人员测。问:"4月20日晚上,你有没有离开戒毒所?""是不是你上车开枪把他们杀死的?""是不是你用王某某的枪把他们俩杀死的?"等等。我据实回答,测谎器却说我说谎。此时,市局的一位副局长、刑侦支队领导以及专案组警察七八个人把我围住了,他们有人说:"赶快交代吧,测谎器说了就是你干的,测谎器准确率非常高,就是你干的,赶快交代吧!"那位副局长还说:"你要不好说,来跟我讲,我们都是公安嘛,给我讲了,我们能帮你就帮你。"意思是给我从轻处罚。我说:"你们能不能把思路放宽一点,能不能想想其他方面,比如抢劫杀人。我跑不掉,你们可以把我关起来再查。""我不相信测谎结果,要求再测!"这样,我又进行一次测谎,测到当晚八九点钟,测谎器又说我撒谎。由于测谎器说我说谎,这次专案组不客气了,立即用手铐把我铐住,还给我加了一副脚铐。从这天晚上即6月30日晚上一直到7月19日共21个白天和夜晚对我进行逼供和指供。真是求生不得,求死不能,这方面有许多具体情节我不想再讲了。

刑讯之下,我的肉体及精神实在承受不了,我当时不想活了,只求速死,于是在明知我没有杀人,承认杀人必被判死刑的情况下,仍按照侦查人员的意图承认自己骗枪杀人,依照他们的意思编造了杀人的"情节",在到玉龙湾的路上指认了"作案第一现场",杀人凶器的抛掷地,等等。于是,我就这样变成了枪杀两名民警——石林县公安局副局长王某某、昆明市公安局通讯处民警、我的妻子王某的凶手。

正义的诉求

2. 我是怎样变成死刑罪犯的

我的控告没人理

记者：请你再谈谈你被起诉、审判的情况。

杜培武：1998年7月2日，在办案机关初步取得"证据"以后，我被刑事拘留，7月31日被逮捕。被逮捕后我被关在昆明市第一看守所。进了看守所我就多方打听看守所会不会打人，专案组警察能不能再进来打我等情况。当我确定这一切不会再发生后，7月28日，我向市检察院起诉处、批捕处及驻所检察官递交了第一份控告书，控告办案民警对我进行刑讯逼供，并向检察官展示了我被打伤的伤情。

7月29日，在看守所三管区教室门口，检察官当着看守所两名教管干部及上百名在押人员的面对我手腕、膝盖、脚上的伤情进行拍照以固定证据，他一共拍了四张照片。但对这些控告、陈述、照片，他们要么置之不理，要么训斥我是"狡辩"。在开庭前，昆明市中级人民法院的法官提审我，我再次向他陈述了我的冤情，法官不但不听，还跟我说："你把枪交出来，我判你死缓。"

一审判我死刑

1998年12月17日，昆明市中级人民法院开庭审理由昆明市人民检察院提起公诉的"杜培武故意杀人案"。我当庭向法官、检察官、律师以及数以百计的旁听公民展示了我手上、脚上、膝盖上被刑讯逼供的伤痕，没有得到法庭的重视。我要求公诉人对检察官拍下的关于我被打伤的伤情照片作出回答，公诉人表示："照片我们没照过，是你们公安照的，我们不知道。"结果，我的控告及证据均不起作用。这里有一个问题，因为根据我们国家现行的有关法律，侦查机关若有刑讯逼供、指供、诱供等违法行为，不能作为证据使用，假如法庭确认我的控告属实，那公诉方的证据就要作废，我作为故意杀人的所谓

"犯罪嫌疑"也就不存在,这当然是公、检、法三家都不愿意看到的。由于这起案件在程序和证据方面存在着很多问题,在律师有力辩解下,法庭宣布休庭。

1999年1月15日,法院再次开庭审理我的"杀人案"。吸取前次开庭人家"不知道"照片的教训,这次我悄悄将侦查阶段穿在身上被办案人员打烂的一套衣服作为刑讯逼供的确凿证据,披藏在腰部,外罩一件风衣到庭。庭审中,我当庭从身上扯出受刑时被打烂的衣服向法庭控告,而法庭竟然视若无睹,并不进行任何调查,审判长只是说了一句:"好,把衣服放下就行了。"法庭上,我再次提出伤情照片问题,这回公诉人说,我们查了,照片是照过,只有一张。我说,一张也行,请你向法庭出示。公诉人竟说:"找不着了。"这时该案审判长说:"不要再纠缠这个问题了。"

1999年2月5日,一审法院以犯"故意杀人罪"作出对我的死刑判决。

我说:人命关天要认真查证

3月1日,主审法官向我宣读死刑判决书,我再次向他陈述了我无罪的理由及有人刑讯逼供制造假证据的事实经过。我说,人命关天,你们要认真查证,将来枪响了,找到真凶你负不起责任。但这位法官说:"冤死你,大不了我坐牢嘛。"由于直到判我死刑,本案最为关键的证据杀人手枪一直未找到,所以到了这时他还做我的工作,希望我把"枪"交出来,他说:"你把枪交出来,我改判你死缓。"面对死亡阴影的逼近,我的精神崩溃了。

我想活

1999年4月6日,我在留给父母的遗书中写下这样一段话:"……我到了阴间,一定要找王某问一问,到底是谁杀了他们?为什么要我来背这个黑锅？为什么要让我做个替死鬼？"我冤啊，我想活。

3月8日，我在向云南省高级人民法院提出的《上诉状》中指出本案"杀人动机无证据证实；刑讯逼供违法办案；证据不足，疑点重重"等方面的问题，希望高级人民法院慎重处理。4月初，高级人民法院派人来找我复核，从那天以后一直到同年10月20日终审改判我死缓为止，我都生活在极度的恐惧之中。和我同住的死刑罪犯先后有20多个被带走了，每次只要听到管教警察来监号提人的铁门响，我就吓得颤抖不已，我担心哪一天法官会来对我宣读省高级人民法院的终审判决：……驳回上诉，维持原判……因为宣读完判决就要押赴刑场执行枪决。一次，看守来提一名犯人，我害怕被一起带走，十分惊恐地问："有我的名字没有？"他说："没有。"我又说："你好好看看，千万别骗我！"他说："我不骗你，真的没有你的名字。"我又暂时舒了一口气。

我活了下来

1999年11月12日，市中级人民法院的法官又再次到看守所向我宣读省高级人民法院改判我死缓的终审判决书，我再次向他讲述了我无罪的理由和事实，我对他说："你们冤枉了无辜的人，你们要负责任的。"法官又丢出了那句老话："冤枉了你，大不了我去坐牢。"

在一审庭审的时候，我申辩我没有杀人，就是这位法官当着几百人反问我："你说你没有杀人，拿出证据来！"第二次开庭前，他通知我父亲准备拿1万元赔偿王某某家属（本案是刑事附带民事赔偿诉讼），我父亲说怎么还没有开庭审理就叫我们准备这个那个，凭什么让我们赔偿？后来我父母无奈，还是凑了1万元交给法官。

我是因为真凶落网才被"无罪释放"的。

3. 真凶落网我才被"无罪释放"

苍天有眼

记者：谈谈你出狱后的情况。

杜培武：苍天有眼，今年6月，公安机关破获杨天勇抢劫杀人犯罪集团案，缴获了他们杀害"二王"的手枪等物，经审理确认是他们杀害了王某某和王某两人，有关方面才赶紧处理我的冤案。这正应了我在遗书中说的，我的冤案只有通过真凶再次作案才可以得到洗清。7月1日，法院到监狱开庭宣布我无罪释放。当天到监狱接我的人除我家人外，还有我的两位律师、市公安局党委副书记兼政治部主任舒刚、副主任李永芳、戒毒所所长范乃键等。

记者：社会上流传你得到多少赔偿，有这事吗？

杜培武：一分没有。他们只是从今年7月起恢复发放我的工资，但我被诬陷关押期间的工资没补发给我。

记者：你什么时候来住院的？

杜培武：我出狱以后在家住了10天。头痛得厉害，在我要求下，市公安局安排我住院治疗。现在经医生检查我患了脑萎缩，常感到思绪集中不起来，想事会飘，多说几句话头就痛。

世上还是好人多

记者：在这个冤案中，什么人给你印象最深？

杜培武：两种人。一种是害我的，我已经说了很多。还有一种是帮助过我的人，这些好人我永远忘不了。

我在侦查阶段受罪时，有警察悄悄地送水、送药给我，后来听说为这事有人还整他；戒毒所的领导几次作证证明我没有作案时间；昆明市公安局张思祥局长为我出狱也做了很多工作。有个情况要说明，我被陷害的时候，他还没到市局当局长。云南省高级人民法院的何明法官及刑一庭的很多法官为我改判死缓承担了很大的压力，我谢谢他们。我的律师当然就不用说了。是这些好人帮助我，才使我活到今天。

我如何"交代"的

记者：还想问两个问题，不是你作的案，你怎么会交代得出案件的一些具体情节，比如，"二王"死于枪杀，尸体被扔在车上，车子被丢在圆通北路等诸如此类的事实？再问一个问题是，你在到玉龙湾的路上指认的那个作案第一"现场"是怎么来的？

杜培武：我能交代出符合事实的情节主要是通过三个方面：一是经办人明确的指供，比如当时他们问："男的是不是在左边？女的在右边？你的枪是不是从前面对着打的？"这样的问话方式让我知道了一些案件具体情况，我再按照他们的意思去回答。另一方面是他们自己泄露的，不知道他们是有意还是无意，有一次因为要处理王某遗体，一个办案人员就当着我们全家的面说，现场什么都没留下啦，都搜光啦，等等，这样我知道了案件一些具体情况。再一方面，通过他们对我测谎所问的问题，那些问题都很具体，与案情有密切的联系。

我在被打得受不了的情况下，承认自己杀人，但我只是承认杀人，但说不清杀人的情况，为了现场的问题我挨了不少打，打了也说不出在哪里杀人，这时有一个警官就说："告诉你，你不可能在昆明作案，你就是在你们单位附近作案才对。"我问他："为什么说是在单位附近？"他说："你在单位附近才来得及嘛。"所以现场就跑到我的单位附近的风景区玉龙湾。1999年7月19日上午，他们带我到玉龙湾指认现场。在指认前两天，有两个办案人员就教我如何指认，还威胁说如果不按他们的意思指认就开枪打死我。在去玉龙湾的路上，我不知道具体指认哪儿，车就一直往前走，一个警察说："马上就到玉龙湾了,还不赶快指?"我说:"指哪里?"他说:"前边指一个就行了嘛。"我说:"好好好,就前边那里了。"第一现场就这样被指认出来了。

路漫漫其修远兮
——杜培武出狱以后[1]

真凶伏法

2000年11月17日上午9时,云南昆明市体育馆座无虚席。杨天勇杀人劫车犯罪集团7名成员即将在这里接受法律对他们的判决。法官宣读死刑判决书的肃杀声音在空中回荡,此时坐在主席台右侧的特殊观众杜培武的感受与众人迥异。

事后他对记者说:"我一直盯着杨天勇等人的脸色观察,尽管杨天勇装出一副无所谓的神情,其实内心非常害怕,宣判会不到1小时他的脸色渐渐变绿了,其他人也一样。如果再让他撑上1小时,这些人肯定瘫倒在地。我说这话是有切身感受的,1999年3月1日,我被宣布判处死刑后,心情和他们一样。面对死亡,我设计几种'临刑表情',后来感到都不妥。如果以微笑面对,'若无其事',人们会骂我死不悔改,其实内心虚弱;如果面无表情,他人会说我凶残狠毒;如果显得恐惧,别人又要说我是孬种。杨天勇以'微笑'面对死亡,是他为自己临刑表情作的定位,其实内心深处十分恐惧。"

据了解,杜培武当时对死亡十分恐惧,曾多次向有关人员咨询死

---

[1] 2000年12月8日,《工人日报》第三次追踪报道陈昌云记者采写的报道。

亡方式。杜说被一枪打掉太可怕了，不想被枪决。他人出主意说，你写一个申请，要求政府对你采用注射死亡，这样最多7秒钟你就走了，不痛苦。出狱后，杜培武表示："死亡并不是很可怕，可怕的是等待死亡的过程，越等心越慌，越发怵。"杜培武面对杀害自己妻子，导致自己蒙受冤狱的7名始作俑者感触特别与众不同，一般人得知他们罪行的心理反应可能是恐惧、痛恨和惊讶，杜培武则想得更多。如果杨天勇一案晚破获若干年甚至至今他们仍逍遥法外，杜培武会是什么结果？"杀人罪犯居然有假的，这演的又是一出什么剧，是闹剧、悲剧、还是滑稽剧？"叙述中的杜培武时常陷入找不着答案的沉思中。

戏剧性的角色转换

2000年6月14日上午10时左右，杨天勇集团成员柴国利及其女友被昆明市公安局技术警察抓获，缴获"4·20杀人案"被害者手机及充电器等物，柴国利矢口否认其与该案有关，咬定手机是他从大街上向陌生人买来的。

6月17日上午柴国利开口说话，不仅供认了以杨天勇、肖林为首的7人杀人劫车团伙杀害多人的犯罪行为，而且供述1998年4月在海埂杀害了昆明市公安局通讯处民警王某（杜培武之妻）、石林县公安局副局长王某某并抢劫王某某手枪的案件是杨天勇、杨明才、滕典东3人所为。

当时审讯的民警甚是惊讶，谁都知道，杀害"二王"的凶犯是王某的丈夫、原昆明市公安局强制戒毒所民警杜培武，杜因犯故意杀人罪被判死缓刑正在云南省第一监狱服刑。

6月17日至18日，杨天勇、杨明才、滕典东被公安部门抓获，在杨天勇的保险柜中发现王某某的被抢手枪。杨天勇、杨明才、滕典东一致供认杀害"二王"并抢劫王某某手枪系他们3人于1998年4

月 20 日晚 20 时左右所为。

6 月 17 日下午，根据柴国利的交代，昆明市公安局刑侦支队政委秦某、副支队长宁某（注：这两位也是 1998 年 4 月至同年 7 月组织办理杜培武故意杀人案的具体办案负责人）向昆明市公安局局长、副局长汇报情况，并提出 1998 年办理的杜培武案件可能是"错案"。公安局领导决定宁某负责向该案其他犯罪嫌疑人重点核实此情况。

6 月 19 日，宁某向昆明市公安局汇报，杨天勇等人初步交代了 1998 年 4 月杀害石林县公安局副局长王某某、昆明市公安局通讯处民警王某并抢走枪支的犯罪事实。

6 月 21 日 20 时，昆明市公安局领导带领宁副支队长等"错案"调查小组成员到杜培武服刑的云南省第一监狱找杜培武谈话，了解入狱后的申诉情况。据杜培武本人说：就在这天晚上，尚不知杨天勇罪案的他和宁某发生激烈争执。宁当时说："别忘了你还是死缓犯，你要跟我玩，我陪你玩。"

6 月 22 日，昆明市委政法委领导主持召开昆明市委政法委员会议，专题研究昆明市公安局提出的对杜培武案进行复查的建议报告，"初步判断杜培武案可能是一起错案"，决定由昆明市政法各部门抽调精干力量，对杜案进行全面复查，要求坚持实事求是，有错必纠，以事实为依据，以法律为准绳的原则，切实查清事实真相，依法公开处理此案。杜培武案复查工作从 6 月 22 日至 29 日，"仅用 8 天时间就基本查清和收集了杜培武一案是一起错案的事实和证据"。

6 月 29 日，昆明市委政法委召开全体会议，听取了复查小组对杜培武一案复查情况汇报。会议认为，杜培武一案是"错案"的客观事实和证据已基本具备，因此作出 4 项决定：（1）对复查中出现的一些疑点，要进一步调查核实；（2）在法院再审过程中，要把尚存的疑点搞清楚，保证做到实事求是；(3) 对善后工作，市公安局尽快提出一个意见，组成工作组，尽快开展工作；(4) 抓紧杨天勇一案的办案进程。

6月30日，中共昆明市委书记在听取市委政法委领导汇报后指出，对杜培武一案的复查要认真细致，注意每一细节。要通过对该案的总结，进一步认识加强政法队伍建设的重要性。要采取有力措施，督促政法部门深入扎实地抓好队伍建设。

7月2日下午，中共云南省委常委、政法委书记主持召开专题会议，听取杨天勇案侦破和杜培武故意杀人案有重大发现的情况汇报。政法委书记强调，昆明市公安局在侦破杨天勇特大杀人劫车团伙案中立了大功，为民除了害；提请省高级人民法院对杜培武案再审；各执法环节都要从杜培武案中认真总结教训，如公安刑讯逼供问题，中级人民法院在确凿充分证据下作出死刑判决，检察院提起公诉，省高级人民法院改判死缓等方面，进行反思，并作为典型案件，教育执法人员公正执法。

7月4日，云南省高级人民法院发出（2000）云高刑监字第17号再审决定书，该决定书称："由于发现原审判决认定事实确有错误的新证据，决定：本案由本院另行组成合议庭进行再审。" 7月6日，云南省高级人民法院作出（2000）云高刑再字第9号刑事判决书，该《判决书》称：杀害"二王"已有"新的证据证明非杜培武所为……杜培武显属无辜"，因此判决撤销该院（1999）云高刑一终字第295号刑事判决和昆明市中级人民法院（1998）昆刑初字第394号刑事判决；宣告原审上诉人（原审被告人）杜培武无罪。

7月7日，昆明市委政法委召开会议，对杜培武一案再审改判、善后工作及恢复公职、恢复党籍、补发工资等问题进行了研究部署。

7月11日上午9时，云南省高级人民法院在云南省第一监狱对杜培武宣告再审判决，宣告他无罪并予以释放。昆明市公安局党委副书记兼政治部主任、副主任、戒毒所所长代表市公安局领导接杜培武出狱。

迈出狱门的杜培武泪水夺眶而出，他抱住前来接他出狱的哥哥杜培俭失声痛哭。有人问他有什么话要说，杜培武说了一句"感谢党、感谢政府搞清了我的问题，还我清白，给我自由"。然后点燃一支香烟不停地吸……从云南省第一监狱出狱的杜培武在亲人和领导的陪伴下稍事休息就直奔离别26个月的父母家中，见到了白发苍苍的爹娘，老人见到儿子平安归来，也同样压抑不住自己的泪水。杜培武叫声"爹"叫声"娘"，再看看自己入狱时仅3岁的儿子，说不出心里什么滋味。他恨那些犯罪分子残杀无辜造成他家破人亡，过了26个月的蒙冤受屈日子，并对少数执法者对他刑讯逼供、玩忽职守、陷害无辜、制造冤案表示不解和愤慨。

追究责任者

出狱后的杜培武因经常头疼入院治疗。经医生检查，他因外伤和精神伤害导致轻度脑萎缩。

7月12日，昆明市公安局发文作出恢复杜培武工资及福利待遇并从7月份执行的决定。

7月14日，市公安局机关党委决定按组织程序批准1997年7月1日就加入中国共产党的杜培武转为中共正式党员。

7月19日，昆明市公安局党委决定，对1998年4月办理杜培武错案的专案组责任人刑侦支队政委秦某、副支队长宁某停止执行警察职务，由市公安局纪委立案调查。

8月7日，云南省检察院和昆明市检察院组成联合调查组对杜培武错案是否存在刑讯逼供问题进行了初步调查。

8月17日，本报《冤：民警险成当代窦娥　奇：执法部门如此办案》为题独家报道了杜培武冤案情况。

8月22日下午，省委常委、政法委书记主持召开专题会议，会议要求"坚持错案追究责任制，依法依据查处有关责任人。省市公检法都要写出书面检查，并对刑讯逼供、错办、错诉、错判等问题进行总结，提出具体整改措施，并进行内部通报"。

9月8日，昆明市公安局党委研究认为，造成错案的原因主要有4条：（1）党委把关不严；（2）执法行为不规范；（3）破案心切；（4）使用警械不当。提出对秦某、宁某的处分决定。

9月14日，《工人日报》再次以《劫后余生说噩梦——杜培武访谈录》披露杜培武冤案详情。

9月16日，云南省公安厅厅长接受媒体采访，表示杜培武案最初就是刑讯逼供造成的。他还透露云南省公安厅作出6条规定防范刑讯逼供现象发生。

9月22日，云南省人大常委会第十八次会议通过了《关于重申严禁刑讯逼供和严格执行办案时限等规定的决定》。该《决定》指出："少数司法人员，法制观念不强，特权思想严重，在办理刑事案件中执法违法，侵犯公民、法人和其他组织合法权益的情况时有发生；超期羁押的情况较为严重；极个别工作人员无视中央的三令五申和省委的一再要求，违背'重证据、不轻信口供'的原则，实行刑讯逼供，造成冤案错案，致使无辜公民的合法权益受到损害，身心受到摧残，真正的罪犯逃脱惩罚，破坏了法治的尊严，损害了党和政府的形象，后果严重。"

9月29日，云南省检察院召开新闻发布会，向社会公布了为贯彻省人大常委会的《决定》而采取的8条措施，规定严禁刑讯逼供和超时限办案。这些措施规定，对在办案中搞刑讯逼供的执法者，先停职，再处理，决不护短。检察机关发现属刑讯逼供违法取得的证据，坚决不予采信。对移送到检察机关审查起诉的案件，因刑讯逼供造成事实不清，证据不确实、不充分，不符合起诉条件的，坚决退侦。

低调冷静寄希望于组织，再度成为一名中共党员、人民警察的杜培武没有出现惯常的那种不理智情况，他没吵没闹，没到有关部门找当事人的任何麻烦。杜培武一再表示，他相信党，相信政府，相信法律。这个信念不因一小部分人的胡作非为而改变。他向组织郑重提出：(1) 依法惩办公、检、法三家涉及制造冤案的人员，具体是公安局刑讯逼供的组织者、指使者、施行者；昆明市检察院那些故意隐匿他遭受刑讯逼供照片证据的实施者及其指使者；昆明市中级人民法院那些不理睬他当庭出示被刑讯逼供打烂的血衣，不顾"证据"严重不足而"依法"判处他死刑的法官，尤其是那个多次软硬兼施，让他交出"杀人手枪"，承诺可判死缓刑，并扬言杜培武案要是冤案他大不了坐牢的法官。(2) 给他解决一套住房。(3) 补发他被关押期间的工资福利。出狱以后的杜培武带着一个孩子再也不愿回到他先前的"家"——那是一套已经没有妻子，被办案者在搜查中翻箱倒柜搞得残破不堪的房子，尤其是他担心幼小的孩子过早知道妈妈已不在人世而爸爸曾蹲过大狱的实情，这会给孩子的成长带来心灵的创伤。

11月9日，昆明市公安局补发了杜培武在关押服刑期间被停发的工资及各种福利38 575.60元。

关于查处责任人，据记者了解，目前有两名警察受到了一定程度的查处，具体情况由于种种原因尚不得而知。检察院及法院的相关责任者则未听说受到何种处理，亦不知是否还在"执法"。

恸问苍天我何辜

近日杜培武在忙于准备打国家赔偿官司。当被问及进展如何时，杜培武说："我还什么都没做，社会上就流言滚滚。有的说我得了几百万赔偿。有的说我疯了，残废了。"

"赔偿官司我要打，主要是两个部分：一是依照国家赔偿法依法提出对我的赔偿；二是精神赔偿。目前精神赔偿国家还没有明确的法律规定，但我仍然要提出。我只想借此说明一个问题，那就是一个公民的生命权、人格尊严、人身自由、财产应该受到宪法和法律的保护，无辜者的生命高于一切，草菅人命的事不应该发生在即将进入新世纪的社会主义中国！"

"那26个月不堪回首，比如公安人员把我吊打致昏迷用冷水浇醒；在昆明市中级人民法院测谎，有个范姓女子因我顶嘴抽我耳光……在那26个月里，我父母、哥姐及其他亲属为我的遭遇承担了巨大的精神压力、痛苦及担心……由于当时怀疑哥哥杜培俭和我共同作案，他曾被办案警察传去'测谎'，家也被搜查……我自己所受到的精神恐吓就没法计数了。是人就有感情有思想，心灵受到伤害用什么来弥补啊。"

"我认为警察侦查办案，检察官代表国家提起公诉并监督办案，法官对法律以及事实和证据负责，依法办好案子是应该的，办出冤假错案则必须受罚。同理，某个部门办错了什么事，后来又纠正了，也是他们应该做的。共产党是全心全意为民众服务的，不断地纠正错误，不断地提高为人民服务的质量是党赢得人民群众爱戴的根本原因，而今天有人却把一些应该做的事当成对我特殊照顾的'恩惠'，离实事求是的态度也太远了点。我有什么罪过？凭什么抓我、打我、

第六章　劫后余生

判我死刑？要知道在1998年4月公安部门非法拘押我的时候及之前，我没有丝毫过错。"

"我知道像这样的所谓'错案'在云南不止一起。1998年2月，云南省高级人民法院才纠正了富源县的一起错案，那个案件基本情况也是把4个无辜者抓起来'打成'罪犯，把首犯判了死刑，其他3人判有期徒刑。1年之后公安部门抓到真凶，才又把人家改判无罪释放。我没想到，仅仅过了两个多月，同样的悲剧再次拉开帷幕，只不过这次轮到身为人民警察的我来扮演主角了。"

"本案和其他案件不同的是：（1）所有涉案人均为警察——真凶杨天勇是警察，被害人'二王'是警察，搞刑讯逼供的是警察，被刑讯逼供的还是警察，你说荒唐不荒唐？（2）案件发生在云南省政治、文化、经济、交通最发达的昆明市，办案机关及人员理应是最公正、最讲理、最守法、最文明的，但事实却恰恰相反。（3）案发前我的身份是一名警察，不敢说各方面如何好，但我敢说绝对没有什么劣迹前科，一下子就把无辜者整成一个十恶不赦的杀人凶犯。我现在感到，在司法实践中，执法人员如不依法办案，把一个无辜公民变成可以处极刑的罪犯其实不需要费很大的劲。"

"使我感到荒谬和难过的是，我和富源县的那4名所谓杀人犯一样，只有真正的杀人罪犯暴露了才能证明我是一个'假冒'的杀人犯，在这种情况下，有人主动纠正我的错案，这'主动'二字从何谈起？总不至于在王某某的手枪及录音机缴到了，杨天勇等3人都承认是他们杀害'二王'的情况下，还要坚持是我杀了'二王'吧？我理解的主动纠错应该是在这一切未暴露之前，有人就找证据证明我无罪，把我释放。但你想这可能吗？所以有人开玩笑说也许我应该感谢杨天勇，我感到荒谬至极。"

"我之所以说这些是因为该案不是像一些人所说的仅仅是一起'错案'，从它的发生、发展到结果来看，彻头彻尾的是一起十足的冤案。也就是说它是有人因为某种目的而故意制造的，我想随着一些问题的逐渐明晰，也许，我说的是也许，这个问题会搞清楚的。"

"我的冤案的最后形成实际上是公检法三家的一些执法者执法违法造成的，仅仅追究侦查阶段的法律责任是远远不够的。昆明市检察院的公诉人公然两次在法庭上故意隐匿他们检察机关拍的可以证明我遭到刑讯逼供的照片难道不是犯罪吗？昆明市中级人民法院法官对我当庭出示的物证（因刑讯逼供被打烂的衣裤）视而不见，难道这种行为不是渎职吗？"

"我的冤案澄清了，我又成为一名光荣的人民警察，一名共产党员。既然如此，我只想依法办事。我记得，在遭受刑讯逼供时有警察冒着危险悄悄从卫生间舀冷水给我喝，有警察买药给我擦被打烂化脓发炎的伤口。侦破杨天勇案也是许多警察忠于职守的结果，我也知道省市党委政府许多领导为此事做了许多工作，这都说明这个世界还是好人多，因此我相信，当初共同炮制冤案的公检法有关责任人一定会受到法纪的严肃处理，我只希望'杜培武冤案'永远成为历史，如果达到这样的目的，我个人所遭受的苦难还是有价值的，毕竟在国家的民主法治建设过程中也需要有人作出牺牲。"

刑讯逼供，是封建社会的产物。目前在我们的执法队伍中此类事件时有发生，其严重地干扰了公安机关公正执法，这是人民深恶痛绝的。云南省公安厅厅长江普生在接受有关媒体采访时称，必须

坚决杜绝刑讯逼供[1]

近段时间，有关"杜培武刑讯逼供案"传得沸沸扬扬，中央及云南的一些新闻媒体也对这个案件引发的有关问题作了报道，引起了广大人民群众的强烈关注。昨日下午，云南省公安厅厅长江普生就这个问题接受了有关新闻单位记者的提问。

江普生厅长开门见山，首先从杜培武案件谈起。他说，杜培武错案的发生，首先就是刑讯逼供造成的。问题虽然发生在昆明市公安局刑侦支队，但省公安厅特别是我本人对此负有不可推卸的领导责任。在治理刑讯逼供方面，存在说得多、做得少，开会部署提要求多、检查督促抓落实少。因此，省公安厅虽然多次强调严禁刑讯逼供，多次组织开展整顿，但没有强硬的措施，没有狠抓落实，没有彻底根治。杜培武错案虽然发生于1998年，但它又一次警示我们，严禁刑讯逼供的工作，切不可松劲，必须常抓不懈。他谈到，去年8月，省公安厅下大决心以铁的纪律整治刑讯逼供问题，加大追究领导责任的力度，对3起刑讯逼供造成严重后果的案件，除积极配合检察机关追究当事民警的法律责任外，对负有领导责任的8名县市公安局局长、政委或分管副局长和7名所、队长给予纪律处分（其中免职5名）。同

---

[1]《滇池晨报》2000年9月17日（彭显才）。

正义的诉求

时，在集中整治 1 个月的基础上，建立健全严禁刑讯逼供的防范体系，认真剖析造成错案的深刻教训，举一反三，用血的教训再次告诫各级公安机关和全体民警，一定要根治刑讯逼供这个顽症。

谈到产生刑讯逼供的现象和原因时，江厅长说，刑讯逼供是一个带有职业特征的顽症，长期以来得不到根治，虽然经过多次整顿，但反复性很大，屡禁不止，时有发生。他说，刑讯逼供是封建社会的产物，是封建思想残余的影响和表现。新中国建立后，党和国家坚决制止刑讯逼供，法律上也作了明确规定，但少数基层公安机关及办案民警在办理刑事案件的过程中仍不同程度地存在着刑讯逼供现象，主要原因是：有些地方公安机关的领导同志对刑讯逼供现象的社会危害性认识不到位，预防措施不落实，紧一阵，松一阵，抓一段，停一段；少数民警素质不高，法制观念淡薄，特权思想严重，工作方法简单粗暴；规章制度不落实，监督措施不得力；检查督促抓不紧；等等。江厅长指出，刑讯逼供是一种违法犯罪行为，公安机关只能依法打击各种违法犯罪，而不能让刑讯逼供这种封建、愚昧、野蛮、落后的手段来干扰公安机关公正执法。用这种办法去侦破案件是一种无能的表现。他说，刑讯逼供是为广大人民群众痛恨的，也是人民警察所反对的。对于刑讯逼供问题，省公安厅的态度是，必须以铁的手腕和铁的纪律，坚决禁止和杜绝，下决心根治这个顽症。谈到根治这个顽症的措施，江厅长说，就是强化教育，强化管理，强化监督，贯彻执行好公安部有关规定和省公安厅有关规定，促进严格公正、文明执法；积极拓展外部监督渠道，自觉接受人大、政协、纪检监察、检察机关以及社会各界人民群众和新闻舆论的监督，防患于未然。具体讲，就是建立健全严防刑讯逼供的六道防线：一是采取留置盘问、刑事拘留、拘传、传唤等措施时，必须严格按法律规定执行，办案单位负责人及法制部门负责人要作为责任人;二是审讯犯罪嫌疑人,必须有两名以上民警参加;三是办案民警必须牢记严禁刑讯逼供这条禁令,在审讯地点贴上"禁止刑讯逼供"的醒目警示标语;四是落实看守所、强制戒毒所、治安拘留所、收容教养所入所人员体表检查报告制度;五是建立防止刑讯逼供等问题的民主生活会和联席会议制度;六是从严治警,严格执纪,做到"问题查不清不放过、不总结教训不放过、对当事人和负有责任的人不作处理不放过,有关单位和领导不向上级公安机关汇报检讨不放过"。另外,还要积极创造条件对审讯犯罪嫌疑人实施监控。

江普生说,从去年8月开始的集中整治成效明显,今年以来全省各级机关在办理刑事案件中没有发现一起刑讯逼供案件。他说,省公安厅为了加大整治力度,先后办了公安局长、刑侦大队长、经侦大队长、缉毒大队长、城市派出所长等培训班,都把严禁刑讯逼供作为培训的主要内容。他相信,云南公安机关一定有能力、有决心根治"刑讯逼供"这个顽症。

严禁刑讯逼供 严禁超时限办案[1]

本报讯（记者 邹骏）9月29日 省检察院召开新闻发布会,宣布了为贯彻云南省人民代表大会常务委员会《关于重申严禁刑讯逼供和严格执行办案时限等规定的决定》而采取的八条具体措施。这八条措施是:

---

[1]《云南法制报》2000年10月11日。

1. 这个决定再次重申了对司法机关严格执行《刑事诉讼法》，依法办理刑事案件，保护在押犯罪嫌疑人、被告人的合法权益，严防执法违法和司法腐败，提高执法水平，维护司法公正的执法基本要求。全省各级检察机关坚决拥护省人大常委会的这一决定，从9月下旬至12月底，安排专门时间学习这一决定，进行执法检查，制定落实措施，积极贯彻执行，保证依法办案和公正司法。

2. 省检察院今年四季度至明年底，实施"素质工程"，强化"素质兴检"，坚持以人为本，努力培养和造就一支高素质、专业化的检察队伍。

3. 各级检察机关要结合省人大常委会决定来贯彻，在正在进行的全省检察机关执法大检查中，重点对刑讯逼供、超期羁押和查获收缴赃款赃物等扣押物品的收缴、保管、移送三方面的情况进行检查。今后，每半年都要将上述三项内容作为检察工作的重要内容向省检察院报告。

4. 加强公安、检察、法院三机关的相互配合、相互制约和相互监督，并建立三机关的联席会议制度。对我省存在的刑讯逼供、超期羁押和查获赃款赃物等扣押物品随案移送三方面的问题进行通报、调查、论证，并制定出实施细则。对需要协调解决的重大问题，及时报告省委政法委。

5. 严格执行程序法和中政委"四条禁令"及最高人民检察院关于办案工作的"九条禁令"坚决禁止刑讯逼供等违法办案问题。对在办案中搞刑讯逼供的，先停职，再处理，决不护短。在刑事案件移送过程中，检察机关发现属刑讯逼供违法取得的证据，坚决不予采信。对移送到检察机关审查起诉的案件，因刑讯逼供造成事实不清，证据不确实、不充分，不符合起诉条件的，坚决退侦。

6. 健全和完善办案制度,坚决纠正超期羁押。全省检察机关按照最高人民法院、最高人民检察院、公安部《关于羁押犯罪嫌疑人、被告人实行换押制度的通知》,要统一执行新的换押制度,对换押的案件,每半年进行一次检查、统计和分析。

7. 各级检察机关要严格执行《人民检察院刑事诉讼规则》的规定,对作为证据使用的实物,应当依法随案移送。任何检察和办案人员不得截留、挪用和私分。对扣押款物要设立专用账户和保管室,实行账与款物分人管理,严格出入库和收付手续,并每半年清理一次。

8. 全省各级检察机关要自觉接受人大监督,对人大代表反映的发生在检察人员中的违法违纪案件和投诉,对违纪的,纪检监察部门要依纪处理,构成犯罪的,法纪部门要及时受理,追究其刑事责任;检察人员因刑讯逼供,造成冤假错案或者致人伤残死亡的,除依法依纪追究直接责任人外,对失职渎职的有关领导一律给予撤职处分;对超期羁押情况严重,问题突出的检察院,上级部门要派出工作组进行调查和整改,限期纠正;对查获收缴的赃款赃物等扣押物品,不按有关规定执行,造成贪污、挪用赃款赃物构成犯罪的,除追究涉嫌犯罪人员的刑事责任外,还要追究主管领导的行政责任。

提高执法水平　确保办案质量[1]
——省委政法委出台十项措施

本报讯　为了有效防止冤假错案的发生,提高办案质量,确保司

---

[1]《云南日报》2000年10月27日(孙本梁)。

法公正，10月23日，省委政法委召开全体委员会议，讨论并通过了中共云南省委政法委员会《关于提高执法水平，确保办案质量的意见》，提出了10条措施。

——全省政法机关要从讲党性、讲大局、讲法制、讲纪律的高度，充分认识提高执法水平，确保办案质量的重要性、必要性，增强政治责任感，抓好执法监督，提高办案质量。

——按照江泽民总书记关于"三个代表"重要思想的要求，以提高干警的政治、业务素质为核心，全面加强政法队伍的思想作风建设、纪律制度建设和组织建设。

——进一步端正执法指导思想，树立依法办案的观念，坚持以事实为根据，以法律为准绳，有法必依，执法必严，违法必究。要树立证据观念，树立实体法、程序法并重的观念，树立无罪推定是我国诉讼模式定位标志的观念。

——根据各执法部门不同的执法岗位要求，进一步严格执法责任制，完善办事程序，规范执法行为，明确执法内容，执法标准和法律责任。同时，要健全和落实对执法责任行为的追究制度和赔偿制度。

——强化执法办案的内外监督。要进一步建立健全责、权、利相统一的内部监督管理和考核机制。要充分发挥检察机关的法律监督作用，强化立案、侦查、批捕、起诉、审判、执行等各个执法环节和扣罚方面的监督。要切实加强和自觉接受党的监督、国家权力机关对司法活动的监督以及社会监督、舆论监督等。

——坚持"分工负责，互相配合，互相制约"的基本原则，完善和健全公检法机关办案工作联席会议制度。

——坚持大要案督办制度，加大事中监督力度。在省委案件查处协调领导小组的指导、协调、督促和有关部门的配合下，各司其职，严格依法依纪按程序开展工作，加快办案的进度，有效打击犯罪，及时为国家、集体挽回经济损失。

——认真依法执行查扣涉案的款物，收缴的赃款、赃物随案移送的规定，并严格执行"收支两条线"的政策，罚没财物应按规定及时上缴财政，由各级党委政法委员会统一协调财政返还分配，任何单位和个人不得非法截留、挪用、私分。

——严格按照《刑事诉讼法》、《民事诉讼法》、《行政诉讼法》的规定时限办案，防止久拖不决，超时限办案，超时羁押。

——认真贯彻中政委的"四条禁令"和省委、省人大、省政府的有关规定，严禁利用职权贪赃枉法、徇私舞弊，严禁刑讯逼供、非法拘禁、滥用枪支警械，严禁利用保外就医、取保候审、监视居住等放纵犯罪嫌疑人。严肃依法查处执法犯法者，树立政法机关廉洁奉公、遵纪守法的良好风气，努力开创我省政法工作的新局面。

公正驱散阳光下的阴影[1]
——杜培武错案纠正纪实

10月23日，秋意浓浓，金风送爽的日子里，一次重要的会议正在举行，会议其中一项内容是通报了关于杜培武错案纠正工作的情况。省委常委、政法委书记秦光荣明确指出，杜培武错案在短时间内得到纠正，充分体现了政法各部门坚持实事求是、依法纠错的原则，有敢于正视问题、主动纠正的勇气。

------

[1] 载《云南法制报》2000年10月27日（孙本梁）。

A. "命运之舟"触礁

杜培武，男，1967年生，原系昆明市公安局戒毒所民警。

1998年4月20日，昆明发生一起令人震惊的血案——两位民警被枪杀，一位是杜培武之妻王某（昆明市公安局通讯处民警），一位是路南县公安局副局长王某某。两人被枪杀在王某某所驾驶的昌河车上，车被丢弃在圆通北路的人行道上。

4月22日，昆明市公安局专案组民警把怀疑的目光定格在杜培武身上。

一夜之间，杜培武的"命运之舟"开始偏离航向。办案人员将其带至三大队办公室、昆明市强制戒毒所等地进行盘问。期间，他们讯问了杜培武案发当天的活动及前后通电话的情况，提取了杜培武的衬衣、气味、指纹进行检验。此间杜一直未承认行凶杀人。

同年6月30日，杜被带到昆明市中院进行了两次测谎仪检测。7月19日指认现场后，杜被送至昆明市第一看守所关押。

7月31日，昆明市检察院批准逮捕杜培武。8月30日，昆明市公安局直属分局以杜培武涉嫌故意杀人罪将其移送昆明市检察院起诉。1999年2月5日，昆明市中级人民法院以故意杀人罪判处杜培武死刑。杜不服，以"没有杀人，公安刑讯逼供，事实不清、证据不足"为由提起上诉。1999年10月20日，云南省高级人民法院二审以故意杀人罪改判杜培武死刑，缓期两年执行，剥夺政治权利终身。1999年11月12日，杜培武被送至云南省第一监狱服刑。

2000年6月中旬，昆明市公安局领导听取了刑侦支队政委秦某某、副支队长宁某某关于杨某某等人杀害王某某等人的汇报，并提出杜培武案件可能是错案。之后，市局展开了系列调查工作。6月28日，调查小组报告，杜培武错案基本成立。

第六章 劫后余生

7月，云南省高级人民法院再审杜培武案，并于7月11日开庭宣告杜培武无罪，杜被当庭释放。

B. 省委政法委数度召开会议领导指挥纠错工作

从发现杜培武错案线索伊始，省委政法委召开了数次专题会议，领导指挥纠正杜培武错案工作。7月7日上午，省委常委、政法委书记秦光荣主持召开会议听取了昆明市委政法委、昆明市公安局关于侦破杨天勇特大杀人劫车团伙案和从中发现及纠正杜培武案的工作汇报，传达了省委书记令狐安，省长李嘉廷，省委副书记孙淦等领导的重要批示精神。会议提出6条意见，要求对杜培武案要尽快纠正，以体现法律的严肃性和公正性。8月22日下午，省委政法委召开了又一次专题会议，研究落实错案追究责任制，追究杜培武错案有关负责人员的工作。会议提出，杜案的教训是深刻的，虽然公安机关发现了问题后主动提出纠正意见，但错案终究是错案。同时，省、市公检法都要对刑讯逼供、错办、错诉、错判等问题进行总结，提出具体整改措施，让广大干警引以为鉴，吸取经验教训。

8月31日下午，秦光荣再次召开专题会议，听取了省、市检察院法纪部门对杜案调查情况的汇报，并提出了6条意见。

C. 昆明市委政法委组织协调纠错工作

昆明市委政法委在得知杜培武案件情况后，高度重视，立即指示昆明市公、检、法有关部门对杜培武一案认真进行复查，明确要求在复查中要坚持实事求是，有错必纠，以事实为依据，以法律为准绳的原则，切实查清真相，依法公正处理此案。案件复查工作从6月22日至29日，公、检、法各部门在政法委协调下，通力协作，仅用8天时间就基本查清和收集了杜培武一案是一起错案的事实和证据。市委政法委先后多次召开会议，认真贯彻省市领导指示精神，就杜培武一案的复查、纠正、善后工作，吸取的教训和进行错案追究等方面进行了专题研究和部署。这些为7月11日省高级人民法院及时、准确依法改判杜培武无罪提供了确凿的证据和有力的组织保障。按照市委政法委的安排部署，市公、检、法三机关纪检监察部门分别组织了工作组对此案的原办案人员，就杜培武反映的有关问题进行了调查核实。

D. 检察机关及法院关于杜培武错案的检查和总结情况

今年6月，省检察院获悉杜培武案件情况后，李春林检察长立即指示省院批捕处、起诉处关注案件的进展情况，并派员了解情况，向昆明市检察院调取卷宗进行审查，7月4日、5日和7日，省院会同市院参加了昆明市公安局对杨天勇等人杀害王某某两人的作案现场指认。李春林还于8月22日、9月4日和9月14日先后三次主持召开了扩大会议和党组会，对昆明市检察院错捕、错诉杜案进行了认真的剖析，实事求是地总结教训，研究了进一步加强和改进检察工作的措施。同时，由法纪处对杜培武控告昆明市公安局办案人员对其进行刑讯逼供的问题展开了调查。8月30日，调查组在深入调查的基础上，作出了《关于对杜培武控告情况的调查报告》。昆明市检察院发现杜培武错案以后，先后4次召开会议，专题听取汇报，坚持实事求是，有错必纠的原则，从严格执法、加强管理、保障无罪之人不受追究的职责来对照，针对办案中存在的问题认真进行了总结，自查、自省，并提出了具体的整改措施。（1）进一步端正执法思想，转变执法观念。（2）以公平、公开为手段，努力实现公正执法。（3）切实重视对犯罪嫌疑人合法权益的保护。（4）切实履行检察职能，强化法律监督。（5）强化内部监督制约机制。（6）进一步提高干警的业务素质。

云南省高级人民法院也采取了相应的积极措施，提出整改意见，并迅即在掌握确凿证据的基础上改判杜培武无罪。

昆明市中级人民法院于 7 月 24 日上报了"关于对'杜培武故意杀人'一案原审情况的总结报告"，总结了一审存在的主要问题，提出了整改措施。（1）要进一步转变执法观念。（2）重视、警惕对可能有刑讯逼供因素的证据的审查。（3）摆正法官在刑事诉讼中的地位和作用。（4）强化质量意识。

E. 公安机关关于杜培武错案的善后工作

杜培武于今年 7 月 11 日出狱后，省市公安机关主动把有关善后工作摆上了议事日程。昆明市公安局组成的工作组于 7 月中旬带着杜培武进行了身体检查。其间，工作组多次看望了杜培武及家人，并商量有关善后工作，包括住房、治疗、疗养等问题。7 月 14 日，市局机关党委按组织程序批准杜培武为中共正式党员。

7 月 19 日，根据错案的事实，市公安局党委决定，对 1998 年 4 月办理错案的专案组责任人：刑侦支队政委秦某某、副支队长宁某某停止执行警察职务，并由市局纪委立案调查。并将错案作为此次全市公安机关"三项教育"的学习材料。目前，追究错案责任的工作正在进行之中。

F. 杜培武错案的反思

杜培武错案得以及时纠正，充分体现了在党的正确领导下，政法部门面对工作中的错误，一经发现，坚决纠正和决不护短的高度政治责任感。但是，应当看到，杜培武错案的教训是极为深刻的，不仅影响了政法部门的形象，也在社会上造成了一定的负面效应，再一次为政法部门敲响了加强队伍建设、确保司法公正的警钟。人们相信，政法部门有勇气纠正这一错案，也有决心防止和杜绝这类案件的再次发生。

首先，政法部门要牢固树立正确的执法观念。客观地讲，传统的"有罪推定，疑罪从轻"的执法观念仍然影响着政法机关的执法人员，在证据的收集、审查和质证等环节，还不同程度地存在着注重采集有罪证据，忽视无罪证据的问题，必须彻底纠正先入为主、主观归罪，重有罪推定、轻无罪推定的执法观念。

其次，要牢固树立打击与保护并重的执法观念。政法机关既要及时、准确、有效地打击犯罪，也要注意依法保障无罪的人不受追究。在具体的执法活动中，要坚决摒弃那种打击就是保护的片面认识，树立打击与保护并重的执法观念。

再次，要牢固树立重证据，轻口供的观念。在杜培武案中，由于对证据的综合分析判断不力，对杜培武作案动机、作案时间、作案枪支等疑点，在缺乏直接证据、间接证据又不能排除其他可能的情况下，没有扣死间接证据之间必须形成完整的锁链方能使用的原则。

第四，要牢固树立社会效果和法律效果相统一的执法观念。在办理杜培武案件中，政法机关面对社会影响极大，危害后果严重，社会各界都期望早日将案件侦破，把犯罪分子绳之以法的社会压力，再加上先入为主的思想，从而在办案中没有很好地把办案的社会效果和法律效果统一起来。

最后，政法部门要牢固树立严格执行实体法和程序法相结合的执法观念。

杜培武案件，让人们从另一个层面更加深入地反思严格依法办案的紧迫性和重要性。

发稿时获悉，为有效防止冤假错案发生，提高办案质量，确保司法公正，云南省委政法委出台了《关于提高执法水平　确保办案质量的意见》，提出了10项措施，它使人们相信，这些措施将会大大有助于驱散阳光下的阴影。

尾　声

　　细心的读者可能会问：你们以辛普森案件作为杜培武案的对比，既然美国法院在后来的民事审判中已经认定辛普森对两位被害人的死亡负有民事责任，说明美国法院对他的刑事审判是错误的。既然不同的诉讼理念、制度设计和司法运作都会产生冤假错案，这样的对比还有什么意思？你们究竟想说明什么？

　　这正是本书最后要说明的问题。

　　由于不了解美国的法律制度，很多人都有上述误解，以为对辛普森的民事审判足以说明对他的刑事审判是错误的。所谓"世纪审判"实际上是"世纪闹剧"。在我们的身边，一些从事法律工作的人也存在疑问：既然辛普森应当对两位被害人的死亡承担民事责任，那至少说明其行为与被害人的死亡具有因果关系；既然有因果关系，辛普森就应当承担刑事责任，法院就应当改判其有罪。我们只能说，这恰恰是从我国的法律规定作出的简单化的判断。

　　在美国，民事诉讼和刑事诉讼的证据制度有很大的不同。在刑事诉讼中，控方必须向陪审团或法官提供无可置疑的证据，必须使法庭相信这些证据已经排除了任何可能产生的"合理怀疑"。用我国刑事证据理论的话来表达，就是"证据已经形成锁链"，足以锁定案子就是"被告人干的"，而且，美国宪法第五修正案、第十四修正案还规定，一切诉讼必须按照"正当法律程序"进行。正当程序是所有公民享有的最低限度标准，其具体的含义由最高法院解释。最高法院认为，一定的基本权利是正当程序的组成部分，这些权利包括有关举证责任和证据标准的保护。具体说来，控方所提供的一切证据，都必须依照法定的程序和法律所要求的规则、方式方法、步骤取得。如果辩方发现侦查人员取证违法或违反规则、证人有不诚实之处并且使陪审团或者法官注意到了这些问题，使陪审团或者法官认为案件还有证据上的疑问，不能排除"合理的怀疑"，陪审团或者法官就可能会裁判被告人无罪或者作出"悬而未决"的判决。在辛普森案件的刑事诉讼中，尽管警察办案已经非常文明了，但的确存在这样那样的疏忽，关键证人的品行又受到合理的怀疑。这一切，都已经使旁听公民产生疑问："这个案件是辛普森一个人干的吗？""这个案件的取证和诉讼程序是正当的吗？"陪审团正是基于这样的"合理的怀疑"裁决辛普森无罪的。尽管美国刑事诉讼制度对"正当程序"的要求的确存在过于苛刻之处，但正是"正当程序"使陪审团依法作出了这样的裁决。我们决不能由此得出结论说"陪审团错了"。相比起我国流于形式、陪审员经常在法庭上打盹的"人民陪审制"而言，它有许多值得我们借鉴的东西，我们应当向这样的陪审员致敬，也应当改革我们的陪审制度。

从苏联借鉴而来的"人民陪审制"，曾被称为"人民当家做主的体现"而备受推崇。两个法盲，并且往往是已经颐养天年的老人，在没有任何诉讼培训的情况下,稀里糊涂地走上法庭,听着对他们来说像是天书的法律术语,凭着自己在生活中悟出的是非标准参加合议庭讨论,决定他人的命运,这实际上是一种形式主义的民主,是没有生命力的民主。因此,与舆论上的鼓吹形成鲜明对比的是这种中国式的陪审制在实践中的渐行渐远。然而,我们应当肯定,陪审制可以抑制法官的有可能滥用的自由裁量权,可以为司法公正增加一道保险。因此,因噎废食不是明智的选择。改革现行的陪审制度才是必由之路。可喜的是,陪审员的年轻化、专业化,陪审方式的多元化,陪审工作的制度化已经在很大程度上改变了过去那种形式主义的陪审方式。在笔者所生活的昆明市,陪审员要经过一定的考核、培训才能录用,陪审员的来源渠道已经社会化,实行公民自愿报名,法院统一招录的方式,许多年轻而有一技之长的公民被录用成为陪审员;陪审方式也不再像过去那样"法官居中,左右陪审",而可能只有一位陪审员陪审。在昆明之外,有的地方法院甚至在试行陪审团制度。

在美国的民事诉讼中,原告只需要向法庭提供"优势证据"即可,不需要使法官相信这些证据已经排除了"合理的怀疑"。所谓"优势证据",是指被告人承担民事责任的可能性大于不承担民事责任的可能性的证据。这大抵相当于我国目前刑事诉讼中所要求的"基本证据充分、基本事实清楚"。一般来说,原告向法庭提供这样的证据是不难做到的。此外,在这两种诉讼中,被告人的权利是不同的。在刑事诉讼中,被告人享有在法庭上的特权——沉默权,即使被告人保持沉默,法庭也不能因此认定被告人有罪;而在民事诉讼中,被告人没有这样的特权。辛普森如果要否定原告的主张,就必须提供相应的证据。也就是说,在民事诉讼中,被告人有义务举证,必须承担举证责任。由于辛普森在民事诉讼中语无伦次,法庭认为原告已经提供了

尾　声

"优势证据",因此判决辛普森必须承担民事责任,必须赔偿原告方850万美元,并且赔偿两位被害人的家属各1 250万美元(合计3 350万美元)。

与此形成鲜明对比的是,在我国目前进行的刑事诉讼中,自上而下地要求案件"基本事实清楚、基本证据充分"就可以定案了。为此,诉讼法学者普遍担心:如果对案件有"合理的怀疑",又该怎样处理?杜培武一案,不就是"有合理的怀疑"但司法机关视而不见而造成的吗?

对比美国的辛普森案件和中国的杜培武案件,需要思考的问题太多太多,能够得到的启示也太多太多,除非你不愿意去思考。假如我们自己或者我们的亲人、朋友有朝一日成为第二个、第三个杜培武呢?你敢说没有这种可能吗?

列宁,这位第一个社会主义国家的缔造者,曾经给后人留下一句名言:"忘记过去,就意味着背叛。"别以为杜培武案已经成为永不复返的历史!忘记了杜培武案件当中应该记取的教训,司法历史将重蹈覆辙!忘记了过去的错误,我们将背叛自己的职业——一个应当忠于事实、忠于法律的职业,包括警察、检察官、法官和律师!

写到这里,我们还想到两个问题:一个是执法文明,一个是诉讼效率。在杜培武案件的诉讼中,杜培武遭受了惨无人道、卑鄙下流的折磨,可以想象在我们的刑事诉讼中,文明已经堕落到了何等严重的程度!事实上,在我们日常工作的了解中,犯罪嫌疑人、被告人很少没有被殴打、被谩骂过的。就是当着我们律师的面,司法人员也会习以为常地训斥当事人。有人说,这是司法官员的封建特权意识在作怪。我们说,这并不尽然。长期以来,人们已经形成了一种可怕的思维定式:犯罪嫌疑人、被告人就是坏人。在嫌疑人、被告人作无罪辩解时，常常有司法人员很幼稚地问："你说你是好人，那怎么会被我们关进来呢？"在这些司法官员意识中，"进来的人"，即使不是坏人，也是有"问题"的人。打坏人不犯法，打坏人还表现出自己很有正义感、责任感，还可能获得同事的尊重和上司的信任。因此，前任司法部部长蔡诚呼吁，"要像医生对待病人那样对待"嫌疑人和被告人。尽管我们现在的医院对待病人也不怎么样，但我们的司法机关真的到了目前的医院那一步的话，全国人民都会说："文明啊，司法机关真文明！"

在我国诉讼制度改革中，"效率"是一个频频被使用的新词；在目前的刑事审判中，"效率"又是一个被日常的司法工作所实践的概念。快捕、快诉、快审、快判，在一切从快的同时追求量刑从严从重，无一不是讲究效率的体现。效率与诉讼周期成反比关系。要缩短诉讼周期，就必须缩短办案期间、简化办案程序。程序越复杂，效率就越低。辛普森案件的诉讼就是如此。相反，当案件的总量是一个常数时，程序越简单，效率就越高。应当说，尽管杜培武实际上已经被超期羁押，但这起案件的诉讼效率在现实中已经是比较高的了。然而，效率高就一定是好事儿吗？当然不是。程序的力量，在于保证诉讼的安全，实质在于当事人人权和自由的安全。这是程序的价值和目的所在，也是诉讼的目的和价值所在。曾有学者主张："法贵公正，不贵神速。"又有学者对此提出反驳，认为："法既贵公正，也贵神速。"联系我们所对比的两个案件的诉讼过程来看，这两种说法都有道理。在美国人眼里，辛普森受到了公正的裁判，因为适用于辛普森案件的程序是公正的。但在中国人眼里，则未必如此，因为审判辛普森案件的结果不见得是公正的。不过，我们相信，无论是在美国人眼里还是在中国人眼里，了解杜培武案件或者读过本书的人，都会说，适用于杜培武案件的程序是不公正的，审判结果也是不公正的。但是，我们必须承认和肯定，在我国，每年数十万被送进监狱的被告人，绝大多数受到了公正的审判，尽管他们中的很多人在诉讼过程中被打过、被骂过。可见，离开公正来谈效率，是很难得出使人心服口服的结论的。那为什么中国又会产生并且实际已经产生不止一个杜培武呢？司法人员素质上的问题没必要多讲，因为在云南，昆明市中级人民法院已经被公认为云南省司法水平最高的法院。问题出在哪儿呢？出在程序上。行政干预也好，刑讯逼供也好，公、检、法三机关只配合、不制约也好，听不进律师的辩护也好，都可以说是程序上的问题。由此可见，一味地追求效率，在现行刑事诉讼制度已经存在许多程序问题的情况下，还继续追求"效率"，实在是危险的选择。

执法文明与诉讼效率又是具有密切关系的问题。执法文明，实际上也是正当程序。从杜培武一案不难得出一个基本结论：如果我们现行的刑事诉讼法多一点"正当程序"的要求，杜培武们就不会在默默的、宁静的生活中，在付出血和泪的代价下成为"名人"。而我们，也就没有必要和可能写下这本小书了！

修订版后记

本书于 2003 年 9 月出版了第 1 版,到 2005 年就已经脱销了。许多朋友直接向我们索要,但我们两人手中只有一本自己留用的书了。这让我们既感困窘,又感欣慰。一方面,我们因为未能满足所有有兴趣的读者的要求而感困窘;另一方面,又为我们写了一本对社会有用的书而倍感欣慰。

位卑未敢忘忧国。一个法律工作者,无论是从事实务或从事理论研究的,也无论是国家机关的或是社会的,都肩负着推动我国法治进程的历史使命,都应当具有这一职业的社会责任感。作为律师和法学教授的两个作者,在我们的工作和学习研究中,越来越感到我国的刑事诉讼制度在立法不断进步的同时,在执法环境中也出现了越来越多的困窘和日益尖锐的矛盾。我们认为,这应当是历史转型期所必经的磨难,也是东、西方法律文化冲突、融合的一个必经过程。我们身处其间,理当为推进社会主义法治的进程做些力所能及的事。本人有幸看到了美国辛普森案——这个在美国法治史上的经典案例的详尽资料，又正好是杜培武案的辩护人刘胡乐律师的同事和挚友，因此萌发了通过这两个案例来对中国和美国的刑事司法制度进行比较的念头。鉴于其对刑事法学缺乏深入的研究，所以在学术理论方面是比较薄弱的。有了曾粤兴教授的加盟，无疑为本书增添了许多学术资料和理论思辨的成果。

尽管我们的一些观点可能不为一些人士赞同，也许还有人不喜欢杜培武案如此详实地公之于众，但我们能够非常坦然地宣称，我们的批判性态度绝对没有任何私人的因素，正如导致杜培武冤案确实没有任何私人恩怨的因素一样。我们唯一能够自夸的是我们的真诚，既不想掩盖或粉饰什么，也不想攻击和伤害什么，无非一副书生面目，赤子心肠而已。

就在本书修订稿即将完稿之时，2011年8月31日《千龙网》发表了一篇新闻《刑事诉讼法修正案草案部分条款引发质疑》，其中有这样一段话：

> 现行的《刑事诉讼法》，因存在重实体而轻程序、非法证据难以排除，侦查部门权力强大、法院独立性不够，律师权利难以落实等诸多弊端，致使冤假错案层出不穷，其本身的缺陷彰显无遗。
>
> 由于刑诉法修改涉及公检法等权力的再分配，各方利益难以达成共识，此次刑诉法修订2004年动议，中间各方利益难以摆平，一度停顿，直至2011年6月，中共中央政法委经全体会议后，刑诉法修改日程才得以确定。
>
> 同日，刑事诉讼法修订草案由全国人大常委会公布向社会征求意

见。可见，在立法层面，我国刑事诉讼制度的改革已经是箭在弦上，不得不发的时候了。2012年3月14日第十一届全国人民代表大会第五次会议通过了《关于修改〈中华人民共和国刑事诉讼法〉的决定》，尽管这次修订取得了一些枝节方面的进步，但对上文所涉及的缺陷却没有根本的改变。其实，就本书所涉及的我国刑事诉讼制度而言，很多问题并不完全是立法问题，而是执法、司法部门有法不依、违法不究的问题。这次修订，在一些重要问题上各方的争执和分歧是有目共睹的，平衡的结果当然也是难以尽如人意的。足见，刑事诉讼体制的改革步履艰难。本书提出的观点看来也只能是"立此存照"，留给实践去检验吧。虽然我们"位卑未敢忘忧国"，但也只能做到"讵能尽如人意，但求无愧于心"了。

我们认为，这本书对专家、学者来说，可能可以提供一些鲜活的细节资料；对法律实务工作者来说，可能可以成为一面工作的镜子；对一般读者来说，可能可以通过两个故事来了解一些中美两国的刑事诉讼制度，了解二者之间有何不同，为何不同。如果本书能起到这些作用，那就足以让我们欣慰之至了。

对于杜培武案件，经办律师刘胡乐无私地向我提供了全部资料。我对我的这位莫逆之交说过，杜培武案不是一次成功的辩护，但确实是一次出色的辩护。其出色之处还不仅限于辩护的内容，更在于一个中国律师追求公正的执著和献身精神。刘胡乐的确是一位把自己供奉在法律之神祭坛上的优秀律师。

关于辛普森案件和美国刑事司法制度的资料，主要参考了以下著作：

何青、晓雷编：《胜辩为王——哈佛律师辩护之道》，天津人民出版社1997年版。

叶童：《世界著名律师的生死之战》，中国法制出版社1996年版。

〔美〕艾伦·德肖微茨：《最好的辩护》，唐交东译，法律出版社1994年版。

刘卫政、司徒颖怡：《疏漏的天网：美国刑事司法制度》，中国社会科学出版社2000年版。

何家弘：《毒树之果——美国刑事司法随笔》，中国人民公安大学出版社1996年版。

〔美〕马丁·梅耶：《美国律师》，胡显耀译，江苏人民出版社2001年版。

孙孝福：《刑事诉讼人权保障的运行机制研究》，法律出版社2001年版。

为了尽可能多留下一些资料，我们把当时报刊上对杜培武案件和云南省相关部门采取措施的一些报道作为附录收录在后，作为本书的第六章。在此，对这些作者一并致以诚挚的谢意。

感谢顾永忠教授为本书所作的序言。

感谢原书出版后所有对本书提出过各种意见和建议的朋友们。

感谢北京大学出版社蒋浩先生、曾健先生为本书的再版作出的努力。

王达人于昆明
2012年4月